"教育部人文社会科学研究规划基金项目"（17YJA710031）江苏高校"青蓝工程"资助

北欧青少年核心价值观教育及其经验启示研究

陆 璐 著

中国财经出版传媒集团
中国财政经济出版社

图书在版编目（CIP）数据

北欧青少年核心价值观教育及其经验启示研究／陆璐著．－－北京：中国财政经济出版社，2020.4
ISBN 978－7－5095－9314－1

Ⅰ．①北… Ⅱ．①陆… Ⅲ．①青少年－价值论（哲学）－教育研究－北欧 Ⅳ．①D435.306.2

中国版本图书馆 CIP 数据核字（2019）第 232477 号

责任编辑：彭　波　　　　责任印制：党　辉
封面设计：卜建辰　　　　责任校对：徐艳丽

中国财政经济出版社 出版

URL：http：//www.cfeph.cn
E－mail：cfeph@cfemg.cn

（版权所有　翻印必究）

社址：北京市海淀区阜成路甲 28 号　邮政编码：100142
营销中心电话：010－88191537
北京财经印刷厂印装　各地新华书店经销
710×1000 毫米　16 开　14.5 印张　240 000 字
2020 年 4 月第 1 版　2020 年 4 月北京第 1 次印刷
定价：68.00 元
ISBN 978－7－5095－9314－1
（图书出现印装问题，本社负责调换）
本社质量投诉电话：010－88190744
打击盗版举报热线：010－88191661　　QQ：2242791300

前　言

核心价值观作为一种社会意识，反映着社会成员共同的价值标准和精神追求，是一国主流意识形态的精神内核和本质体现。青少年是未来的建设者和接班人，他们对核心价值观的认同和践行程度，不仅关系着自身的成长，也必然关乎整个国家、民族的稳定和发展。伴随全球一体化进程的日益加深和现代化科技的不断发展，人类文化逐渐由单一封闭走向多元交融，多种价值观激荡交流甚至暗中交锋，使主导文化的排他性色彩趋于减弱。青少年由于社会阅历较浅，身心发育尚未完全成熟，在纷繁复杂的现实中难免会对核心价值观缺乏稳定正确的认识，引发自身价值取向的混乱乃至理想信念的缺失。如何在多元流变的现实场域中整合社会精神因素，引导广大青少年自觉认同并积极践行核心价值观，进而凝聚社会人心、塑造民族精神家园，是现今各国意识形态建设的重要任务。面对这一任务，任何国家都不可能也不应该故步自封。从全球大视野出发，在审视并反思他者实践经验的过程中正确认识我国青少年社会主义核心价值观教育并推动其创新发展，具有极为重要的理论价值及现实意义。

包含瑞典、挪威、芬兰、丹麦、冰岛等五个主权国家在内的北欧地区在长期的发展中受到社会民主主义意识形态的重要影响，逐渐形成了"民主、自由、平等、团结"的核心价值观，并在此基础上创立了独具特色的"北欧模式"，成为全球公认的社会认同度、人民幸福感、文化素质和道德修养均普遍较高的地区，这也为北欧的持续稳定发展产生了公认的积极影响。在实践中，各国政府一方面将主流意识形态融入国家政治、经济以及福利制度的建设中，通过维护并增进个体利益在根本上赢得公民的价值认同；另一方面则一贯注重教育在传播及培育核心价值观中的主体作用，尤其在青少年核心价值观教育的实施中形成了独具特色的经验性做法。然而目前国内学界尚未形成有关北欧青少年核心价值观教育的专门性系统化研究，因此本书尝试进行一次全景式的探索与思考，以期为我国社会主义核心价值观的培育提供他者视阈下的可借鉴参考。

众所周知，青少年核心价值观培育应在政府的引领之下，以学校教育为主阵地，以家庭教育为基础，以社会教育为延伸。北欧恰是从这几个维度发力，通过全方位的联动对接，将其核心价值观有效渗透到青少年生活的各个方面。尤其是北欧学校在经历了宗教化、世俗化改革、国家化阶段的发展后，其核心价值观教育逐渐由中世纪的宗教教育演化为现代形态的"道德和民主公民教育"。它以"有限度的价值介入"为基本立场，以"合理传授、民主对话"为主要原则，既强调个人发展价值，也不回避政治引导功能，囊括了"政治信仰、历史文化、民主意识（技能）、宗教伦理、民族（种族）关系、国际意识"等诸多内容。在教育途径上，北欧学校并不直接设置统一的思想政治教育课，也不主张过于理论性的正面说教，而是多借间接综合的方式对青少年进行潜移默化的影响。学校内系统编排的诸多显性课程以及客观存在的各类隐性课程均内含着价值观的引导，构成了丰富多彩的核心价值观培育体系，实现了同全学科、全人格教育的有机结合。

总体而言，北欧核心价值观教育虽也具有正面引导的部分，但更是"有实无名、润物无声"的。它尊重青少年的主体性和差异性，有效整合多种力量，不仅从个体发展角度引导青少年树立起正确的价值观念，帮助其形成国家认同，成为合格公民；而且从国家需求层面维护国家意识形态安全，为北欧社会长久稳定发展提供了充足的后备力量。

在全面考察北欧青少年核心价值观教育的基础上，我们有必要秉持阶级分析之法、开放包容之姿、辩证扬弃之道，对北欧经验进行理性审视。北欧核心价值观教育在长期探索实践中，逐渐体现出宗教性与世俗性共存、显性规范与隐性渗透结合、个人自由与社会责任兼顾、价值认知与价值实践统一、凝聚共识与包容差异融通、顶层设计与多方联动并重的特色经验。然而多元文化的持续冲击、过于理想的教育主张、个人主义的价值内核、柔性自发的教育倾向，以及知识本位倾向的抬头也在一定程度上导致了北欧核心文化的主导性和价值引领的权威性式微，昭示着北欧核心价值观教育的困境与局限。

他山之石或非无瑕，但亦有攻玉之效。习近平总书记多次强调要吸收借鉴人类优秀文明成果，社会主义核心价值观培育也须考察国外价值观建设的具体实践，有选择、有批判地吸收借鉴其中有益经验，有效拓宽社会主义核心价值观培育和践行的思路。这种借鉴绝非不加思考地简单介绍或不加改造的生搬硬套，而是在与世界先进文化成果的深度对话中，通过镜照和省思，

"使自身成长为促进社会主义先进文化大发展、大繁荣的有效渠道"①。面对北欧的有益经验和存在困境,我们必须坚守马克思主义的立场、观点和方法论,以坚定的"中国意识"和"中国立场"深度剖析北欧青少年核心价值观教育的启示和可供借鉴之处,通过夯实信仰基础、坚定文化自信、关注生活世界、推动场域整合、营造民主氛围,真正实现我国社会主义核心价值观教育的理论建构和实践发展。

作 者

2019 年 9 月

---

① 杨晓慧. 关于加强比较思想政治教育学科建设的几个问题 [J]. 社会科学战线,2014 (6): 208 – 213.

目　　录

绪论 …………………………………………………………………（ 1 ）

第一章　基本理论问题阐释 ……………………………………（ 21 ）

第一节　核心价值观教育研究的相关概念厘定 ……………（ 21 ）
第二节　青少年核心价值观教育的现实意义分析 …………（ 30 ）
第三节　北欧青少年核心价值观教育的当代兴起 …………（ 37 ）

第二章　北欧核心价值观的总体考察 …………………………（ 48 ）

第一节　北欧核心价值观的形成基础 ………………………（ 48 ）
第二节　北欧核心价值观的确立及其内涵 …………………（ 60 ）
第三节　北欧核心价值观的主要特点 ………………………（ 70 ）

第三章　北欧学校教育中的青少年核心价值观培育 …………（ 73 ）

第一节　学校教育是青少年核心价值观培育的主阵地 ……（ 73 ）
第二节　北欧学校核心价值观教育的历史发展 ……………（ 75 ）
第三节　北欧学校核心价值观教育的基本立场与主要原则 …（ 77 ）
第四节　北欧学校核心价值观教育的内容体系 ……………（ 82 ）
第五节　北欧学校核心价值观教育的实施途径 ……………（ 90 ）

第四章　北欧学校场域外的青少年核心价值观教育 …………（118）

第一节　北欧政府对青少年核心价值观的引导 ……………（118）
第二节　北欧家庭教育对青少年核心价值观的培育 ………（129）
第三节　北欧社会教育对青少年核心价值观的塑造 ………（138）

第五章　北欧青少年核心价值观教育的理性审视 (152)

第一节　科学对待北欧青少年核心价值观教育 (152)
第二节　北欧青少年核心价值观教育的特色与经验 (161)
第三节　北欧青少年核心价值观教育的困境与局限 (170)

第六章　北欧青少年核心价值观教育的启示与借鉴 (178)

第一节　夯实信仰基础，捍卫意识形态领域的主导权和话语权 (178)
第二节　坚定文化自信，筑牢核心价值观认同的文化基石 (182)
第三节　推动场域整合，促成"学校·家庭·社会"的协思同育 (186)
第四节　关注生活世界，强化核心价值观养成的实践维度 (190)
第五节　营造民主氛围，实现价值引导与价值商谈的有效结合 (194)

结论 (200)

参考文献 (202)

后记 (223)

绪　　论

　　核心价值观教育作为思想政治教育中的核心问题，是"主流意识形态掌握社会生活的基础性、根本性手段"①。而青少年时期是价值观萌芽和形成的关键阶段，其"价值取向决定了未来整个社会的价值取向……抓好这一时期的价值观养成十分重要"②。尤其在人类文化由单一封闭走向多元交融的当今时代，如何通过教育使广大青少年自觉认同、坚守并践行本国核心价值观，助推底线性价值共识在全社会的形成，是现今各国意识形态建设绕不开的历史课题。需要强调的是，由于人口、商品及信息在世界范围内不断流转，教育日益显现出国际化的特质，重塑青少年群体的价值共识显然不能"闭门造车"，局限于在某一特定国家、民族或社会的疆域内。将青少年核心价值观的培育置于当前全球化的世界图景中，并站在人类文明新形态的高度进行审视，不难发现甚少被人谈论到的北欧国家在此方面积累了不少成效，彰显出一定特色。全面探究其核心价值观教育模式，借鉴其中的有益经验，是一项兼具理论价值与实践意义的研究课题。

一、选题缘由及研究价值

（一）选题缘由

　　确立"北欧青少年核心价值观教育及其经验启示"这一选题，主要基于以下思考：

---

① 胡琦. 我国大学生核心价值观教育现状及西方经验之启示［C］. 见：刘震，安国启主编. 中国特色社会主义事业与青少年发展研究报告——第八届中国青少年发展论坛暨中国青少年研究会优秀论文集（2012）. 天津：天津社会科学院出版社，2013：570－579.

② 习近平. 青年要自觉践行社会主义核心价值观——在北京大学师生座谈会上的讲话［N］. 人民日报，2014－05－05（1）.

1. 新时代我国社会主义核心价值观培育的战略需求

伴随人类社会异质性和多元化的日益增强，核心价值观建设已然成为一种全球现象。就我国而言，由于改革进程的不断深化以及国际环境的深刻变革，使意识形态领域的斗争显得尤为激烈，核心价值观的培育因此更为迫切。早在 2012 年，党的十八大报告便明确提出"三个倡导"，要求积极培育社会主义核心价值观。2017 年，党的十九大顺利召开，中国特色社会主义进入了新时代、开启了新征程。面对全球化进程中不同文化共生共存、交融交锋，价值观念多元多变、相互较量的新态势，以及人民群众对美好生活的日益向往和不断追求，如何在维护国家意识形态安全的前提下，高质量地满足广大民众更为丰富的精神文化需求；在坚定文化及价值自信的基础上，进一步推动文化繁荣兴盛，乃是新时代对于社会主义核心价值观培育提出的全新要求。

站在新的历史方位和时代起点，培育和践行社会主义核心价值观不仅要立足我国现实，坚守中华文化立场，同时也应当突破地域的限制，放眼全球。虽然核心价值观是主流意识形态的价值浓缩和精神内核，在本质上体现并决定着社会意识的性质和方向，但其建设途径、方法一般来说不具有社会性质。即便一些西方国家并未以官方文件形式完整准确地提出"核心价值观"这一概念，但在发展中必然会形成符合国家意识形态的主导性价值观念，并积极采取有效教育手段促进其认同及实践。"他山之石，可以攻玉"，新时代背景下文化强国的建设绝不能"闭门造车"。别国的实践路径和有益经验在一定程度上为我国社会主义核心价值观的培育提供了参照视角，完全值得我们学习和借鉴。因此有必要通过有效的对话交流合理吸纳人类优秀文明成果，在全球文化的互动中拓宽我国社会主义核心价值观培育的思路，促进自身的丰富和发展，真正实现"互学互鉴、取长补短、为我所用"[①]。

本书选择将目光投向北欧地区，是因为北欧在意识形态建设，尤其是核心价值观培育方面形成了较为独特的模式且取得了一定效果。丹麦、挪威、瑞典、芬兰、冰岛等北欧福利国家无可争议地属于世界上社会发展水平及安定和谐程度较高的国家，在世界经济竞争力榜上一直排名前列，受到全球关注。各国在保证经济增长的同时又在极大程度上保障了较高的国家认同度、社会稳定性与全球竞争力，这与其核心价值观的广泛认同与自觉践行有着密

---

① 杨威. 国外价值观教育研究：目标、内容与方法 [J]. 思想理论教育，2017 (10)：10–16.

不可分的关系。尤其是伴随外来移民的不断迁入，北欧较早地意识到多元文化带来的"冲击"或"断裂"效应，不断探索"多元"与"共融"间的协调统一。在全球化的浪潮中，世界秩序和文明格局呈现出新常态，如何统合"一"与"多"的矛盾是各国必须正视的生存性难题，我国也不例外。社会主义核心价值观的培育和践行要实现向新而行，就必须在新时代的世界大格局之下，直面多元文化的严峻挑战，在中国语境下理性审视并批判借鉴北欧的应对策略和合理做法，在中西文明的互镜互鉴中唱响主旋律、弘扬正能量，为中华民族伟大复兴"中国梦"的实现提供价值引领。

2. 青少年个体自由全面发展的现实需要

本书将核心价值观教育的对象聚焦于"青少年"，主要是因为在青少年群体中开展核心价值观教育本身就是各国德育工作的主要任务之一。青少年时期是人生发展中的关键阶段，也是价值观形成的重要时期。能否在这一时期树立起科学正确的价值观，直接影响个体的成长与发展，关乎个体在纷繁世界中获得归属感和安全感的现实需求。

当前我国青少年价值观总体上是积极、健康、向上的，但由于社会阅历浅、承受能力弱，社会心理发展尚不成熟，在面对纷繁复杂的国际国内形势时，难免对社会主义核心价值观缺乏稳定正确的认识，极易在价值选择和价值判断的过程中产生诸多迷茫和困惑，引发行为取向上的盲从；甚至有可能在西方多元社会思潮和我国突出社会矛盾的双重冲击下出现价值扭曲的现象。是以，需要及时对青少年进行有效引导。党中央明确指出"把培育和践行社会主义核心价值观融入国民教育全过程"[①]，即，以社会主义核心价值观引领并助推青少年健康成长。但在教育实践中，部分教育者长期习惯于进行理论灌输和课堂说教，显然已不能为青少年所信服；对青少年主体性的忽视以及对教育环境变迁的漠视，更加使传统的价值观教育模式与时代相脱节，阻碍了青少年的成长成才。而不少西方发达国家具有较为完善的德育理论和较为成熟的德育方法，在核心价值观认同教育中收到了良好的效果。面对新形势和新挑战，我们有必要学习和借鉴国外的先进经验，在与时俱进中不断完善我国青少年社会主义核心价值观教育的方法、理念和途径，切实提升教育的实效性，真正实现青少年个体自由而全面的发展。

---

① 中共中央办公厅印发《关于培育和践行社会主义核心价值观的意见》[N]. 人民日报, 2013-12-24 (1).

借鉴北欧经验的意义在于，瑞典等北欧国家曾经有过漠视青少年道德素养及价值取向的教育阶段，直接导致青少年学生随意翘课逃学、肆意斗殴破坏、群体性冷漠等现象。但在政府、学校、家庭、社会的共同努力下，教育逐渐承担了实现社会主流意识形态的主体作用。各国采取有效的方式，把民主、自由、平等、团结互助等社会民主主义价值观渗透到教育过程之中，经由"有实无名"的核心价值观培育，实现了青少年综合素质的整体提升。北欧的社会民主党尤其注重对青少年学生的核心价值观教育。他们要求所有的教育活动都必须有利于价值观的培养，在传授知识的同时引导个体尽快融入社会，为民主生活的开展做好准备。学校教育的重要职责之一就是要帮助学生了解并认同本民族、本社会中长期积淀而成并获得普遍遵循的核心价值理念，以证明其存在的合理性，从而保证社会的不断延续。北欧教育者普遍反对强行灌输，且极少以专门的思想政治理论课程来传授主流意识形态，而是主张将核心价值观渗透在各门学科或课程中，同时借助学校环境、师生对话、课外活动等隐蔽课程，采取灵活开放、柔性濡化的教育手段，提升青少年核心价值观教育的实效性。除学校教育外，北欧各国还在政府的积极引领下，在家庭教育、社会教育等方面下大力气，形成了多方联动的核心价值观教育模式，共同给年青一代解释和演示社会民主主义核心价值观。北欧青少年在正确价值观念的塑造中，逐渐成长为具有责任意识和良好修养的合格公民，反过来又促进了主流意识形态的延续与发展。今天，我国强调社会主义核心价值观教育，就个体角度而言即要培养人、塑造人，实现个体的社会化和自身的全面发展。北欧经验无疑给我们提供了可资借鉴的参照视角。

3. 比较思想政治教育创新发展的必然要求

　　思想政治教育学科自20世纪80年代设立至今取得了显著发展，尤其在全球化、信息化、多元化程度日益加深的当今时代，"思想政治教育研究的学术视野呈现日趋开阔的总体趋势"[①]，其未来发展的"中国范式"必定是一个开放包容的理论体系和实践系统。而比较思想政治教育作为学科体系中的新兴研究领域，恰是突破传统思维定式，以世界性眼光破解中国问题，以全局性思维满足中国需要的有力印证，因而"不仅是繁荣比较科学的需要，也

---

　　① 沈壮海. 改革开放以来思想政治教育研究的学术版图［J］. 思想理论教育导刊，2008（11）：13-20.

是改进思想政治教育的需要"①。但由于其发展时间有限，仍然属于学科体系中的薄弱板块，因此需要拓展其学科空间，推动其创新发展。尤其是在研究视野上，要尝试跳出固有的国别研究思路，均衡地将目光投向英国、美国、日本、德国之外的国家或地区，避免扎堆研究所导致的思维局限以及结果重复，从而在更为广阔的视域中深入挖掘不同文化中的特质与规律，对不同社会形态或社会制度下的思想政治教育进行全方位的归纳和梳理，为我国思想政治教育的丰富和发展提供更具整体性、规律性的学理支撑。

从这个意义上来说，对"北欧青少年核心价值观教育"开展研究应当是一次有意义的尝试。由于北欧国家过去并未广泛进入学者的研究视野，其核心价值观建设方面的研究成果也相对较少。然而其独特的民族性格及发展道路不可否认地给我国社会主义核心价值观建设提供了更为开阔的思路。文明是平等包容的，置身于全球化的现实场域中，思想政治教育不能"厚此薄彼"，而应以平等的眼光、开放的心态积极汲取和借鉴不同国家的经验和教训，在坚守本国文化价值立场的基础上对别国教育实践进行审思和扬弃，这是一种理论自觉，也是实现比较思想政治教育创新发展的必然要求和使命所在。

需要说明及强调的是，本书之所以将北欧作为一个整体性的研究对象，而没有选取瑞典、丹麦、芬兰等某一个单独的北欧国家开展研究，一是因为北欧各国在诸多方面存在共性，将其视作一个整体已经在国际社会和学术领域形成基本认同；二是因为其中任何一个国家总体来看都尚不足以与中国相提并论，单独研究意义有限。因此，基于对各国共性的研究兴趣和研究需要，本书从整体上探讨北欧青少年核心价值观教育，具有更为明显、典型的可比性及启示意义。至于各国之间那些细微的差别，由于其对中国的借鉴意义不大，故而作了忽略不计的处理。

（二）研究价值

在全球化背景下提升我国青少年社会主义核心价值观教育的实效，既要在继承民族文化基因的基础上不断挖掘本土经验，同时也要有选择地借鉴域外经验。北欧国家充分把握青少年的成长规律，在社会民主主义核心价值观

---

① 上官莉娜. 比较思想政治教育：现状、挑战与发展 [J]. 思想理论教育, 2013 (8): 10-15.

的宣传及培育方面形成了自己的特色，开展相关研究并进行合理思考具有理论和实践上的双重价值。

1. 理论价值

（1）当今时代，不同文明及价值观的多元并存已是不可逆转的历史趋势，也成为哲学、思想政治教育等人文社会科学研究中无法回避的重大课题。核心价值观建设及培育理论的创新发展必然要直面这一难题，关注现实状况，以时代问题为切入点，寻求新方法，开拓新视域。本书恰是顺应了这一理论背景和趋势，通过审视他者经验，对当前如何抵御多元文化冲击，实现核心价值引领进行学术思考并做出时代性的回答，有助于丰富和完善核心价值观培育和文化建设的相关理论。

（2）目前学者们对于国外核心价值观教育的研究虽有涉及，但创新成果不多；且在发达国家核心价值观教育的研究中，关注英美等老牌资本主义国家，日本、新加坡等周边资本主义国家的较多，而独具特色且富有一定成效的北欧国家却未受到相应重视。本书将目光聚焦于北欧，归纳提炼其有益做法，能够在一定程度上丰富国外核心价值观培育的研究成果，深化并拓宽社会主义核心价值观培育的理论研究视野，促进思想政治教育研究体系的完善。

（3）核心价值观教育是思想政治教育的核心工作和重要任务，也是当今思想政治教育学科的关键领域。对北欧做法的研究不仅是对其教育内容、方法、载体、特征等的深入研究，更是通过比较借鉴系统把握和科学总结核心价值观教育的基本规律与发展趋势，避免空泛无根、简单粗暴的"拿来主义"，全面深入地审视核心价值观培育的现实途径和未来出路。本书有助于进一步优化核心价值观教育的理论体系，培育并激活该领域新的活力和生长点，创新思想政治教育研究范式，推动思想政治教育学科科学发展。

2. 实践价值

（1）有助于个体更好完成社会化，实现自由而全面的发展。人的培育问题向来是当代思想政治教育研究关注的重点。个体的成长与发展必然要经历社会化的过程，这其中对社会核心价值观念的认同以及内化乃是极为关键的内容。当代中国青少年在新旧价值观、中西价值观的双重挤压下，极易对社会主义核心价值观产生较为模糊的认识，影响其本身的成长与成才。本书围绕北欧国家展开，通过对北欧有益经验的提炼，从普遍意义上发掘适应个体成长及认同规律的核心价值观教育模式，引导我国青少年在正确轨道上健康成长，最终成为全面自由发展的个体。

（2）有助于增强青少年核心价值观教育的实践路径探索，提高思想政治教育的针对性和实效性。目前国内学者的相关研究或围绕我国教育实践展开，或仅关注英美日德等资本主义国家，难免具有视野上的局限性。本书对北欧青少年核心价值观教育进行系统全面研究，通过找出其教育现象背后的原因和力量，强化、深化北欧经验的解释力，并根据我国实际创造性地进行阐释、反思、借鉴与重构，为我国青少年社会主义核心价值观培育提供具有可行性的实践范式，有利于深化核心价值观教育规律的有效探索，提高了教育的针对性和实效性。

（3）有助于增强我国文化软实力，维护我国意识形态安全。核心价值观是文化软实力的关键，也是同国家意识形态高度统一的。当今世界范围内意识形态领域的斗争主要针对青少年展开，青少年对所处社会的核心价值体系是否能够发自内心地认同并自觉外化为实际行动，直接影响了该国在文化竞争中的形势。在这一方面，包括北欧国家在内的西方社会在长期的理论沉淀和实践探索下，形成了各具特色的做法，具有一定的借鉴意义。本书即以中国现阶段现实国情为基本，有选择地吸收、借鉴北欧国家的有益经验，有效构筑起当代青少年的强大价值高地，不断增强中国特色社会主义道路自信、理论自信、制度自信和文化自信。

二、学界研究述评

（一）国内外研究现状

目前无论在国内还是国外，专门对北欧国家核心价值观教育进行系统性研究的并不多见。相关研究多散见于有关教育制度、德育、民主公民教育的论述中。因此，笔者整合国内外相似内容，分成以下几个部分进行研究综述。

1. 关于北欧核心价值观基本内涵的研究

北欧国家普遍由社会民主党（工党）长期执政，信奉社会民主主义（民主社会主义）。20世纪90年代之后，针对社会民主主义的研究逐渐繁荣起来，一批代表学者以更为开阔的视野和更为多样的途径开展相关研究，从而形成了更为丰富客观的成果。

关于北欧核心价值观，绝大多数学者从社会民主主义的角度加以论述。德国社会民主党的理论权威托马斯·迈尔（Thomas Meyer）将民主社会主义的基本价值概括为"自由、公正和互助"。美国学者卡尔·兰杜埃（Karl

明确指出:"社会民主主义哲学的核心是人道主义,社会民主党人信仰个人的价值。"① Philip Whyman(2008)和 Anderson(2003)则十分一致地将北欧社会民主主义的基本价值观归纳为"民主自由、平等公正、团结互助"。我国学者李娟(2013)将"世界观的中立和指导思想的多元化"②视为民主社会主义的根本特征。文成(2001)则认为,战后欧洲社会民主主义不仅关注个体的自由和权利,更强调个人责任乃至共同责任,其价值目标在于"建立起一个团结的、有凝聚力的社会"③。

通过研读及考察相关文本不难看出,第二次世界大战后即出现了诸如"自由平等、生活美好、社会公正、世界和平"等较为零散的社会民主主义奋斗目标。1959年通过的《哥德斯堡纲领》率先将"自由、公正、互助"的三项基本原则写入德国社民党党纲,而1989年社会党国际十八大通过的《社会党国际原则声明》(即《斯德哥尔摩宣言》)则对民主社会主义的基本价值观作出了较为完整的表述,"实现自由、社会公正(平等)、团结和平"成为各国社会民主主义政党的基本遵循。2003年社会党国际在其第二十二次代表大会中,根据新形势新变化,"提出社会民主主义价值观新的三原则:可持续发展、人权和民主"④,可谓一种顺应时代潮流的修正和补充。同时,基于原有的自由、公平、团结等基本价值理念,将"平等""和平"一并纳入了基本价值范畴,至此形成了较为完整的社会民主主义价值体系。

瑞典是北欧地区最具代表性的国家,也有不少学者重点研究瑞典社会民主主义,并从其社民党党纲中提炼出核心价值理念。瑞典社会民主党当代理论家比扬·冯·西多斯(Bjorn von Sydows)认为:"在瑞典,地位平等的信念比欧洲大陆国家或英国更强烈。"⑤德国学者沃尔夫冈·麦克尔(Wolfgan-G Michael)和亚历山大·佩特林(Alexander)在自己的著作《社会民主党的改革能力:西欧六国社会民主党执政政策比较》中也强调:"在

---

① [德]托马斯·迈尔等. 论民主社会主义[M]. 北京:东方出版社,1987:241-242.
② 李娟. 民主社会主义理论与实践模式研究[D]:[博士学位论文]. 长春:吉林大学哲学社会学院,2013.
③ 文成. 变化之中的欧洲社会民主主义的基本价值观[J]. 国外理论动态,2001(4):26-28.
④ 谢松明. 民主社会主义基本价值观的分析与思考[J]. 科学社会主义,2008(1):136-140.
⑤ 何秉孟,姜辉等. 欧洲社会民主主义的转型——与德国、瑞典学者对话实录[M]. 北京:社会科学文献出版社,2010:151.

瑞典，社会服务的私有化和私营的社会保险在很大程度上遭到拒绝，因为它们违背了社会民主主义的平等观念。"① 2009年，高锋、时红编译的《瑞典社会民主主义模式——述评与文献》一书由中央编译局出版社出版，该书指出："九份（瑞典）社民党党纲几乎每份都讲到社民党的价值观"②。其最初可用法国革命的口号"自由、平等和博爱"来概括，后出于性别平等之考虑，"团结"取代了"博爱"；而上述三个词汇又可以用"民主"这个词来概括。著名学者徐崇温也在自己的著作《民主社会主义评析》中作出了相似的论述。在他看来，瑞典社会民主党极为著名的"人民之家"方针即内含着"平等、福利、合作"等基本价值要素，历任社民党主席均把实现一个"保障、自由、合作、团结与平等"③ 的民主社会作为根本奋斗目标。廷格斯坦（Herbert Tingsten）在其著作《瑞典社会民主党的思想发展》（*The Swedish Social Democrats：Their Ideological Development*）一书中也提到了"瑞典社会长期以来所奉行的自由和公正的传统"④。

此外，也有部分学者从北欧整体或是对北欧其他国家的价值观作了一定的归纳。任军锋（2003）对北欧五国民众的价值取向进行了实证研究并发现，虽各国在价值偏好上具有一定差异，但北欧人民普遍支持环境保护，强调个体自由，关注自身在工作和生活中的发言权，"渴望建立一个更为人性化的社会"⑤。郭宇华（2008）认为芬兰国民共同的价值观是：平等、诚实、自由。沈伟鹏（2015）将丹麦的核心价值观归纳为一个包含了"共同善"、自由以及人人平等的体系。周利方（2011）等学者则指出挪威政府要求效率、忠诚和正义，强调团结协作、创造价值以及社会公平。

2. 关于北欧核心价值观建设及培育的整体研究

从整体上研究北欧地区价值观建设的成果则极为鲜见。瑞典社民党的理论家威格福斯（E. Wiig Foss，1971）认为北欧地区社会平等、合作理念的体

---

① [德]沃尔夫冈·麦克尔，亚历山大·佩特林，克里斯蒂安·亨克斯，等. 社会民主党的改革能力：西欧六国社会民主党执政政策比较［M］. 童建挺译. 重庆：重庆出版社，2009：230.
② 高锋，时红. 瑞典社会民主主义模式——述评与文献［M］. 北京：中央编译出版社，2009. 序言11.
③ 徐崇温. 民主社会主义评析［M］. 重庆：重庆出版社，1995：326.
④ Herbert Tingsten. The Swedish Social Democrats：Their Ideological Development. New Jersey：Bedminister Press，1973：172.
⑤ 任军锋. 后工业·后物质·政党——以北欧五国政治变迁为中心［J］. 欧洲研究，2003（6）：45-62.

现得益于其高水平、普遍化的社会福利制度。焦力军（2014）、杨玲玲（2007）等多名国内学者也围绕不同方面，指出瑞典、挪威、丹麦等北欧国家在具体政策上选择了最有利于证实其社会价值理念的特殊路径。无论是混合经济的发展模式，还是阶级合作的妥协政治，抑或是普遍福利的社会政策，均为广大北欧民众接受并认同其核心价值观奠定了坚实的现实基础。由田（2011）在其论文中提及：北欧国家对全民教育培训、社会道德体系、学校道德教育的重视，是广大民众能够从小树立正确价值观的重要途径。

绝大部分研究针对北欧地区的某一个国家展开，最多被提及的就是瑞典。胡晓地、池蕾（2011）在其著作《民主社会主义的核心价值及其在北欧的实践》中指出，瑞典的混合经济模式、福利国家建设、反腐保廉机制以及社会团结合作，是其民主社会主义基本价值观建设的主要途径。黄红发（2011）也对瑞典借助其福利社会模式促进核心价值观建设的做法予以阐释。焦丽莎（2017）在《瑞典社会民主主义核心价值观研究》一文中从"文化根基和物质基础""主要渠道和精神基础""社会基础和制度保障"等方面对瑞典核心价值观的认同路径进行了归纳和提炼。镇琴琴（2009）也在其论文《国外核心价值体系建设的经验与启示——以美国、日本、新加坡和瑞典为例》中提到了瑞典核心价值体系与制度融合的途径。2014年，邹升平将"利益关切""学校教育""社会融合""制度建设"等七大方面视为瑞典社会民主主义核心价值观的主要认同途径。此外，还有一些相关论述零散地出现在关于瑞典模式、瑞典政党、瑞典文化等的研究中，如黄皖毅《试论"瑞典模式"的本土文化物质》（2015）、刘舒婷《瑞典社会民主党培育和践行其核心价值观的经验及启示（2015）、刘铭《瑞典民主社会主义模式研究》（2014）、杨洪贵《瑞典多元文化政策初探》（2006）等。这些研究均涉及瑞典经由福利体系构建、民众教育引导、政治文化建设等途径促进其核心价值观建设及培育的做法。

3. 北欧青少年教育的价值立场和价值目标研究

李庶泉博士（2005）认为，在解决"价值观"的问题上，存在着"价值明确"和"价值中立"两种对立观点。瑞典等北欧国家的公民教育属于"宽泛模式"，是"'为了公民身份的教育（education for citizenship，EFC）'……（其中就包括）态度、价值观和性情等"[①]，在公民教育的方法上也采取"价值明确"的立场。较早研究北欧学校道德教育的学者郝明（1991）认为，瑞

---

① 李庶泉. 公民教育的国际比较［J］. 济南大学学报，2005，15（2）：70-75.

典在其课程计划中明确提出了诸多道德价值观,且学校显然负有传授这些价值观的责任。邹升平(2014)强调,瑞典社民党非常注重教育在传播核心价值观念中的重要作用,认为所有教育均应致力于"为民主的生活观打下基础"[①]。在北欧,教育承担着对核心价值观进行传播及引导的主体作用,所有教育活动的实施都必须有利于这些价值理念的塑造与养成,使青少年学生了解整个社会的价值基础和精神追求。2005~2009年,学者陈照雄所著的一套有关北欧各国教育制度的丛书在台北心理出版社先后出版,2011年又出版《北欧五国教育制度之比较》。在他看来,丹麦教育鼓励创新、奋进与独立的文化;芬兰教育旨在培育高品质之国民,建立平等、安全、福利之社会;挪威实施全民教育,为建立平等、伦理与幸福的国家奠定基础;而瑞典教育的最终目的在于培育维护人权、公平与正义之健全国民。不难看出,北欧各国均明确了教育在促进良好价值观形成、培养合格公民中的作用。

在国外学者的相关研究中,同样能够找到关于北欧学校教育立场及教育理念的相关内容。英国利兹大学教授奥雅·奥斯勒(Audrey Osler)和英国伦敦大学高级讲师侯·斯塔克(Hugh Starkey)于 2005 年在其论文《公民教育的进展研究:发达国家的探索》(*Education for Citizenship and Democracy in a Globalized World: A Comparative Perspective*)中明确写道,瑞典政府要求"学校应该促进共同价值观,并直接同那些与民主相敌对的价值观作斗争;学校不应该是价值中立的,而应该清楚地阐明基本的价值观和容忍限度"[②]。Medelanonuevo 和 Mitchell(2003)认为学校的所有教育活动都必须同伦理道德与社会需求一致。格龙维(Nikolai Frederik Severik Grundtvig)则强调不断发现生活,致力精神觉醒,引导学生确立起"民主民权思想、社会公民和自然个体意识"[③]。在 Jaana Seikkila – Leino(2011)看来,学校应支持学生成为"独立的、主动决策的、具有目标意识、合作性的、参与的个体"[④]。丹麦高等教育和科学部部长苏菲·卡斯腾·尼尔森(Sofie Carsten Nielsen)也曾坦率地表示:教育除了要和工作技能相关外,"还有另一个重要的功能,即培

---

① 邹升平. 瑞典社会民主主义价值观的认同路径探析[J]. 理论月刊,2014(1):180-184.
② 奥雅·奥斯勒,侯·斯塔克. 公民教育的进展研究:发达国家的探索[J]. 中国德育,2007,2(4):27-40.
③ Citizen, demoncracy and life long learning [EB/OL]. http://www.hojskolerne.dk/the-folk-high-school/citizenship-democra-cy-and-lifelong-learning., ahtml, 2011.
④ Jaana Seikkila – Leino. The implementation of entrepreneurship education through curriculum reform in Finnish compre – hensive school. Curriculum Studies, 2011, (1): 69-85.

养独立的、全面发展的、具有批判精神的公民"①。

以上这些论述都表明了北欧社会在青少年的价值观教育方面从来都具有极其明确的价值理念。

4. 关于北欧青少年核心价值观教育的具体实施研究

在教育内容上，现有研究主要围绕民主公民和道德教育展开，重视德育价值观和民主价值观的养成。早在1994年，学者Kjell Rubenson就指出，北欧国家，尤其是瑞典，十分重视通过德育来发展学生符合社会民主主义所必需的价值观。我国不少学者都认为，包括北欧在内的欧洲国家更为强调对民主、自由、人格和尊严等基本价值取向的尊重，并注重把道德教育的内容融入日常的活动和社会实践中。冯增俊在其著作《当代西方学校道德教育》中专门分析了瑞典和丹麦学校的德育状况，将具体德育内容归纳为：宗教知识、社会知识、公民教育、英雄事迹、社会服务，以及各种劳动、运动。其中最为突出的是培养做一名国家公民所必须具备的核心价值观："劳动道德价值观、起源于耶稣基督教教义的价值观、公民参与的民主价值观、个人主义与利他主义价值观、关心共同利益价值观。"② 由田（2011）则指出，北欧国家十分重视学校道德教育，尤其注重"通过基督教中劝善和自律的功能，帮助学生完善道德修养，提升自身品格"③，从而树立正确价值观念。各国不仅开设道德教育相关课程，还借助不同学科的相关活动，引导青少年形成忠诚国家、服务社会、关爱他人的行为习惯。学者方彤（2004）在其著作《瑞典基础教育》中专门用了一章来介绍瑞典的民主教育。在他看来，"学校作为推行瑞典社会理想的重要系统……按照基本民主价值观念从事和开展一切活动"④，实施以民主意识和民主技能为主要内容的民主教育。杨婷婷（2013）则对挪威的民主公民教育进行了专门的研究，认为其核心价值内容包括："国家认同与归属感""国际主义与多样化的发展""社会团结与内聚力的加强""民主价值观、知识和技能"。⑤

在教育方法上，北欧实施权力下放，基层学校和教师可根据具体实际，

---

① 方兆玉. 丹麦高等教育改革：和工作更相关［J］. 上海教育，2014（14）：43.
② 冯增俊. 当代西方学校道德教育［M］. 广州：广东教育出版社，1993：196.
③ 由田. 北欧廉政文化建设的基本经验及对我国的启示［D］：［硕士学位论文］. 哈尔滨：黑龙江省社会科学院，2011.
④ 方彤. 瑞典基础教育［M］. 广州：广东教育出版社，2004：148.
⑤ 杨婷婷. 试析挪威的民主公民教育政策［J］. 全球教育展望，2013（5）：66-74.

对教学方法进行自主选择（常嫒嫒，2015），总体上体现出多样性、渗透性、自由性等特点。北欧国家多采用民主、开放的教育手段，注意把冲突和争论引入课堂，鼓励师生之间进行民主对话和自由讨论，从而引导学生更好地理解并认同核心价值观，并主动将之付诸日常的学习和生活之中（冯增俊，1993），因而在方法上以讨论、互动、参与、争论为主。李庶泉（2005）以瑞典为典范，指出其要求"学校运用民主的教学方法，师生共同决定学科的学习目标"①。北欧学校德育还特别强调将平等的、反思的对话作为民主教育的基本方式，为对话创设条件是每一位教育者义不容辞的责任（方彤，2004）。一些瑞典学者亦强调，生生间、师生间都要进行对话，这不仅是在传授价值知识，更是让学生掌握讨论或对话这种民主方式或民主技能。

在教育途径上，北欧各国学校注重将显性的正式课程教学和隐性的学校生活渗透有机结合，将基本价值观渗透进学校生活的所有方面（Lindström L，2013）。在课程设置上，侯丹娟（2012）认为主要包括三种形式："专门的必修或选修课程（separate stand-alone），渗透性课程（integrated），以及跨学科教育课程（cross-curricular educational theme）"②。大体而言，包括宗教、道德、社会学、伦理学、哲学等在内的课程不仅要向学生传授基本知识，还担负着核心价值观培育的职责。同时，瑞典学者托马斯·尼格伦（Thomas Nygren）认为历史课程有助于"了解本国文化和社会的发展，并从历史的角度使之具有连贯性"③，能够促成国际理解，从而加深对团结、和平价值理念的领悟；Timo Pihkala 和 Elena Ruskovaarat 等学者（2014）指出创业教育课程通过"发展学生社会、学习、思维、工作和问题解决的技能，塑造积极参与社会事务的公民"④，能够重铸个体的态度与价值观；陈静（2011）和胡佩诚（2001）则认同心理健康及性教育课程同道德教育在目标上是完全可以结合的。北欧国家的这些课程显然都渗透着价值观的引导。此外，一些大学甚至开设跨文化课程，将民主、人权、种族、和平与冲突等价值观内容有效融入

---

① 李庶泉. 公民教育的国际比较 [J]. 济南大学学报, 2005, 15 (2): 70-75.
② 侯丹娟. 欧洲中小学公民教育综述 [J]. 教学与管理, 2012 (4): 85-88.
③ 托马斯·尼格伦. 1927—1961年瑞典历史教育的国际化改革——实施国际理解教育的复杂性 [C]. 庄芹译. 见: 刘新成主编. 全球史评论（第七辑）. 北京: 中国社会科学出版社, 2015: 169-192, 368.
④ Timo Pihkala, Elena Ruskovaara, Jaana Seikkula-Leino, et al. Entrepreneurship education as a multilayered phenomenon - a steering system for entrepreneurship education [EB/OL]. http://development-centre. lut. fi/files/muut/ESU2009_Italia_steering. pdf, 2014-09-18.

(Erdal,2013)。除了显性课程的直接价值传授外，侯丹娟、冯增俊等学者都指出，北欧国家普遍重视校园文化以及社会生活参与在树立正确价值观、培养未来积极负责公民中的作用。开放的课堂氛围、优美的校园环境、学生参与的评价制度（胡子祥，2013）、学校与家庭、社会的互动（Ekman and Zetterberg,2010）都会在潜移默化中促成正确价值观的形成。李庶泉（2005）直接点明，公民教育包括"潜在课程、课外活动以及学生的日常生活经验"[①]。

综上所述，北欧各国的价值观教育一是内容多样化，有宗教教育、道德教育、公民教育，还有有关乡土、自由活动等方面的内容；二是手段方法多样化，有价值知识传授、价值案例研讨，还有价值能力实践等；三是途径多样化，除专门教学外，还有各科教学、日常生活以及课外活动等。多样化使学校与家庭、社会等各场域得以联结，也将传统、现实与未来，个人、集体与国家有机结合，从而构建起统一的核心价值观教育体系。

5. 北欧青少年核心价值观教育对我国的启示研究

此部分研究主要由国内学者开展。早在1993年，冯增俊就指出，瑞典德育中"民主的基础、科学的态度和多样化的途径"以及丹麦德育中的"开放性、渗透性和实践性"值得我国学习借鉴。进入21世纪，张耀灿、郑永廷（2007），骆郁廷（2002），王瑞荪（2006）等著名学者均认同西方德育在内容和方法上具有相当特色，完全可在比较的基础上进行合理吸收。李晗龙（2015）提出，欧洲德育对个体差异及其选择的尊重、对隐性化德育方式的重视、对青年组织教育功能的重视均为我国提供了可借鉴之处。陈照雄（2009）则尤其推崇北欧学校对于平等公正理念及伦理规范的强调。2012年及2017年，戚如强分别发表了《北欧国家的思想政治教育及启示》和《瑞典青少年社会核心价值观教育的特色及启示》，认为北欧国家"对核心价值观的有效管理和顶层设计""多元的学业评价体系""良好的精神环境""融入日常生活的价值观实践养成"[②] 为我国社会主义核心价值观教育提供了良好借鉴。此外，北欧基础教育中平等、公平、开放理念的传递（庞超，2012）、融合教育模式的构建（王辉等，2015）、人性化的课程设置及多样化的教学模式（杨娜，2013）等均拓宽了我国青少年社会主义核心价值观教育

---

① 李庶泉. 公民教育的国际比较 [J]. 济南大学学报，2005，15 (2)：70-75.
② 戚如强. 瑞典青少年社会核心价值观教育的特色及启示 [J]. 外国中小学教育，2017 (9)：1-5.

的视野。然而，此部分内容大多是从"德育"角度展开研究，针对价值观教育开展系统研究的较少。

（二）已有研究评析

综上所述，目前国内外学界对于北欧青少年核心价值观教育已经有了一定的关注，并从多个视角对其进行了研究，既有从总体上对北欧价值观建设进行宏观论述的，也有以北欧某个学校为切入点对青少年价值观教育进行微观探讨的，为我们进一步了解北欧的相关现状提供了有益参考。相比较而言，国外学者的研究起步相对较早，且由于文化背景的原因，研究相对深入，更新速度较快，基础性理论研究同应用性对策研究均有所涉及。我国相当一部分学者则以开放的姿态和务实的精神，对瑞典、芬兰等北欧国家价值观建设的有益经验进行了总结和归纳，并试图在"求同存异"的基础上为我国青少年社会主义核心价值观的培育开辟新的视角，提供新途径和方法，取得了一定的研究成果。当然，在肯定成果的同时，仍要指出，目前研究中存在着一些不足和问题，主要表现在以下几个方面：

（1）在青少年核心价值观教育的现有相关研究中，虽北欧国家目前已经受到一定关注，但从总体上来说，大多数学者仍习惯于将目光聚焦于老牌资本主义国家如英国、美国，或是亚洲发达国家如日本、新加坡，对于独具特色的北欧国家却着墨不多，在一定程度上影响了我们研究青少年核心价值观教育问题的视野与格局。

（2）国外学者的相关研究多侧重于对个案的实证研究，强调具体应用；而国内学者的研究则多集中于对理论的探讨，实地调研相对缺乏。真正将理论研究与实证研究紧密结合的研究成果较为缺乏。且在理论研究方面，多重视对现有文献的研究，缺乏对北欧国家执政党党纲、教育政策等文本的解读。

（3）由于北欧国家并没有专门的思想政治教育学科，也不强调显性的意识形态教育，对青少年价值观的培育主要是渗透在教育的诸多方面，因此现有相关研究多是从教育学角度研究，强调对教育要素的分析，从思想政治教育领域开展研究的不多。

（4）现有相关研究仅限于某专门领域，如德育、公民教育、环境教育等，显得不够系统和全面；不少研究仅停留在感性认知层面，重视对现象的叙述和归纳，未能对其核心价值观生成、发展的历史环境和社会背景进行深层次的考察，且缺乏对其教育现象背后基本规律与影响因素的深入挖掘，以及对其教育经验及教训的全面审视，因此缺少可预见的因果联系和解释力，更无法形成具有指导意义的理论。

三、研究思路与基本方法

（一）研究思路

本书遵循"命题提出——理论奠基——现实考察——系统研究——批判借鉴"的研究思路，以北欧青少年核心价值观教育为研究对象，广泛收集资料并借助相关理论，在考察北欧地区核心价值观的思想渊源及基本内涵的基础上，系统研究北欧青少年核心价值观教育的理念、原则、内容及具体实施途径，分析其背后的深层因素，并结合当前我国培育与践行社会主义核心价值观的现实背景，发掘北欧的有益经验，进行合理吸收和批判借鉴，提出我国青少年社会主义核心价值观教育的创新思路。

具体章节布局如下：

第一部分：命题提出（绪论）。主要介绍"北欧青少年核心价值观教育及其经验启示"作为本书选题的依据及该选题研究的意义；对相关已有研究成果和文献进行综合性梳理和评述，以期找出当前该选题研究的已有成果与存在不足；提出本书的研究思路和研究方法，归纳研究的逻辑理路；最后从总体上预估本书在研究中的创新之处以及面临的困难和不足。

第二部分：理论奠基（第一章），主要对一些基本理论问题进行阐释。首先，以"价值观"为切入点，剖析"核心价值观"的含义、特征与功能，对"核心价值观教育"的合理性、内涵及特性进行阐述，并从全球视野对核心价值观及其教育进行审视，从而确立基本的研究范畴；其次，围绕"青少年核心价值观教育的现实意义"，界定青少年之范围，分析青少年价值观的主要特征，并对青少年核心价值观教育的战略地位进行解读；最后，聚焦"北欧青少年核心价值观教育的当代兴起"，在赋予北欧五国以统一整体合理性的基础上，尝试对当代北欧青少年核心价值观教育的提出背景和现实旨归进行剖析。

第三部分：现实考察（第二章、第三章、第四章），主要考察北欧社会民主主义核心价值观的基本内涵及其青少年核心价值观教育的实施。

（1）第二章对北欧社会民主主义核心价值观进行总体考察。这是本书研究的重要前提和基础。核心价值观教育是将核心价值观的形成与教育活动相结合的过程,而青少年应树立怎样的价值观则与其所处社会所提倡的主流意识形态息息相关。第一节从北欧的社会民主主义发展模式、政治传统、民族性格以及宗教文化等诸多方面,考察北欧核心价值观形成的社会基础;第二节考察北欧社会民主主义核心价值观的确立及其内涵,强调北欧各国在长期的历史发展中,形成了"民主、自由、平等、团结"的价值理念,北欧青少年核心价值观教育必须以这些理念的培育为重点;第三节提炼出北欧核心价值观的主要特点。

(2) 第三章"北欧学校教育中的青少年核心价值观培育"是本书研究的重点。第一节强调学校在青少年核心价值观培育中的主阵地作用;第二节对北欧学校核心价值观教育的发展脉络进行了大致梳理;第三节阐释北欧学校核心价值观教育的立场与原则:"有限度的价值介入"是其基本立场,而"合理传授与民主对话"则是其主要原则;第四节研究北欧学校价值观教育的内容体系,特别注重考察瑞典、丹麦、芬兰、挪威等国的教育立法;第五节探讨北欧学校核心价值观教育的实施途径:北欧学校不仅通过专门性课程、渗透性国家课程、跨课程主题研究等"显性课程"进行价值传递,还借由平等对话的师生关系、丰富多元的课外活动、民主关爱的校园氛围、学生参与的管理模式等"隐性课程"进行价值涵养,从而完成核心价值观教育的最终目标。

(3) 第四章研究北欧学校场域外的青少年核心价值观教育。这是第三章研究内容的继续和延伸,分别从政府、家庭、社会三个层面进行探讨,全景式地展现了北欧国家对于青少年核心价值观教育的重视及成效。

第四部分:系统研究、批判借鉴(第五章、第六章)。这是本书的最终落脚点,从整体上归纳总结北欧青少年核心价值观教育的特色经验和困境局限,并对北欧实践中的有益部分进行合理吸收及批判借鉴。

(1) 第五章"北欧青少年核心价值观教育的理性审视"是对北欧青少年核心价值观教育的总体评价,在指明对待北欧核心价值观教育的科学态度的基础上,不仅归纳其特色与经验,也指明其困境与局限,力图做到全面、客观、理性,为可能开展的不同社会形态、不同民族国家之间青少年核心价值观教育的相互借鉴奠定基本前提。

(2) 第六章"北欧青少年核心价值观教育的启示与借鉴"则立足于我国现实教育背景,对北欧做法进行批判性的借鉴和选择性的吸收,从而不断提升我国青少年社会主义核心价值观教育的实效性。

第五部分：结论。主要是对本书研究内容做一综述评价，包括研究的结论与存在的不足，主要目的是在分析研究成果及剖析不足的同时，结合当前形势对我国青少年社会主义核心价值观的培育和践行提出展望。

（二）研究方法

（1）文本分析与文献研究法：通过分析与北欧各国教育相关的法条、政策、制度性文件等文本，找到北欧青少年价值观教育的理念、原则、方向；同时大量阅读并研究相关领域已有文献，寻找理论前沿视角及对本研究的启示和借鉴，有重点地进行提炼、反思与加工。

（2）案例研究法：对北欧青少年核心价值观教育的相关教育要素进行研究时，选取北欧具有代表性的国家或学校进行具体分析，深化相关问题的理解。

（3）跨学科研究法：综合运用思想政治教育学、心理学、教育学、政治学、社会学等多门学科的理论，对北欧青少年核心价值观教育的诸多教育要素进行分析。

（4）比较研究法：基于不同的社会背景，对中国和北欧青少年的核心价值观教育进行整体比较，理性总结异同规律与内在原因，同时聚焦我国具体实际，借鉴北欧合理经验，提出加强我国青少年社会主义核心价值观教育的有效思路。

四、研究的重点难点及创新之处

（一）重点难点

1. 研究重点

（1）通过考察北欧地区的历史、文化以及政党制度，对照相关文本及文献，对北欧青少年核心价值观教育做全面而系统的研究；（2）归纳并提炼北欧青少年核心价值观教育中具有说服力的有益经验，并客观分析其存在的局限性；（3）不能仅限于对现象的阐释，更要挖掘青少年核心价值观教育的内在规律，在准确把握当代中国青少年自身特点的基础上，探索出适合他们的社会主义核心价值观教育模式。

2. 研究难点

（1）研究结果的转化。要通过比较分析，科学对待并正确处理所获得的北欧启示，从中鉴别出能够在我国行之有效的北欧经验，并基于"中国立场"对其进行借鉴、吸收、重构、升华。（2）调研的现实困难。由于本研究在当今我国思想政治教育领域是一个尚未完全开展的方面，没有现成研究成果可以直接借用，且涉及中国和北欧两地，因此调研周期长、成本大，同时需要相关人员的帮助与协调以保证研究开展的质量。（3）学科交叉问题。本研究涉及教育学、政治学、社会学、心理学等诸多学科领域，需要丰富扎实的理论基础。

（二）创新之处

本书存在以下创新之处。

1. 研究视角上的创新

目前学界对于国外青少年核心价值观教育的研究，多聚焦于英、美、德等西方主要国家，或是亚洲较为发达的日本、新加坡等国家。特色鲜明的北欧国家虽在近年来有所涉及，但总体来说仍属于"相对空白"的领域；且本就为数不多的相关研究大多仅涉及某个北欧国家如瑞典、丹麦、芬兰等，在内容上也仅散见于有关教育制度、德育、民主教育、公民教育的论述，极少有系统针对北欧核心价值观教育开展整体性研究的相关成果，因而在解释力和说服力上都有所欠缺。

本书将北欧各国作为一个共同的研究单位，对散见在北欧教育诸方面的核心价值观培育原则、内容、方法等进行提炼和研判，并从政府、学校、家庭、社会等多个层面对北欧核心价值观的教育模式进行全局性审视，力图进行一次系统化探索和纵深化研究的尝试，从而在现代化全球化的时代场景中，通过对北欧国家有益经验的合理借鉴，为我国青少年社会主义核心价值观的培育提供全新视角。

2. 研究内容上的创新

针对以往研究多注重描述教育现象的状况，本书还重视考察与核心价值观教育具有密切联系的社会政治、经济和文化因素，从北欧的主流意识形态、福利制度、政治传统、民族特性和文化传统中挖掘北欧社会民主主义核心价值观的生成依据，同时批判性地对价值观教育背后的原因和动力进行剖析，客观总结经验教训，深入挖掘教育规律，从而避免了对教育现象的孤立考察，也在一定程度上防止了对北欧经验的简单拿来和粗暴移植。

在此基础上，本书尝试进入比较情境，结合我国实际进行对话式的研究，在深刻理解中国和北欧历史文化传统、社会发展要求和个体发展需要等维度的同时，以开放包容之姿，对北欧青少年核心价值观教育的经验进行有选择、有批判的借鉴吸收，在把握社会发展规律的基础上为我国社会主义核心价值观培育提供资政参考。这有助于在一般意义上宏观地理解价值观教育的基本规律，也使本书更加符合历史唯物主义的研究规范。

3. 研究方法上的创新

本书综合运用思想政治教育学、社会学、心理学、政治学等多学科的理论与分析工具，采取文献研究法、案例研究法、跨学科研究法、比较研究法等多种研究方法，尤其注重对瑞典、丹麦、挪威、芬兰等北欧国家的教育政策进行精准深入的文本分析，借由"语际解释"达到实质意义上的"交流对话"。此外，笔者曾在北欧国家深入学习，对于当地教育状况具有较为直观的了解，也收集到有关当地教育的文献资料，从而有助于进行一种综合性的体认式研究，进而全方位、多维度、系统化地挖掘北欧核心价值观教育的特点及经验，实现中国与北欧青少年核心价值观教育的比较与借鉴。这在一定意义上突破了以往研究空泛化、简单化、同质化的"瓶颈"，能够从更深层次上挖掘国外核心价值观教育的可供借鉴之处，为我国社会主义核心价值观的培育及践行提供理论及现实上的有益参考，这一思维过程更加符合解释学的有效性理解特征。

第一章　基本理论问题阐释

任何一项研究的开展都离不开对基本理论问题的阐释。本章即从最基本的概念界定入手，对青少年核心价值观教育的现实意义进行解读，并围绕本书的主题，对北欧青少年核心价值观教育的提出及现实旨归进行探讨。

第一节　核心价值观教育研究的相关概念厘定

研究北欧青少年核心价值观教育问题，首先需要对价值观、核心价值观、核心价值观教育等基本范畴和概念体系作出清晰准确的界定，这是研究得以顺利进行的根本逻辑前提。同时要从全球视野出发，对一些相近概念进行说明，从而更加科学全面地把握研究对象和研究本质。

一、价值观

价值观是本书中最为基础的范畴。了解价值观应从其含义、属性及形成等方面进行全面考察。

（一）价值观的含义

价值观作为社会意识形态中的重要方面，是指主体（个人或组织）关于事物是否具有价值，具有多大价值，具有何种价值的认知、情感、信念以及意志的总称，简言之即对价值问题的根本看法。价值观是一种"观念"，但严格来说并不等同于"价值观念"。价值观念是在特定环境下形成的对特定事物的价值判断，并会伴随主体认知程度的加深及价值立场、情感态度的批判性梳理而发生变化，具有领域性和阶段性；而价值观则是在各种价值观念不断累积和不断改进的过程中,逐渐沉淀和稳固下来的基础性核心性观念,因而上升到了"观"的高度。价值观内含于价值观念之中,同时经由具体的价值观念得以体现,它与价值观念是一般与特殊的关系。然而在生活中,人们一般将它们当作同一概念使用,在本书中也不对其作严格区分,两者在应用上是一致的。

(二)价值观的属性

价值观作为一种特殊的观念,既具备一般观念都有的基本特征,又具有自身独特的相应属性。

首先,客观性与主观性的统一。价值观在本质上是一种社会意识,根据马克思"社会存在决定社会意识"的理论,它反映着相应社会中"人们所处的社会地位、所拥有的物质条件、所处的社会环境、所处的自然环境"[1]。换言之,价值观不可能凭空产生,其必然受到社会条件和社会状况的制约,因此具有一定的客观性。同时,基于价值的主体尺度,价值观是价值关系在主体意识中的沉淀,主体以其需求系统(包含愿望、要求、欲望、理想、需要、利益等主观因素)为参照,对主客体间价值进行整合并进而形成一定的观念形态,是一种主观性的表达和诉求。价值观必须依赖主体判断而存在,因而也深深打上了主观性的烙印。

其次,可变性与稳态性的统一。价值观并非永恒不变。对于社会整体而言,正如马克思与恩格斯在《共产党宣言》中强调的那样,"人们的意识,随着人们的生活条件、人们的社会关系、人们的社会存在的改变而改变"[2]。不同时代会催生不同的价值观,价值观自然也会伴随社会的改造与发展同步发生变革。对于个体而言,自身需要的发展或科学认识的进步也将导致其内心深处价值观的变化。由此可见,价值观的变化是必然的。但也必须指出,作为哲学世界观层次的观念的价值观一经生成便是相对稳固而持久的,其作用的发挥也是根深蒂固的。个体颠覆长期坚守的价值观是个痛苦的过程,社会变革或消除固有的群体价值观亦是长期而复杂的。

最后,评判性与导向性的统一。价值观是主体在长期价值实践活动中形成的社会心理定势。其一旦形成,即作为主体内在尺度,成为主体固有模式,

---

[1] 田方. 当代大学生社会主义核心价值观认同问题研究 [D]. [硕士学位论文]. 西安:长安大学,2014.

[2] 马克思恩格斯选集 [M]:第1卷. 北京:人民出版社,2012:419-420.

形成相应评判机制。无论主体是否意识到，他总会自觉不自觉地将现实生活中的事物或现象同自身价值观中的形象系统相对照，并做出相应的情感反应，进而对实际生活进行审视、度量和评判。在价值观的内容中，既包含客观存在着的现实的价值，也潜在内隐超越现实的希望的部分。价值观通过设立价值目标、确定价值追求，将个体导向其认同的一系列生存形态、行为模式或交往准则，并借助社会"场"的调控与约束，引导个体沿着社会化的方向发展，进而成为受到一定认可，获得一定接纳的社会角色。

（三）价值观的形成

价值观的形成通常认为有两种形式：自发形成和自觉建构。本书所探讨的价值观是理性层面的，即在有目的活动作用下的价值观的形成，属于后者。价值观的形成不是一蹴而就的，而是一个以主体需要和自我意识为逻辑起点、以物质生活及文化传统为社会条件、以实践活动为现实根据的，前后相继、自浅及深的过程，"即价值心理——价值观念——价值观"[1]。在此过程中，主体根据自身需要和以往价值经验对客体形成价值感知与价值体验，并借助自身思维及知识结构进行价值分析与判断，进而实现价值认同、做出价值选择，最终形成自己的价值体系。

具体而言，价值心理主要表现为主体对有关价值的态度，包括认知、情感以及相应的行为意向。这种态度是直接、迅速且不稳定的，是对价值关系的浅层次的感性反映。倘若某种价值态度在个体价值心理中得以反复，于较长一段时间内获得维持甚至进一步强化，则极有可能在此基础上形成对于价值问题的观念模式——价值观念。尽管在形态上仍缺乏理论性和系统性，往往表现为对于特定领域特定事物的零散性观念，"甚至有时还包含着一些价值观念的对冲性"[2]，但很显然，相较于最初的价值心理，价值观念是较为深层次的理性价值判断，因而也要稳固得多。当然，价值观念还需要进一步发展。当诸多同类别的价值观念依据特定方式进行排列、组合，进而整合为一个组织化程度及自洽程度都极高的系统时，即产生了个体价值意识发展的最高形式——价值观。价值观是对各种具体价值观念的抽象概括，是在长期的实践活动中积淀而成的固定观点，具有极强的稳定性。

---

[1] 陈章龙，周莉. 价值观研究 [M]. 南京：南京师范大学出版社，2004：74.
[2] 邱柏生. 试论价值观的形成是一个过程 [J]. 社会主义核心价值观研究，2015（1）：20-26.

由此可见，价值观的形成绝非由外力强硬塑成的结果，而是在主体自主、能动的状态下，对获取到的价值规范和价值标准进行了系统化的整合，有选择地将其纳入自身价值系统并自觉外化于行动之中。这显然是一个自主建构、潜移默化的复杂过程。

二、核心价值观

核心价值观作为一个社会主流意识形态的本质体现，凸显于各种价值观的冲突之中，体现着整个社会的精神追求。

（一）核心价值观的含义

价值实践活动的复杂性决定了价值观本身是一个多层次、多维度、多样化的复杂系统。按照主体、内容、作用性质等不同的划分标准，价值观也可以区分为不同类型，如个体/群体价值观、经济/政治/道德/文化价值观、积极/消极价值观等。不同价值观在同一时空中共存、交织甚而重叠，呈现出纷繁复杂、多元异质的态势，同时也在整个社会的价值观体系中居于不同地位。一般来说，一个社会中居于统治地位，能够起到主导和支配作用，且往往受到绝大多数社会成员即广大民众认可、信奉及遵从的价值观，被称为核心价值观，反之则是一般价值观。核心价值观受到主流意识形态的支持及倡导，能够反映社会内在发展要求，因而相对稳定，具有一定的社会合理性基础。

（二）核心价值观的特征与功能

核心价值观具有鲜明的特征和重要的功能，这主要体现在以下三个方面：

一是意识形态性。一定的价值观以一定的意识形态为其形成基础。意识形态是一种观念上层建筑，由经济基础决定，反映一定阶级的利益并为一定阶级服务，具有鲜明的阶级烙印。核心价值观之所以被冠上"核心"二字，恰是因为它以占统治地位的意识形态——主流意识形态为其形成发展的思想依据；而一个社会的主流意识形态往往是统治阶级的意识形态，因此核心价值观由统治阶级的统治力对其优势地位形成有效保障，是该阶级特有的意识表达及其根本利益的直接反映，是主流意识形态的价值浓缩。恰如马克思所说,"支配着物质生产资料的阶级,同时也支配着精神生产资料"①,社会核心价值观一旦确立,则自动为其所依存的经济基础提供正当且合法的辩护;而核心价值观的建设及培育也必然集中体现着主流意识形态对社会集合体的本质要求。

二是统摄支配性。任何社会的价值体系都是由内容多样、层级不同的价值观念所组成的。在多元价值观相互交织、交融、交锋日益激烈的当今时代,似乎每一种价值尺度都能够从其所属文化中找到其合理性依据;而核心价值观作为一个社会文化及思想体系中最为关键的"内核",反映着社会的总体性质,指明了社会的发展趋势,因而是不同社会或共同体之间相互区分的本质所在。同时,核心价值观从最为社会整体所认可的角度科学界定不同主体的价值准则及行为规范,为其他从属性价值观提供方向和依据,并在全社会范围内通过对非核心价值观的有效整合及协调,发挥约束和引导的强大功能,达到凝聚社会价值共识、统率社会价值理念、统一社会价值尺度、维护整个价值体系稳定及统一的作用。

三是广泛认同性。核心价值观作为一个社会大多数成员所持有的价值观,应当是其中具有最广泛认同性和最普遍根本性意义的价值尺度和准则,即,社会成员自觉接受且主动遵循这一价值规范,并不断改变自身价值结构以顺应之。可见,核心价值观具有其存在的社会心理基础,它能够发挥其高度的融合力,通过规范、引导和影响个体的价值取向,实现主体建构的功能,促成群体价值观念的高度统一,从而"在消解各种价值主张的紧张对立中使各种价值观念间保持合理的张力"②,有效整合社会力量,保持社会稳定有序发展,推动社会价值目标得以顺利实现。核心价值观既体现着人类文明发展的共同成果,又彰显着特定文化孕育的价值共识,具备现实且稳定的社会支持及合理性基础,因而是整个社会所追求的精神目标。

三、核心价值观教育

对"核心价值观"具备清晰的认识之后,需要对与之相关的"核心价值

---

① 马克思恩格斯选集 [M]. 第1卷. 北京:人民出版社,2012:178.
② 胡琦. 我国大学生核心价值观教育现状及西方经验之启示 [C]. 见:刘震,安国启主编. 中国特色社会主义事业与青少年发展研究报告——第八届中国青少年发展论坛暨中国青少年研究会优秀论文集(2012). 天津:天津社会科学院出版社,2013:570-579.

观教育"概念进行界定和理解，以进一步明确本书的研究对象。

（一）价值观教育的合理性分析

在界定"核心价值观教育"这一概念之前，我们首先需要确认：价值观是否可教？价值观教育何以可行？我们常常以为价值观教育的逻辑起点在于"要达到怎样的教育目标"，然而"合理性"才是价值观教育的元理论问题，是研究价值观教育的根本前提。正如德国著名哲学家黑格尔所提倡的，要"进行深刻的'前提批判'，即不断探索、追问已知判断的根据、底蕴和意义。"[①] 如果价值观教育本身的合理性及可行性无法得到有效论证，那么对核心价值观教育的思考与研究便也是毫无意义的了。

在价值体系相对单一、没有价值冲突的传统社会中，对价值观进行教育并不会受到质疑或否定；然而在传统权威逐渐消解，价值观日益多元且冲突日趋激烈的现代社会，价值观教育的合理性便日益成为学界争论的问题。一种观点坚持"价值观是不可教"的，其以价值相对主义为其立场，认为价值观并无绝对正确或错误之分，一切皆以个体的体验与理解为判断标准，因此并不存在适用所有人的价值准则，教育者除了教授有关价值的思考方法以及提供价值选择的相关情境之外，并不能传授具有普遍意义的道德规范，价值观教育自然也是不可行的。另一种观点则完全相反，它强调：虽然个体对于意义的理解不尽相同，但他们都"是在参与进一步思考他人在他之前已经考虑过的东西"[②]，因而不可避免地秉持着某种共同价值。对价值的理解不是纯粹的个体行为，价值观也决非私人生活的偏好，其中内含着一定的普遍性标准，因此价值观教育完全可行。

诚然，由于主体间存在着的巨大差异，价值的相对性是无法回避的，教育主体不应当也不能够忽视不同个体对事物价值的不同理解，将价值观教育视为简单的规则灌输。但也必须强调两点：第一，价值具有一定的稳定性，这一属性必然也会在价值观上得以体现。诸如诚信、平等、爱国等，已经成为跨越时代和地区，被广泛提倡的价值观。价值观教育将社会生活中抽象出的，既反映社会本质又符合个人要求的具有普遍意义的价值准则作为教育内容，这显然有利于协调社会各阶级（层）、各群体的利益关系，维护社会整

---

① 张澍军. 德育哲学引论 [M]. 北京：人民出版社，2002：28.
② 王葎. 作为哲学问题域的价值观教育 [J]. 内蒙古农业大学学报（社会科学版），2005（4）：20-23.

体秩序。第二，从个体意义世界的生成逻辑来看，个体的意识、观念并非完全自我觉解，它需要被唤醒。人降临世界之始虽是"一张白纸"，但又自带一堆潜能，这些潜能的破土与成长需要一定的外力得以开发并日渐成熟。价值观的形成即是如此。但在这一过程中，个体所建构起的价值世界由于受到诸多因素影响并非绝对正确合理，因此"需要通过特别的努力，使之朝着正确的方向发展"①，这就需要所谓的"教化"对其进行规导。同时，人对意义的理解与追求永无止境，这又需要一定的陶冶与提领，来促进个体对价值意义的思考，提升其价值精神境界。价值观教育不同于遵循理性规则的知识教育和技能教育，它作为一种宽泛意义上的文化传递，通过一定文化环境下的实际价值活动，使个体获得相对成熟稳定的价值观念。无论我们是否承认，在实践中各个国家或多或少都在"教育"着价值观。我们总是不可避免地受到长期积淀、传承下来的"意义""规范"的影响，在无意识的"教化"中将固有的习俗和价值观念接管过来，以维持一种一以贯之、承前启后的生活样态。

因此，在科学划定边界的前提下，价值观教育是完全具有合理性的，价值观是应该教、可以教并且必须教的。任何一种价值观都不可能抛开教育而使个体得以掌握。

（二）核心价值观教育的内涵

核心价值观教育作为一种教育实践活动，是教育主体为传授教育内容，达成教育目标所采取的一系列思想及工作方法的紧密结合。在现代教育学中，学者普遍对"教育"采取广义与狭义两种界定。广义来说，"凡足以影响人类身心之种种活动，俱可称为教育。"② 换言之，一切能够丰富个体知识技能，发展个体身体素质，影响个体思想观念的活动，不论其有无组织、成否系统，均属教育。广义的教育起源于人类社会伊始，存在于人类生产实践活动之中，主要包括学校教育、家庭教育和社会教育。而狭义层面的教育则产生于奴隶社会初期，特指学校教育，即正规的制度化的教育，是由专门机构及专职人员承担的，按照社会要求和个体需要，有计划、有步骤地对教育对象的身心施加影响，以使其具备教育者所期望的品质的各种活动。当然，还

---

① 姚林群. 课堂中的价值观教学 [D]：[博士学位论文]. 武汉：华中师范大学教育学院，2011.

② 王徜. 中国教育辞典 [M]：第6版. 上海：中华书局，1940：642.

有一种更为狭义的教育，即"有计划地形成学生一定的思想政治观点和道德品质的活动，与德育同义。"① 本书中的价值观教育采取较为广义的概念，是指教育者借由一系列有意识、有目的、有计划的干预和影响，引导教育对象树立正确价值意识、提升价值判断能力、确立科学理想信念。它包括但又不限于学校教育。

在此基础上，我们可以对核心价值观教育做出以下定义：一定社会、阶级或政党对社会成员有目的、有计划、有组织地进行核心价值观的传授，引导他们形成并树立起同社会要求相契合的价值取向、价值标准和价值目标，从而维护社会稳定，推动社会发展的教育活动，涵盖学校教育、社会教育和家庭教育。

（三）核心价值观教育的特性

核心价值观教育是现实性与超越性的统一。一方面，它在一定教育目标的引领下，以现实生活为基点，关注个体当下的生存境遇，通过创设一定教育情境、采取相应教育手段，系统性地促成个体价值观念的确立及完善，提升其价值敏锐性和价值抉择力，同时要求个体将全社会普遍认同的价值规范内化生成为自我内在品质，并按照所处社会的现实期望实施价值行为，在有效协调、促进个人与社会间相互关系的过程中，帮助教育对象更好地适应周遭环境，明确道德规范，提高生存意识。这是一种直接针对现实生活的"形而下"的关注。另一方面，核心价值观教育又站在终极关怀的高度，唤醒人向善之本性，倡导人意志之自由，导引个体超越物理的实存的"我"，在全面审视并总结自己生活的基础上跳出当下的局限，更多地思考生命的走向、追求精神的生发、探问自身的成长，在自觉的价值追求和践履中"获得意识的自觉、意义的反思和精神的慰藉"②。这同时也是一种超越现实、指向未来的"形而上"的关怀。

核心价值观教育体现着工具性与目的性的统一。核心价值观教育的目标同社会发展的目标是一致的，它通过传递统治阶级认可并提倡的社会主流意识形态，对社会成员自身价值体系中符合社会预期的部分进行强化和稳固，对偏离社会预期的部分进行调整和纠正，将受教育者个体零散的、无序的价

---

① 顾明远. 教育大辞典·增订合编本 [M]：（上）. 上海：上海教育出版社，1998：725.
② 崔振成. 现代性社会与价值观教育 [D]：[博士学位论文]. 吉林：东北师范大学教育科学学院，2011.

值追求导引至社会期待的轨道上来，使社会所倡导的价值规范深入人心，最终转化为受教育者的具体行动，从而起到凝聚共识、维护稳定的功能。因此，从工具性价值的角度来说，核心价值观教育服务于社会发展，彰显着特定时代的价值期待。同时，核心价值观教育作为一种教育活动，必然以人的现实需要为根本出发点，以人的自由而全面的发展为最终落脚点。它将社会的主流思想及主流文化传授给个体，促成其科学理想信念的形成和正确价值行为的养成，这在本质上即是一种主流意识形态引领下的培养人、塑造人的实践活动。换言之，核心价值观教育只有在实现人之发展的过程中方能实现服务社会的功能。从这一角度来看，它又具有一定的目的性价值。总而言之，核心价值观教育是工具性与目的性的统一，它将社会之发展要求同个体之价值追求紧密结合、相互统一，最终实现社会全面进步、个体全面发展的终极目标。

四、全球视野中的核心价值观与核心价值观教育

前面对核心价值观及其教育作了一般意义上的阐述和分析，然而在全球一体化背景下，还需要从国际视野审视并理解其范畴及内涵。

目前，"核心价值观"（core values）已经成为一个在政治领域和学术界普遍使用并基本达成共识的概念。虽然一些国家（包括北欧各国）并未以官方形式明确规定所谓的"核心价值观"，部分学者也没有在其研究过程中直接提及这一语汇，但任何社会无论其发展阶段，必然会形成与国家政权合法性相联系，与社会基本制度和总体价值导向相一致，具有引领及整合作用的一整套"价值观念"，这是不争的事实。这套"价值观念"即便不以"核心价值观"的概念得以表达，也必定会被冠以具有"核心价值观"属性、功能及特点的其他替代性概念。因此，我们常会在各国宪法、政党纲领、官方言论、学者研究中发现诸如"国家价值观""共同价值观""基本价值观""中心价值观""主导价值观""主流价值观"这样的语词，甚至是直接使用"国名"加"价值观"的简单表述。这些表述虽视角不同、维度各异，但其提出均源于社会转型时期价值多元化日益凸显的现实语境，且都在一定程度上彰显着国家意识形态的内核，代指着一个社会文化软实力的灵魂，反映着整个社会的价值观面貌。它们虽然不能理所当然地简单等同于"核心价值观"，但与"核心价值观"具有本质和作用上的一致性，一些学者也常常将

它们作为"核心价值观"的同一概念使用，故而应当纳入"核心价值观"的语义范畴之中。就本书而言，北欧各国虽没有"核心价值观"的固定表达，但为避免研究中的混乱，统一使用"核心价值观"这一概念进行囊括。

同样需要强调的是，核心价值观教育作为人类社会普遍存在的教育活动，并不因各国具体指称或实践形式的不同而产生实质上的区别。虽然与我国明确倡导"社会主义核心价值观培育和践行"不同，不少西方国家并没有"核心价值观教育"的直接或正式提法，也没有独立设置的相关学科或课程，但这并不妨碍它们通过政治教育、公民教育和道德教育等，完成对国家主流意识形态的传授和维护，进而在最大程度上达成社会共识；这恰是"核心价值观教育"的重要内容与根本宗旨。因此，本书将一国具有此类性质和功能的所有教育活动统称为"核心价值观教育"。在北欧，核心价值观教育主要以道德和民主公民教育的形态存在并发挥作用。

第二节 青少年核心价值观教育的现实意义分析

青少年核心价值观教育是指用特定社会的核心价值观念，对青少年群体进行干预和影响，使其确立符合社会期待的价值观念。对于任何一个国家或民族而言，培养社会内部成员尤其是广大青少年形成高度的价值共识，乃是其自身存在和发展的基本前提。何为"青少年"？青少年时期的价值观体现出怎样的特点？在青少年中开展核心价值观教育又有着怎样的现实意义？这些均是本节需要探讨的问题。

一、青少年之界定

青少年是一个较为特殊的群体，青少年时期是个体"自我统一性"形成和确立的关键时期，也是价值观形成的重要时期，对其进行核心价值观教育首先要对"青少年"进行科学界定。

就"青少年时期"而言，根据不同标准有着不同界定。在生物学意义上，青少年时期代表着个体发育的高峰时期，身高、体重迅速增长，性器官也逐渐成熟，男生一般在14～18岁，女生在12～16岁。心理学上的青少年时期即为青春期（11岁、12岁至17岁、18岁），此时青少年在认知上开始出现高级推理能力,在情绪上开始与父母疏远,逐渐从与同伴的交往中获得亲密感;其中"初中阶段(11岁、12岁至14岁、15岁)被称为少年期,高中阶段(14岁、15岁至17岁、18岁)被称为青年初期"[①]。在我国教育学中,多以学制为依据,同时参照生理学及心理学的界定方法,把中学伊始至大学学业完成这一发展阶段称为青少年时期,相应地,初中阶段、高中阶段、大学阶段分别为少年期,青年初期,青年晚期。这一划分方法与不少西方学者的观点有相似之处,例如,斯腾伯格(Steinberg)曾提到一些社会科学家认为青少年期乃是包括青少年早期(10-13岁)、中期(14-17岁)和晚期(18-22岁)三个亚阶段的特殊时期,分别相当于小学高年级至大学期间的不同阶段。以上界定标准虽不尽相同,但仔细比较,其起止时间相差不大,均始于青春期(puberty)左右,即"一些可见或不可见生理上的变化,止于一些社会所定义之所谓'成人期'之指标出现之时"[②],如身心发育基本成熟、进入劳力市场得到一全天的工作等。当然,也有学者采取较为广义的划分标准,例如,按照世界卫生组织及联合国教科文组织的规定,把16~45岁的人称为青年,10~15岁的人称为少年,两者统称青少年。

本书采取较为狭义的划分方式,把青少年界定为人类发育过程中的特定阶段,主要指介于童年与成年之间,青年与少年时期相重合的阶段,也就是指年龄在11岁、12岁至22岁、23岁之间的特定社会群体(考虑到实际情况,起止年龄前后相差1至2岁均属合理)。这一划分标准更为符合青少年的生理与心理特征,也更利于教育研究及教育实践的开展。

二、青少年价值观的主要特征

伴随青少年生理上的变化,其在情感表达及行为方式上均与以往有了极大不同。作为一个特殊群体,青少年价值观因而表现出以下几大特征。

(一)自主性、多样性和从众性

青少年时期,个体的自我意识迅速发展,"成人感"日益强烈,自主性不断增强。根据权威控制理论(authoritative control),作为青少年的一种独立

[①] 莫晓春.关于"青少年"年龄界定问题的思考[J].广西青年干部学院学报,2009,19(2):38-40.

[②] 黄俊杰,吴素倩等.都市青少年的价值观[M].台北:巨流图书公司,1988:19.

的主观感受，发展起一定程度的自主性是个体走向成人、获得自尊、实现良好社会性发展的重要因素。因而青少年在价值观方面更倾向于脱离权威，独立认识、思考和评判事物。他们深受自由、民主、平等价值理念的影响，反感居高临下的成人式说教，渴望获得认可，并试图作为一个独立自主的个体享有与成年人同等的权利及社会地位。然而，伴随经济全球化趋势的不断加深和网络信息技术的日益发展，全世界范围内不同文化相互碰撞，不同价值观激烈交锋，不少青少年在"众神狂欢"的现代社会中并未确立起成熟完善的价值体系，其自主性的张扬往往伴随着价值观的混乱。他们既认可核心价值观的合理性，又在其他各种价值观中找到共鸣；既传承延续着传统价值观念，又不可避免地受到新时代诸多价值取向的冲击。总而言之，青少年群体否定绝对单一的价值标准与价值选择，在他们身上鲜明地体现着价值观的多样性和复杂性。此外，值得一提的是，青少年在脱离权威、获得自主的同时，更为渴望与同辈的亲密接触。他们倾向于与青少年同伴在活动的内容与形式上保持一致，因而在价值观方面——包括价值目标、价值取向、价值评价、价值行为上普遍存在从众倾向。

（二）现世化、庸俗化和平面化

现代社会科学技术高度发达，人类借助理性力量创造并获取了极为丰富的物质文明。然而，技术理性的过度膨胀在一定程度上遮蔽甚至侵蚀了价值理性，使科技本身成为新的统治体制，具有了意识形态性。对理性的过度崇尚与依赖"贬抑人的感性功能，使人的日常生活'刻板化'，失去了审美的意义和'诗意'"①。正如著名学者罗蒂所指出的那样，人们不再向往善恶分明的世界，而是越来越沉溺于世俗化的生活方式。这不仅是时代的明显特征，也成为青少年群体鲜明的价值倾向，并直接对其社会行为产生影响。在既有的社会结构中，当代青少年更加注重实际可得的物质利益，追求世俗的快乐，习惯于用一种现实而功利的眼光看待社会。处于儿童向成人过渡阶段的他们在认知、情感与行为等方面并未成形，本就容易出现焦虑、迷茫、困惑等情绪，更易在现世化的感官享受中找到宣泄的出路，求得暂时的慰藉。更有不少青少年在后现代主义思潮席卷而至的今天，热衷于肆意的解构，却忘记了理性的质疑。他们崇尚"生活只要平稳，无须过于拼搏"的人生哲学，忽视

---

① Hegel Werke 13 [M]. Suhrkamp Taschenbuch Verlag, 1986.337.

对生命意义的追问，没有了信仰与价值追求，丧失了敬畏心与道德感。这种"形上的迷失"和"意义的失落"使个体沉溺于"一个游戏的天堂，一个关闭了思想和意识的儿童乐园"①，灵与肉则被彻底割裂。他们既拒绝作为根之存在的历史，也不再追求永恒、道德、使命、责任等高尚的东西，更没有了对于未来的热烈预期，成为一个充斥情欲、渴望享受，追求新鲜，但却懒于主动思维、缺乏深度思考、情绪反应浅显的光滑平面结构，在价值观方面体现出较为典型的现世化、庸俗化及平面化特征。

（三）阶段性、新异性和可塑性

青少年期是人生中重要的转折时期。根据之前的论述，它可分为几个不同阶段，整体跨度相对较大。在每一阶段，青少年的现实需求和价值取向都有着不同的内容，呈现出不同特点，具有极其鲜明的阶段性。例如，在青少年早期和中期，主要是接受教育、获取知识，而青少年晚期则包括就业、婚恋、社会成就等。虽然这些需求会在一定程度上有所重叠或交叉，但不同阶段的主要价值取向必然存在一定差异。值得一提的是，由于生理及心理发展的特殊性，青少年是一个个性张扬、崇尚自由、渴望认同的特殊群体，加之当代青少年成长于互联网时代，意识更为独立，视野更加开阔，因而在接受新鲜事物方面有更大的包容性，其价值观难免具有趋向新异事物的特点。时尚的服饰装扮、新兴的社会思潮以及前卫的艺术流派多为青少年所崇尚，也更易受到青少年的肯定。当然，由于青少年时期价值观正在形成的过程中，许多方面常表现出一定的短暂性；但也正因为其价值观尚未完全定型，呈现出边形成边变化的状况，因而相较于成人而言具有更大的可塑性。教育者引导、矫正和培养青少年价值观是必要且可行的。

三、青少年核心价值观教育的战略地位

人才资源是当今世界经济和社会发展最为重要的资源，也是各国争夺的焦点。青少年作为宝贵的人才资源，是国家的未来、民族的希望。当前，大国之间的竞争与博弈已然从过去的军事实力、自然资源等有形力量上转移到以文化、意识形态为核心的"软实力"上，而核心价值观即其中的重要组成

---

① 黄会林. 当代中国大众文化研究［M］. 北京：北京师范大学出版社，1998：6.

内容。能否引导青少年树立正确的价值观，尤其是引导他们自觉认同并积极践行社会核心价值观，对于个体的发展与超越，以及社会的存续与稳定均具有极为重要的战略地位。

（一）维护主流意识形态安全的核心举措

自20世纪90年代美国学者约瑟夫·奈提出"软实力"（soft power）这一概念后，文化的辐射能力便成为衡量一个国家综合国力的重要标志。在世界一体化的浪潮中，不同文化间的冲突成为全球性的突出现象。文化冲突的核心是不同价值观的冲突，而价值观的背后必定有意识形态的支撑。在文化多元的当今时代，意识形态的斗争不仅没有终结，反而更为激烈和生死攸关。正如马克思指出的那样，"如果从观念上来考察，那么一定的意识形式的解体足以使整体时代覆灭"[①]，可以说，价值观和意识形态领域是和平时期没有硝烟的战场，各种文化的、政治的力量竞相亮相、相互角逐。一方面，各国都在想方设法借助生活方式的全球流动，增强自身文化的影响力，提升在全球文化链中的位置，这其中必然包含意识形态，尤其是价值系统的输出。另一方面，各国也都深刻地认识到，"主流意识形态构成一个社会思想文化的中枢和支柱，构成一个民族精神信仰的基础和载体"[②]，其一旦蒙上多元文化的浪漫主义色彩，辨识度则必然有所降低；因而总是通过各种举措强化本国的主流意识形态，防止多元文化的蚕食和包围。

世界全球化并不等于意识形态的一体化。对一个民族、国家而言，主流意识形态的安全和地位必须得到维护及巩固，否则便会重蹈苏联的覆辙，逐渐丧失文化认同，进而缺失政治认同，最终导致整个国家基石的坍塌。要维护主流意识形态首先必须强化对主流文化的认同，而核心价值观恰恰决定着主流文化的性质，是主流意识形态的核心。在核心价值观的引导和规范下，多元文化能够朝着社会预期的方向转化和流变。从这个意义上来说，核心价值观教育即为意识形态立法，其本就承担着维护意识形态安全的职责。作为现代社会的重要政治及文化现象，核心价值观的宣传及教育乃是各国共同关注的重大问题。广大公民是维护和践行主流意识形态的主体，对公民尤其是青少年群体进行核心价值观教育，对于抵制外来文化的负面影响和肆意侵蚀，

---

① 马克思恩格斯文集［M］．第8卷．北京：人民出版社，2009：170．
② 张雷声．论马克思主义与意识形态［C］．见：张雷声，顾钰民主编．马克思主义理论学科研究（第4辑）．北京：高等教育出版社，2009：18．

确保本国在激烈的国际竞争中始终立于不败之地，具有极其重要的现实意义和战略地位。青少年是十分宝贵的人才资源，他们身体渐趋成熟，但思想仍显青涩，文化领域的竞争往往从青少年开始。他们具备怎样的价值取向和评判标准，不仅会对社会其他成员起到辐射作用，同时也在一定程度上影响甚至决定着社会的未来走向。通过教育强化青少年群体对社会核心价值观的自觉认同和主动践行，充分发挥核心价值观引领社会思潮的积极作用，是把握意识形态发展方向，维护意识形态安全，树立高度文化自信，提升国家文化软实力的必然要求与核心举措。

（二）助推青少年个体发展的关键环节

人不仅是物质性、个体性、现实性的存在，也是价值性、关系性、超越性的存在。作为一种有意识的生命体，人总是在价值观的导引下，突破生物范畴的局限，在投身各种关系的同时不断探索、追求和创造心中的美好世界。因此，个体的发展不仅需要良好的生存空间、充足的物质保障，更要有丰富的精神家园，科学而理性的价值观念系统即个体生存发展的重要精神因素。当前，在全球化的推动下，文化多元化持续纵深发展，各种不良风气、错误思潮乘虚而入，极易对个体产生冲击，引发其精神世界的混乱和迷失，并进而对社会其他成员造成一定影响，阻碍社会共同价值信仰的凝聚。"人的本质……在其现实性上，它是一切社会关系的总和。"[①] 人的认知、情感、思维、意志不仅源于自身，也来自社会。无论承认与否，个体的精神活动总在潜移默化之中受到社会之网的制约。也就是说，任何一个个体，当然也包括青少年，若想拥有真正得以安身立命的精神家园，获得生存发展的良好空间，就必须在社会核心价值观的引领之下，构建起良好的精神世界。

青少年时期，个体价值观逐渐成形，但局限于从学校和家庭两个层面获得，并未经过亲身实践，因而对社会核心价值观的理解或认同不够深入，自身价值体系也相对单一和表浅。同时，青少年由于处在特殊的年龄阶段，整体来说知识水平相对较弱，生活阅历不够丰富，判断能力尚不成熟，在受到外来因素的冲击时，价值取向极易发生偏失、改变甚至崩塌。因此，青少年时期是进行核心价值观教育的关键时期。一旦年龄增长，与社会的接触面扩大，个体原有的浅层价值观会逐步内化为经实践检验的深层价值观而趋于稳

---

① 马克思恩格斯选集［M］：第1卷．北京：北京人民出版社，2012：135．

定。在青少年时期进行核心价值观教育能够帮助他们学会明辨是非、评判善恶，依据社会的要求和预期调整自身价值行为，树立科学的价值评价标准，在精神、信仰、人格等方面得到完善与提升，自觉向崇高发展；并在此基础上理性构建思考模式和实践方式，持久激活自身潜能，激发内在自动力，努力追求既定目标，最终实现个体自由而全面发展。

（三）实现教育培养目标的重要路径

核心价值观教育是一种教育活动，而教育在本质上是育人的过程。成为一个完整意义上的全面发展的"人"，不仅需要掌握丰富的知识技能，更应养成高尚的情操和优雅的气质。可见，教育具有两个伟大的目标："使受教育者聪慧，使教育者高尚"①。其中，"聪慧"代表知识水平的增长，而"高尚"则是指良好价值观念的构建。自古希腊时期起，哲学家及教育学家们便十分重视对公民品格及美德的培育。当然，教育不能脱离当下的生活，忽视对个体现实需求的关照；但人又是超越的，人的生命总是在实然与应然之间转化。因此，教育既要教人"以何为生"，更要教人"为何而生"，要教化人们超脱在场之生活，超越生命的有限，不懈追求终极的完满，不断创造未知的奇迹。

然而，伴随着近代工业革命的兴起和现代科学技术的发展，技术理性主义和实用主义价值观一路高歌猛进，"客观世界转变为人的精神和肉体"②，消解着教育在人性发展层面的功能与目标。对于科技的无限崇拜使人们拼命追求知识和技能的丰裕，却丧失了对意义、信仰、美德的敬畏。教育本应是人们灵与肉的交流活动，却逐渐蜕化成一种单纯的"生存技能培训"。这样的教育能够教授人们知识，使人们获取自身需要的物质，但却缺少对生命的呵护和对意义的关注；人们普遍掌握了强大的生存技能，却始终无法消除对于自身存在的困惑与质疑。在这种异化的、被遮蔽了灵魂的教育之下，人们所具备的技能因不能服务于智慧的人生也失去了存在的意义，人最终成为科学知识的奴隶。这恰恰印证了著名哲学家赫舍尔所说的那句话："现代人的悲剧在于……他竟忘记了'人是谁'这个问题……我们知道人制造什么，但

---

① ［美］托马斯·里克纳. 美式课题——品质教育学校方略［M］. 刘冰等，译. 海口：海南出版社，2001：4.

② ［美］赫伯特·马尔库塞. 单向度的人——发达工业社会意识形态研究［M］. 刘继译. 上海：上海译文出版社，2008：9.

我们不知道人是什么。"①

教育既是认识论的问题，也是价值论的问题。人是有精神追求的高级动物，缺少价值引导的教育注定无法培养出具有独立完整人格、懂得审视反思、追求高尚精神境界的真正的人。核心价值观教育能够赋予包括青少年在内的个体以体味生活、体验生命的能力，教会个体认识自己、分清善恶，领悟生存的意义，获得心灵的升华，在有限的人生历程中体会到超越物欲的幸福与安宁，因而是重塑教育目标、丰富教育内涵、完成教育使命，最终克服异化教育的重要路径。

第三节　北欧青少年核心价值观教育的当代兴起

一、"北欧共同体"何以可能？

北欧（Northern Europe）是一个政治地理名词。第一次世界大战以来，北欧一词被广泛用于指称位于欧洲大陆西北部（北纬55度至71度之间）的五个主权国家，"从东往西依次是芬兰、瑞典、丹麦、挪威和冰岛，其中包括三个半自治区域：隶属芬兰的艾兰群岛，隶属丹麦的法罗群岛和格陵兰半岛，以及隶属挪威的斯瓦尔巴群岛。"②

北欧五国虽不是政治意义上的正式共同体，但同为北欧理事会国家，并且具有紧密相联的历史背景和文化传统，以及较为相近的社会政治制度，在国际和经济事务领域内又有许多休戚与共之处，因而常常被作为一个整体看待。在本书中，我们基于以下几个方面，将其视作一个独立的研究单位。

（一）地理位置相互毗邻

从地理位置看，北欧五国相互毗邻。除冰岛外，其他四国紧密相连，其中瑞典和挪威分别位于北欧之主要部分——斯堪的纳维亚半岛（Scandinavian Peninsula）的东、西两半部，两国北部领土均与芬兰连接；西濒北海的丹麦

---

① ［美］赫舍尔. 人是谁［M］. 隗仁莲，译. 贵阳：贵州人民出版社，1994：5.
② 任军锋. 超越左与右？北欧五国政党政治比较研究［M］. 上海：上海三联书店，2015：1.

通过两条海峡——卡特加特海峡和斯卡格拉克海峡分别与瑞典、挪威相望；而冰岛则位于上述四国西北部的北大西洋中，与斯堪的纳维亚半岛相距约1000公里。

（二）历史进程紧密相连

北欧五国不仅位置邻近，在历史进程方面也具有紧密的联系；尤其是瑞典、丹麦、挪威三国，从远古时期至海盗时代（Viking Age）[①] 一直经历着共同的历史。自公元前8000年左右北欧地带大片冰原开始融化起，就不断有中欧、东欧一带的部落移民来到斯堪的纳维亚地区。这些移民相互影响、不断同化，作为一个整体保持着近乎一致的生活习俗和社会风貌。他们正是今天丹麦人、瑞典人、挪威人和冰岛人的祖先。海盗时代末期，丹麦、挪威、瑞典先后建立起统一而独立的国家，后芬兰又融入瑞典，形成瑞典王国，而冰岛则属于挪威。虽北欧各国自此走上了不同的发展道路，但仍然时有交错。1397年，丹麦、挪威、瑞典共同成立"卡尔玛联盟"（Union of Kalmar），丹麦的艾力克（Erik of Pomerania）在瑞典的卡尔玛受冕为王，统治整个北欧。由于领导无方，卡尔玛联盟于1523年崩溃，北欧在较长一段时间处于动荡之中。16世纪初，瑞典（包括其统治之下的芬兰）脱离丹麦国王统治宣布独立，挪威于1814年断绝与丹麦之关系与瑞典结合，冰岛则于1944年方才彻底从丹麦统治中独立出来。瑞典自17世纪一跃而成欧洲大国之一，但在1809年失去芬兰，后者成为俄国属下之自治芬兰大公国，直至1917年最终独立。1905年，又因挪威之不满，瑞典与挪威之联盟最终瓦解，挪威独立。第二次世界大战后，北欧地区合作进入一个迅速发展时期。1952年3月，瑞典、丹麦、挪威、冰岛四国在哥本哈根达成协议，决定成立北欧理事会（亦被称为"北欧委员会"），1955年芬兰加入，成为促进北欧地区协商及合作的重要机构。

（三）文化传统高度相似

鉴于特殊的发展历程，北欧诸国在文化方面也有着极高的相似性。它们语言及信仰相近，民族单纯，因而形成了特殊的文化圈。根据古罗马时代历

[①] 北欧历史上的"海盗时代"是指公元8世纪末至11世纪期间，斯堪的纳维亚海盗对欧洲各国进行海上贸易与抢劫商船活动的时期。一般认为始于公元793年丹麦海盗袭击英格兰东北部沿海的林第斯法恩，止于1066年挪威海盗首领哈拉尔德远征英格兰失败。

史学家塔西佗（Tacitus）的考察，早期的北欧居民（芬兰人除外①）使用着同一种语言——古诺尔斯语（Old Norse，也称作古北欧语、古斯堪的纳维亚语），创造了共同的文字——古斯堪的纳维亚文，信仰着同一种宗教——基于北欧神话的多神教。今天的北欧，虽然各国都有自己的语言，但瑞典、丹麦、挪威及冰岛语均属日耳曼语系，因而组成了斯堪的纳维亚语言共同体。特别是瑞典语、丹麦语和挪威语在其流传范围均可交替使用，任何一个熟练使用其中一种语言的人都不难掌握其他两种语言。② 芬兰语相对特殊，属于芬兰乌戈尔语系，在北欧内部本处于较为孤立的地位，但实际上芬兰境内有大约 35 万讲瑞典语的少数民族群体，芬兰人常用瑞典语作为日常接触的一种媒介，加之北欧地区普遍将英语作为其第二语言，因此在语言上相互融通。在宗教信仰上，北欧各国于 16 世纪跟随宗教改革以来，普遍接纳福音派基督教路德宗（Lutheranism，也称"信义宗"）。他们对宗教信仰十分忠诚，各国平均有八成以上公民信奉此教派，甚至将其明确列为官方宗教，受到国王乃至国家的支持。在民族方面，斯堪的纳维亚地区居民绝大多数由雅利安种之一的日耳曼人北支——诺曼人（诺斯人、维京人、瓦良格人）迁移而来。诺曼人分为东西两族，东族定居在今天的丹麦和瑞典，而西族驻扎于今天的挪威（后又迁至冰岛开垦）。总体来说，北欧的民族构成表现出一定的同质性。

（四）制度政策极为相近

北欧五国在政党制度与社会政策方面也体现出明显的相似之处。受到民主传统的浸染，各国在政治上均以大众的民主为基础，长期以社会民主党为执政党，极端派难以获得广泛持久的政治影响；普遍实行议会内阁制，其中瑞典、挪威、丹麦三国实行"君主立宪制"，芬兰、冰岛实行"共和制"，虽在政体结构上有一定差异，但除芬兰外，国家元首均只具有象征性地位，不能干预议会及政府工作；普遍通过较高的税收楔子和消费税来支持和提供社会公共服务，经济高度发达，幸福指数高，是全面的福利国家。尤其需要指出，教育服务是北欧各国社会福利中极为重要的一个部分，各国都把创办学校，为公民提供相当期限的正规教育以及成人教育看作社会的义务，且各国

---

① 早期芬兰人使用的古芬兰语属于芬兰乌戈尔语系，与古诺尔斯语相差较大；且在宗教信仰上崇拜自己祖先和各种天神，与北欧其他地区有显著不同。

② 冰岛语由于发展过程相对特殊，在语音方面与其他三种语言区别较大，且还保留着一种较古老的语法结构，所以需要专门学习。

在教育特色方面大同小异，都把追求平等、注重合作、终身学习等作为教育政策制定的出发点。

综上所述，北欧五国在地理、历史、文化、政治等方面有着诸多相似之处和紧密联系。列宁就曾在《论民族自决权》之中指出："使挪威同瑞典接近的那些地理、经济和语言上的联系，其密切程度并不亚于许多非俄罗斯的斯拉夫民族同大俄罗斯民族的联系。"① 与其他欧洲国家只在某些特定方面较为相似不同，北欧国家在一些关键方面均看不到特别重大的差异，有利于形成具有自身特色之集团；加上五国在不少领域都有着长期密切之合作，使它们在现实中已然达成了"一定的区域认同，在政治结构、意识形态、社会制度等方面也表现出相当程度的一致性"②。因此，本书将它们作为一个"共同体"，从整体上考察其核心价值观教育是必要且可行的。

二、当代北欧青少年核心价值观教育的提出背景

受本土文化特质的影响，北欧各国在很长的一段历史时期内侧重对青少年进行宗教教育，以基督新教的教义传授为主导，推动青少年道德品行的完善和正确价值观念的形成，完成其个体社会化的进程。在正式以及普遍意义上将青少年核心价值观教育提上议事日程，则始于20世纪下半叶。第二次世界大战后由于国际形势的变化以及国家政策的调整，北欧社会曾出现过较为严重的青少年问题。社会民主意识高涨，移民大量涌入、多元思潮渗透、新兴媒体崛起，均对北欧青少年造成了不小的冲击，在一定程度上造成其道德信仰的缺失和国家意识的淡薄。可以说，当代北欧青少年核心价值观教育的提出是诸多因素"合力"作用下的结果，有其深刻的社会背景。

一方面，北欧多元文化并存的现实状况直接挑战着青少年固有的价值体系。这一状况的形成主要源自主客观两个方面的原因。如果说"伴随全球化浪潮而产生的不同文化及社会思潮间的交锋碰撞"是所有国家都须面对的客观问题，那么北欧针对移民而确立的国家政策则是造成其多元文化并存情形尤为突出的直接主观原因。第二次世界大战后，对战争难民的接收以及对移民入境限制的放松，使北欧各国逐渐从典型的单一民族文化国家演化为多元

---

① 列宁选集[M]. 第2卷（下）. 北京：人民出版社，1972：538.
② 任军锋. 超越左与右？北欧五国政党政治比较研究[M]. 上海：上海三联书店，2015：2.

化的国家。大量外来人口的迁入缓解了北欧国家战后经济快速增长所面临的劳动力短缺困难,但也造成了日益复杂的民族文化多样性问题。同化政策遭遇失败后,以瑞典为首的北欧国家开始向"平等、选择自由和伙伴关系"的多元文化政策转变。这有助于整合来源多样的移民进入主流社会,实现个体与社群的平稳融合,但表面的"和平共存"之下是异质文化及价值观念相互冲突的"暗流涌动"。形形色色的社会思潮大举侵入、竞相角逐,移民所特有的风俗习惯和文化传统亦获得了保存、传播和发展的极大空间,尤其是大批非欧洲移民所挟带的非基督教文化,强烈冲击着北欧本土固有的价值体系。成年人尚需在多套价值标准中进行艰难的鉴别和选择,生理和心理正处于急剧变化阶段的青少年则更易受到多元文化的挑战,产生价值乃至身份认同上的困惑。事实上,北欧青少年在20世纪末就曾显现出价值观念的混乱,一些青少年失去了最基本的道德判断,在1997年年初关于"如何看待纳粹大屠杀"的调查中,直接对大屠杀事件表示怀疑。排外情绪和种族歧视乘虚而入,导致本土白人青少年与外来有色人种的冲突时有发生。这显然与北欧长期保有的民主、平等、自由、互助等价值观念背道而驰。瑞典学者克里斯蒂娜直言,年轻的学生在课堂上面临是非抉择时大多感到不自在,认为世上根本就没有所谓对或错,人们显然已返回了道德的石器时代。甚至有学者提出,北欧国家对多元文化主义毫无保留的包容,有可能产生出培育"非北欧"核心价值观的温室。

另一方面,生产力及技术文化的飞速发展在某种程度上也影响着北欧青少年精神世界的建构。同西方其他国家年轻人一样,第二次世界大战后的北欧青少年经历了第三次技术革命的浪潮以及由此而来的生产力空前提升。但经济的发展和科技的进步使人们对"物质""科学"的极度推崇超过了精神层面的追求,北欧青少年中因而出现了种种道德问题:一是对感官刺激享受的追求使不少北欧年轻人缺少理想信念追求,仅满足于以酗酒、吸毒、性交为乐来打发精神世界的空虚。根据统计,20世纪70年代,瑞典青少年中有47%的女性和41%的男性吸烟;80年代,瑞典艾滋病患者中有16%是25岁以下的青少年,且15~24岁青少年自杀的比例有所增加。[①] 而丹麦作为彼时世界上的性开放地区,则于1969年举行了世界第一届性和色情作品交易会,直接导致本国青少年性罪错的增加。二是信息技术与后现代思潮的结合使战

---

① 参见王蔚. 瑞典青少年发展之现状 [J]. 当代青年研究, 1996 (1): 41-44.

后成长起来的北欧青少年充满了对传统权威的反抗和戏谑，而这恰恰体现出他们意义世界和价值体系的虚化。60年代后期，欧洲经济发展引发人们价值观的变化，对传统思想领域造成猛烈冲击，包括北欧在内的西方青少年出现了逃学、罢课、批判教育制度乃至批判社会的情形，但他们并未提出任何明确的主张或纲领，似乎只是为了实现个性解放，最终沦为"为了批判的批判"。他们在享受消费社会带来的好处之余，充满对生活的惘然，因此迫切需要通过反叛来宣泄精神上的压抑。三是道德意义上的个人主义在一定程度上造成了群体间的冷漠。80年代，丹麦的一份综合性报告指出，10~14岁的学生在社会行为和基本态度上表现出明显的个人主义特征。他们强调个人至上，"总是按照自己的标准和价值举行自己的鸡尾酒会"[1]，一切好处均是从有利于个体自身的方面出发。北欧青少年在张扬个性的过程中也深陷自我构筑的误区，最终导致社会责任的冷漠。

20世纪六七十年代，北欧青少年中打架斗殴、酗酒吸毒、逃学罢课的情形明显增多，学生犯罪率也持续增加，引起全社会的普遍关注，学校对青少年道德教育的忽视遭到了广泛指责，北欧国家开始加强对青少年价值观方面的引导和教育，针对日益严重的青少年问题进行治理和整顿。70年代末，瑞典各派政党及利益集团经过协商，在全社会发起了关于传递人类关系基本标准的大讨论，要求家庭和学校中的成年人必须给年青一代解释和演示民主社会所必需的价值观；相应地，80年代的全国课程计划也对价值观教育作了肯定。根据教育法案的相关要求，一切教育活动的实施都必须符合基本的民主价值观，学校中的所有成员均应致力于实现对个体价值及共同环境的尊重，这受到保守党派和自由党派的一致认同。瑞典政府还在90年代末启动了基本价值观项目，要求更多地倾听儿童和年轻人的声音，直接同那些与民主相敌对的价值观作斗争。针对尤以青少年为甚的种族歧视现象，政府通过了一个具有最高优先权的"与种族主义、排外主义、对同性恋的憎恶与歧视斗争的国家行动计划"[2]，彰显出对民主的捍卫及推动。同时，丹麦政府自70年代以来也提出改革公民教育，以消除青少年问题。80年代初，丹麦保守联盟执政，开始收抑有关开放政策，并明确指出，制止当前日益严重的青少年问题，

---

[1] ［丹麦］K. 布洛. 张晓兰译. 丹麦的道德教育：问题与前景［J］. 国外社会科学，1991（2）：72-73.

[2] 奥雅·奥斯勒，侯·斯塔克. 公民教育的进展研究：发达国家的探索［J］. 中国德育，2007，2（4）：27-40.

其关键在于恢复丹麦传统价值观念，重塑丹麦骄傲，强调学校、家庭和社会都应负有价值观引导之责任。在瑞典和丹麦的带领下，青少年核心价值观培育开始成为北欧教育领域普遍关注的问题。虽然各国至今未有"核心价值观教育"这一明确提法，但强化青少年核心价值观认同的努力，已然渗透在北欧社会的方方面面。

三、当代北欧青少年核心价值观教育的现实旨归

教育的旨归是开展教育活动的前提。它为教育活动本身指明方向，也为教育的最终意义提供了落脚点。通过考察当代北欧青少年核心价值观教育的提出背景，不难看出其现实旨归在于引导青少年在文化多元的社会中树立起符合社会要求的态度与价值，成为具有健全人格的、全面发展的合格北欧公民，进而在全社会形成深厚而稳固的价值认同。

（一）树立正确合理的价值观念

对青少年进行核心价值观教育的一个重要目标即提升其明辨是非的能力，树立起正确合理的个人价值观。社会核心价值观在主流意识形态的基础上得以提炼，涵盖了一个国家或社会的基本精神和价值理想；同时，它又以极为精炼的表达，高度浓缩了主流意识形态在价值层面上最基础、最稳定、最本质的要求，其所具有的导向功能恰为个体的价值选择和判断提供了重要的理论依据。只有在核心价值观的基本框架内确立起的个人价值观，才可称为符合社会要求的、正确合理的个人价值观。对于北欧国家而言，其核心价值观所倡导的"民主、自由、平等、团结"及其内在隐含的"爱国、宽容、尊重、友善"等个人价值观，无不是其合格公民应当具备的根本价值诉求和基本道德准则。北欧国家向来倡导多元民主的社会，各种社会思潮和价值观念在斯堪的纳维亚半岛存在及发展，加上近年来不断受到新自由主义的冲击以及本土右翼势力的抬头，北欧青少年难免出现价值取舍的鸿沟，产生价值真空、价值错位和价值悬置，并极易走向价值虚无。在这样的情境下进行核心价值观教育，就是要用体现社会成员共同利益的核心价值观作为指导青少年价值选择和行为取向的基本标尺，引导和塑造合理的个人价值观，指明青少年前进发展的方向。瑞典早在20世纪末就阐明"要发展学生的坚韧、宽容、

合作、权利平等、利他主义等符合民主社会所必需的价值观"①，这一要求一直延续至今。挪威《教育法》中也明确指出"提供学生文化与基本价值""教导学生了解全体人类具相同之地位、平等之权利、智性自由、容忍、生态维护及国际共同责任之重要性"②。芬兰与丹麦的教育法案同样旨在促进学生全面发展，培育更富人性、伦理、负责之社会一分子，同时要求教育活动建立在知性自由、民主平等的基础上。这其中显然内含着对个体正确价值观的塑造。

（二）塑造积极向上的道德人格

道德人格是个体先天脾气习性与后天道德实践相互影响所形成的道德品质和道德情操之统一。它标志着个体人格的道德性，也昭示着整个人类与动物之间的区别。道德本就是价值观系统中的一个重要组成部分，开展价值观教育的目标之一就是要使青少年具备高尚的道德情操，将各种道德规范内化于心、外化于行，并在这一过程中使个体内在规定的人生价值得到有效实现，让每一个公民渗透出道德人格之因素。北欧各国普遍认为，泛泛地讲授宗教知识和公民知识显然不够，必须帮助青少年完善其道德人格，使他们能够根据现代社会要求和价值准则来思考和行动。以丹麦为例，其对德育目标并没有下过明确定义，但每个法令都会涉及道德人格的完善。丹麦教育部曾经提交给议会一份关于初等学校改革的方案，里面提到的四个目标——改进小学教育内容、促进地方文化中心发展、扩大级任教师职能、加强丹麦语教学，很大程度上在于恢复传统价值观，强化学校的道德教育。为了将青少年道德人格的完善落到实处，北欧国家一是抓住青少年这一关键时期进行高尚情操的培养：学校无论开设宗教课、哲学或公民教育课，都会围绕着"培养高尚情操及良好道德修养"这一总体要求展开；二是注重青少年文明行为规范的养成：普遍强调社会活动和校园文化的道德教育功能，通过开展广泛的教育实践为青少年道德行为的培养提供具体情境，因为良好的行为不会自发形成，需要教育来完成。核心价值观教育能够从内在和外在"双管齐下"的方式，使青少年从"知"的层面了解道德规范，从"行"的层面践行道德行为，从

---

① 戚如强. 瑞典青少年社会核心价值观教育的特色及启示[J]. 外国中小学教育，2017（9）：1-5.

② 陈照雄. 挪威教育制度——实施全民教育，培育高品质国民，建立平等、伦理与幸福的国家[M]. 台北：心理出版社，2008：86.

而完善自身的道德人格。

（三）培养承担责任的合格公民

与平民不同，公民是指身份平等、具有公共精神，并且能够以高度责任感和自觉意识积极投入社会公共生活的人。北欧国家重视通过核心价值观教育来培养青少年的公民素质，各国的教育文件中都包含"尊重基本价值、促进学生成长，帮助学生成为民主社会中负责任之一分子"的类似表述，同时也更提倡教育学生超越个人利益，树立"社群意识"，使其能自觉为他人和自我的最大利益而行动。可见北欧青少年核心价值观教育的目标是经由个体的全面发展，促进其社会化的尽快完成，培养具有社会成员意识和参与公共事务能力的合格公民。芬兰著名高中——罗素高中就重视学生形成容忍、合作、自由选择、学会承担责任的共同价值观，并在此基础上培养综合素质高、个性健康、全面发展的社会成员。很显然，国家的生存有赖于全体公民，公民的文明素养、行为方式和价值取向就是一个国家的名片。合格公民首先必须具有合乎本国社会制度、适应本国主流文化的观念和行为，进而忠诚于国家、服务于社会。当今时代，不仅北欧国家内部建设需要公民承担更多责任，全球化也使北欧公民不断参与国际交流互动，其素质直接反映整个国家的精神面貌。公民能否树立起合乎社会规范的价值观念，具备为社会公共利益而服务的道德自觉，践行有益社会的价值行为，直接影响到整个国家的构建。核心价值观教育可以培养青少年的服务意识，激励其在社会中发挥更为积极的作用，促使其成长为真正的负责任之国家"公民"。正如黑格尔所言，"在国家中，人在统一中返回于自身，人的意志自由才达到了真正实现，因为在国家中人的权利和义务完全统一了。"[①] 核心价值观通过制度保障为青少年个人发展奠定基础，而青少年公民身份的实现也只有在国家之中方能得以达成。

（四）形成深厚稳固的国家认同

提高个体对主流意识形态的认同，并进而强化对整个国家的认同，显然是核心价值观教育的应有之义。"认同"是国家存在的力量源泉。作为全球化背景下的一种理性思考，"国家认同"是任何一个国家在发展中必不可少且无可替代的"软权力"，是国家成员对所属国家政治经济、历史文化传统、

---

① 黑格尔. 法哲学原理 [M]. 北京：商务印书馆，1961：174.

国家价值观等各方面的评价与认可,也可称为一种归属意识和身份意识。国家认同的核心要义是要形成对共同体价值的认同,而核心价值观作为整个社会的价值中轴,能够在多元价值观越加明显的时代背景下起到引领和导向的作用,是提升国家认同与归属感的重要支撑力量。实践证明,一个民族或国家若缺少核心价值观,则极易"陷入相对主义和由此带来的行为非理性主义与分散主义的混乱之中"①,从而在一定程度上丧失国家民族的生命力和凝聚力。北欧国家所信奉的"民主、自由、平等、团结"构成其认同的价值基础,对青少年进行核心价值观教育即要使他们确立起对于其所处共同体的认同感和归宿感,更加坚定与其他社会成员共同生活的内在信心,从而在整个国家、民族内部"维持必要的信任与团结的关系"②。国家认同和归属感在瑞典、丹麦、挪威等国的教育文件中都有所强调和肯定。以挪威为例,其《核心课程》和《教育法》都强调了要通过积极有效的学校教育,促进学生对本民族文化的认同,并进一步强化国家归属感。尤其是《核心课程》认为,"个体认同的发展是通过熟悉内在的行为方式、行为规范和表达方式来实现的,教育要加深学生对本国和本地区传统的熟悉程度,意识到本国的历史和特色是我们对世界多样性的贡献。"③ 丹麦同样通过公民教育来强化这一认同。其前教育部长多次表明,"对祖国的爱是一种普遍的东西,不能也不应该被消灭……没有民族主义和民族情感的现代民主是根本不可能存在的。人们需要他们的家园,那是他们通过民主体制行使共同责任的地方。"④ 丹麦经由公民教育让个体接受丹麦社会的内在核心规范,将其纳入一个大体上同质的社会文化体系之中。这一多元文化和认同政治战略多次得到丹麦政府的证实。可见,北欧国家十分强调国家归属感的确立和巩固。它们通过保留与加深自身文化特质,努力构建起一套共同的国家准则,并基于此形成一种深厚稳固的国家认同。

---

① 王世奇. 论信仰与核心价值体系建设 [J]. 大连海事大学学报(社会科学版), 2004, 13 (5): 92-97.

② Kymlica Will. Politics in the Vernacular: Nationalism, Multiculturalism, and citizenship. London: Oxford University Press, 2001.311.

③ Royal Ministry of Education, Research and Church Affairs (2005). Core curriculum for primary, secondary and adult education in Norway [EB/OL]. http://www.udir.no/Stottemeny/English/Curriculum-in-English/Core-Curriculum-in-five-languages, 2012-10-12.

④ Claus Haas. Citizenship education in Denmark: reinventing the nation and/or conducting multiculturalism (s)?. London Review of Education, 2008, 6 (1): 59-69.

需要强调的是，北欧国家作为世界资本主义体系中的重要成员，其核心价值观教育的目标中必然渗透着代表资产阶级自由、民主、人权理念的抽象人性和人道主义原则，其最终目的是培养服务和忠诚于资本主义国家的"合格公民"。北欧国家在核心价值观教育的目标中没有体现出过多或过于明显的政治性成分，这或许和北欧并未过多受到文化侵略和经济压迫的威胁、社会内部自由民主基础较为深厚的原因有关。在北欧各国，阶级统治在很长一段时期内处于较为稳定的历史阶段，在一定程度上它们可以培养"不问政治"的公民。当然，这并不代表北欧青少年核心价值观教育就真的没有政治性要求，相反，它更多的是以较为隐蔽的形式内含在具体的教育内容之中，这将在以后各章进行阐述。

第二章 北欧核心价值观的总体考察

北欧在长期的社会进程中逐渐形成了契合其社会民主主义发展模式的核心价值理念，获得了广大北欧人民的普遍认同。本章将深入挖掘北欧核心价值观（本书中也称作"北欧社会民主主义核心价值观"）的形成基础，界定并剖析其基本内涵，提炼并归纳其主要特点，从而准确清晰地把握北欧核心价值观的整体风貌。

第一节 北欧核心价值观的形成基础

核心价值观的形成必然发生在特定的社会场域，具备一定的现实基础，即：其基本内容和价值取向显然应同社会发展进程中所倡导的价值理想一致，否则便会因为失去统治阶级的支持、人民大众的认同而难以得到长足的发展，甚至无法存续下去。北欧核心价值观以其社会民主主义发展模式为根基，同时又与北欧地区自身的政治传统、民族性格及宗教文化等社会条件密不可分，是诸多社会因素相互作用、形成合力的结果。

一、北欧特色的社会民主主义模式

自19世纪末起，北欧各国纷纷成立社会民主党（包括工党、工人党、社会民主工人党等）。社会民主党在北欧长期执政并奉行社会民主主义意识形态，第二次世界大战后更是在这一理念的引领下，通过建设具有北欧特色的"福利国家"走出了一条极具代表意义的社会民主主义发展道路。这条道路在生产资料私有制基础上，实行政治上的议会民主制，同时以税收支撑下的庞大公共福利体系为主要特色，实现经济发展与社会福利的均衡发展。虽然从 20 世纪 70 年代中后期开始，由于受到新自由主义挑战，中右翼政党势力增强，社会民主党在政坛出现了几次沉浮，但社会民主主义这一思想体系早已在北欧各国产生了根深蒂固的影响，其与普惠型社会福利体系相结合所形成的北欧社会民主主义模式，对于北欧核心价值观的构建起着极为关键的导向作用。挪威的福利制度之父甚至提出，这种社会民主主义与其说是一种社会制度，不如说是一种价值观念。因此，北欧核心价值观也常常被称作社会民主主义核心价值观。

（一）社会民主主义的产生与发展

社会民主主义（social democracy，也称为民主社会主义）作为百余年来欧洲资本主义国家社会民主党及其国际组织——社会党国际所奉行的思想体系和纲领政策，是一种主张在民主体制内进行社会主义运动的社会思潮，也是北欧地区长期以来奉行的主流意识形态。社会民主主义思潮最早出现在 19 世纪中叶，在风起云涌的国际工人运动中，"社会主义概念进入政治，点缀了一些政党的名称"①。继 1849 年年初法国民主共和主义者同社会主义者之间首次实现联合后，社会民主党诞生。马克思指出："社会党与民主党，工人的党与小资产者的党，就结合成社会民主党"。② 社会民主党主张改革工人待遇，缓解劳资关系，强调自身担负着的民主革命任务同社会主义革命任务的紧密联系，而社会民主主义彼时作为工人阶级反对资本主义的一支力量，便应运而生。马克思、恩格斯最初也曾在科学社会主义意义上个别使用或自称过"社会民主主义者"，强调"不断革命……直到无产阶级夺得国家政权……建立新社会"③。19 世纪 60 年代第一国际成立后，伴随着"社会民主主义"成为流行的政治术语，欧洲各国工人政党大多都冠以"社会民主党"称号，然其成员除了社会主义者外，还包括资产阶级中的激进分子、打着社会主义旗号的社会改良主义者、小资产阶级民主派等不同政治立场者，可谓鱼龙混杂。因而马克思、恩格斯拒绝再使用"社会民主主义"，坚定自称为共产主义者；直至马克思主义在工人运动中逐步占据主导地位，尤其是 19 世纪 80 年代第二国际成立后，各国工人政党普遍将马克思主义作为制定纲领及政策的重要依据，恩格斯才对"社会民主主义"采取了较为"宽容"的态度。

---

① [德]伯恩施坦. 什么是社会主义 [M]. 史集, 译. 北京: 三联书店, 1963: 4.
② 马克思恩格斯选集 [M]: 第 1 卷. 北京: 人民出版社, 2012: 500.
③ 马克思恩格斯选集 [M]: 第 1 卷. 北京: 人民出版社, 2012: 557 - 558.

19世纪末20世纪初，伯恩施坦（Eduard Bernstein）修正主义开始在第二国际内泛滥。他认为资本主义制度是有伸缩性的，不必轰炸只须继续发展，否认社会主义代替资本主义的合理性和历史必然性，鼓吹和平长入社会主义。伯恩施坦在《社会主义前提和社会民主党的任务》一书中提出了"民主社会主义"概念，公开声称要将社会民主党变成"民主社会主义的改良的党"。社会民主党内部出现分化。第一次世界大战爆发后，除左派更名为共产党外，深受修正主义影响的中派和右派仍继续沿用社会民主党的名称，主张建立民主的社会主义。为突出"民主"性质，他们有时也自称为民主社会主义者。第二次世界大战后在法兰克福召开的国际社会党代表大会上，社会党国际正式宣告成立，民主社会主义便代替社会民主主义广泛流行起来，它主张以民主的方式建立一个自由的新社会，已然成为与马克思科学社会主义相背离的意识形态和纲领性主张。"东欧"剧变后，工人阶级和广大民众看清了民主社会主义的改良本质，社会民主党人为表明自身立场，再次使用回"社会民主主义"的提法。

社会民主主义发展至今已成为世界上极具影响力的一种社会思潮和意识形态，这里笔者强调两点：第一，虽然社会民主主义同马克思主义曾有某种联系，社会民主党在第二国际前期也多为将马克思主义作为纲领政策基础的工人阶级政党，但其本质上是非马克思主义的。它反对马克思主义指导地位，奉行指导思想多元化；反对以暴力革命方式推翻资产阶级，只寄希望以温和的改良实现普遍的民主，已然与科学社会主义彻底分道扬镳，其实质上代表着资产阶级实用主义和折中主义的世界观。第二，社会民主主义和民主社会主义这两个概念在发展历史中常交替使用，虽在名称和侧重上有细微差别，但从考察现代社会的角度来看，两者在本质上并无太大区别，在本书中可作为同义语进行使用。

（二）北欧社会民主主义模式的确立

作为世界民主社会主义运动的重要地区之一，北欧也是受社会民主主义思潮影响较大的地区之一。社会民主主义思潮大约于19世纪后半期由欧洲大陆传入北欧并逐渐流行。在这一时期，丹麦（1871）、挪威（1887）、瑞典（1889）、芬兰（1899）先后成立了"社会民主党"（其中丹麦称为"社会民主党"；挪威始称"工党"，后几经分裂，其中多数派同之前退党另组的"社会民主党"合并，仍称"工党"；瑞典称为"社会民主（工人）党"；芬兰开始称为"工人党",1903 年改为"社会民主党")。虽然与欧洲大陆其他社会党相比,北欧社会民主党成立时间并不算早,但这些政党发展速度很快,且在组织工人运动、参加议会选举等方面取得了一定成绩,促进了社会民主主义意识形态在北欧地区的传播。1884 年,丹麦的社会民主党率先进入国会,1924 年成为第一大党并维持了相当长的时间。其他三国的社会民主党人也相继在议会选举中成功获选,随后进入政府内阁。

在 20 世纪 20~30 年代,北欧各国的社会民主党都获得了迅速扩张,尤其是在 30 年代大危机时,北欧社会民主党通过与农民党达成"红-绿"联盟(Red-Green Agreement),从而牢牢控制政权。以瑞典为例,其社会民主工人党与农民党联合执政,实施一系列福利政策,合力推动经济改革,实现了社会发展和经济复苏,取得了人民信任,因而在议会选举中一直有着很高的得票率。在社民党的积极努力下,北欧国家采取了议会民主的方式,走上了社会民主主义的发展道路。第二次世界大战后,占有优势地位的北欧社会民主党大力推行全面的社会保障体系,在推动经济持续增长的同时,还实现了良好的就业保障、充分的个体自由和民主的社会氛围,获得了大多数民众的支持,也使北欧地区深深打上了社会民主主义的烙印,完善了其社会民主主义核心价值观。

总体来看,北欧社会民主党是社会党国际成员中连续单独执政或累计执政时间较长的政党,甚至曾出现几国社会民主党同时执政的局面。北欧所施行的社会民主主义模式(也称"北欧模式")由于具有与传统资本主义国家不同之处,获得了全世界范围的关注与讨论。在较长的一段时期内,北欧各国不仅实现了经济相对稳定的发展,更实现了社会的和谐与稳定。无论是联合国《人类发展报告》对社会发展水平及安定和谐程度的估测,还是日内瓦《世界经济论坛》公布的世界竞争力排名,北欧国家一直名列前茅。北欧民众对社会民主主义发展模式的认同感较高,社会民主党的长期执政更是强化了这一认同。

(三)人民之家(Folkhemmet):北欧社会民主主义价值理念的集中体现

北欧社会民主主义是一种改良后的资本主义发展模式,其主张在全社会实现"三高",即:高就业、高税收、高福利,通过各种法定的福利保障计划形成一种高度发达的社会福利体系,从而在经济增长与社会保障中取得平衡,实现对社会民主主义的追求。而"三高"的政策主张最早是基于"人民之家"理念产生。"人民之家"作为北欧社会民主主义模式的核心,内含着极强的价值意蕴。根据英国的《贝弗里奇报告》，社会福利可以被概括为"3U"原则：普遍性、统一性和均等性。北欧国家受到这一原则的影响，同时结合自身发展特色，在"人民之家"理念的基础上确立起以普遍主义和社会平等为价值核心的社会民主主义北欧模式。因此，"人民之家"的价值理念对于北欧社会核心价值观的形成具有重要影响。

"人民之家"理念是在1928年，由瑞典社民党的第二任主席汉森（Per Albin Hansson）在党代会的竞选演讲中率先提出的。他为了缓和当时瑞典社会民主党在民众心中的激进主义形象，选择了继续实施修正的、改良的、议会的、和平的路线，使"人民"更加信任自己的国家，这就是"人民之家"理念之所以提出的背景。这一理念后来也被丹麦社民党人斯坦卡（Kart Kristian Steincke）以及芬兰社民党人奎斯（Pekka Kuusi）所提倡，挪威的国家社会委员会也倡导过类似的社会民主主义理念。"人民之家"全称是"像人民之家一样的社会"，它把国家比作家庭，好的家庭呈现出的是平等、关照、合作与互助的氛围。每个公民以国为其监护人，国家即所有人民的家，应当对公民的福利状况承担基本的责任。在这里，"所有把公民分成有特权的与被冷落的、统治者与依赖他人的、富人与穷人、占有者与被占有者、掠夺者与被掠夺者的社会和经济壁垒"①被彻底拆除。虽然"人民之家"的理念也曾受到部分党内人士的质疑甚至是批评，但经过第二次世界大战的考验，显然已经成为北欧地区团结、互信、稳定的代名词，形成了北欧独特的民主模式。正如一些专家指出，北欧"20世纪30年代最重要的变化，不是体现在福利开支水平上，而体现在意识形态的改造上，其中汉森的'人民之家'的概念显得特别重要"②。

1. 平等普惠的福利主体

北欧社会的福利目标群体为全体公民。与自由主义意识形态下的"盎格鲁-撒克逊模式"大多只援助值得救济的穷人和暂时有经济需要的人以及保守主义意识形态下的"欧洲大陆模式"一般只允许体制内的人通过社会保险获得收入保障不同，社会民主主义意识形态下的"北欧福利国家模式"具有覆盖到全部人口的计划，强调全体人民都有权获得实物和现金福利，社会福

---

① 刘铭. 瑞典民主社会主义模式研究［D］：［硕士学位论文］. 济南：山东师范大学公共管理学院，2014.

② ［美］拉什等. 组织化资本主义的终结［M］. 征庚圣等译. 南京：江苏人民出版社，2001：50.

利呈现出高度的去商品化特征。北欧国家所实施的普及性公共福利资助计划并非针对某些特殊群体,而是赋予所有公民(在现实中常常是所有居民,包括居住在当地的外国人或其他纳税人)按照身份条件或"成员资格"(如单身母亲、老年人)可享有的社会权利。不同性别、年龄、阶级、家庭状况、种族、地区的居民都具有均等的机会,能获得均等的结果,每个人都能过上体面的生活。这种平等普惠的社会福利制度使北欧国家实现了最高标准的社会平等,"消除了'国家-社会'与'工人阶级-中产阶级'之间的二元对立"[①]。福利在北欧社会成为每位公民的法定权利,具有浓厚的普遍主义色彩。

2. 广泛统一的保障项目

北欧社会福利项目覆盖范围极为广泛。诸国通过各种法定的福利保障计划对公民的福利状况承担最为主要的责任,在全国范围内建立起"大一统"的福利行政管理机构,为每个个体搭建起一张巨大的社会安全网,保障在国家范围内福利保障的统一性和平等获得。在芬兰,福利保障体系主要是由预防性安全和健康政策、社会和卫生服务、社会保险三个方面组成,而在瑞典则主要包括社会福利津贴、失业保险、养老保险、工伤保险等其他一系列的社会补贴,且每一项都有极为详细而具体的说明和规定。仅仅在建立家庭及养育后代这一个方面,瑞典社会民主党的默达尔(Gunnar Myrdal)就曾提出"包括父母产假、补贴、结婚贷款、公共诊所、免费的孕妇保健、保障单亲母亲生计和社会化的日间照顾等一系列社会政策建议"[②]。在就业方面,瑞典实施"反周期投资政策"与"积极的劳动力市场政策"相结合的"充分就业战略",通过创造就业、扩大公共部门、提供就业服务、进行职业培训和设立投资基金等有效手段,加大对人力资本的投入。北欧各国还注重在落后地区扩建基础设施,提供优惠补贴,以缩小地区差异。可以说,北欧政府为公民提供的福利保障涵盖了公民生活的各个方面,足以确保个人不会因各种突发原因影响正常生活。

3. 团结互助的社会氛围

"人民之家"理念上的国家应当是建立在民主、博爱、团结、合作的基础之上的,人们通过良好的互助来实现社会的和谐与发展。北欧各国普遍强

---

① Gøsta Esping-Andersen. The Three Worlds of Welfare Capitalism. Cambridge: Polity Press, 1990. 28.

② 林卡,张佳华. 北欧国家社会政策的演变及其对中国社会建设的启示 [J]. 经济社会体制比较,2011(3): 29-40.

调各社会群体之间的互助与合作，不接受弱肉强食的财富分配方式。因此，北欧国家越富有缴税越多。以瑞典为例，月收入达15万克朗者，税率甚至高达80%。高税收政策积累了大量公用资金，保障了社会福利体系的运转，同时也促进了财富的互助式流动，限制了贫富差距的增大。在社会民主党人看来，"人民之家"不仅体现为由税收支撑的庞大公共福利体系，还内含着民主平等、团结互助等政治目标，因为"如果被压迫者联合起来，通过支持一种目的在于满足所有合法利益的公共政策而互相帮助，这将会是世界上最自然的事情"①。北欧社会民主党人深知国家应当是各种力量较量的场所，而非某一个阶级发声之处，因此通过与不同政党、不同集团以及劳资之间的全方位协商合作，实行社会和经济民主，消除阶级差别和一切社会和经济不平等现象。北欧鼓励所有公民参与社会发展，所有市民都有权发表对政府管理的意见，是一种公民享有充分生活保障与民主平等的社会。

综上所述，北欧社民党提出的"人民之家"理念是一种"全民国家"的理念，不仅涉及工人利益，也涉及其他劳动群体利益，尤其是对广大农民产生了极大影响。也正是由于农民阶级甚至小资产阶级的支持及认可，方才使北欧社会民主主义的意识形态及社会理想能够在各阶级、阶层及群体中得以广泛传播和普及。当然，"人民之家"的主张也有其局限性，毕竟其并未触动资本主义财产私有制的根基，工人阶级的经济地位并没有实质的改变，且过高的福利也容易导致"北欧病"，甚至一度出现危机。20世纪60年代末开始，北欧诸国也在对社会政策不断进行补充、调整和修正，但"人民之家"所倡导的民主、公平、正义、团结、普遍主义等理念直至今天仍是北欧地区的主流思潮和价值核心，为北欧核心价值观的形成与稳固奠定了基础。

二、妥协合作的政治传统

北欧人具有一种独特的政治传统，即，不通过暴力与冲突而经由妥协与合作达到一致。北欧文化中本身就有着团结互助的历史文化传统，早在海盗时代，只要海盗船只被俘获，无论在何种情况下由何人审问"你们谁是首领"，永远只会得到"我们都是"的回答。海盗行动需要通过协作、互相照

---

① Tim Tilton. The Political Theory of Swedish Social Democracy: Through the Welfare State to Socialism. New York: Ox-ford University Press, 1990: 298.

应,集体的各种事务都由全体商讨决定,这种原则实际上贯穿于北欧的全部社会生活中。不仅各政党间通过妥协让步实现政治合作,且劳资之间、政府与各大利益集团之间也有不同程度的合作。加上18世纪初期以来,以"自由、平等、博爱"为核心的欧洲启蒙运动对北欧产生了巨大影响,在某种程度上推动"妥协""合作"成为北欧人独有的社会心理与思维方式,并深深影响了北欧的政治价值观。

17世纪初,瑞典议会率先创立了"四等级"制度。贵族、教士、市民(自由民)、农民这四个等级力量相对均衡且利益诉求各异,由此开创了北欧国家不同阶级(等级)相互协作的历史模式。1809年,瑞典通过其协定宪法对王权进行制约,确立起议会民主制,未经历大规模的革命起义或激烈公开的阶级冲突,即较为平稳地走上一条渐进改良的政治民主化之路,这与贵族和资产阶级双方之间的妥协让步有着直接关系。北欧逐渐出现了新的社会阶级组合,也开始确立起新的力量均衡模式。19世纪末期,社会民主主义开始在北欧得到传播,社民党人不再主张传统马克思主义的暴力革命思想,而是沿袭了北欧的妥协合作传统,在保留资本主义私有制的前提下,强调阶级妥协,鼓励进行跨阶级的合作以达成双赢或多赢的结果。瑞典社会民主党第一任主席布兰亭上任伊始便提出了"议会民主、阶级合作、政治妥协"的三大策略手段,强调瑞典是一个"妥协的国家",社民党代表理念而非阶级,因而互助合作、平等团结是十分重要的精神。布兰亭的这一主张实质上代表着整个北欧社会民主党的执政理念。20世纪30年代,"斯堪的纳维亚式阶级妥协"的确立成为北欧国家的政治分水岭,各国在不同阶级、不同政党、不同利益集团之间形成了全国范围内的妥协与合作。

北欧的妥协合作最突出地体现在劳资双方之间,各国主要采取集体谈判方式,由雇主和工人双方的代表签订合同,以法律手段保障工人的工资和劳动条件。这种形式早在19世纪末期的瑞典就有出现,但彼时的工人方并不占优势。直到20世纪初,瑞典劳资双方通过举行第一次全国性谈判,雇主和工会开始相互承认对方所拥有的合理权利。这次历史性的妥协对瑞典乃至整个北欧意义重大。北欧社民党上台后,工会日益发达、地位不断提高,形成对社民党的有力支持,其自身也获得了能够同资方抗衡的力量;而资产阶级相对软弱且不够团结,与雇主协会也缺乏紧密联系,因而对工人运动采取了较为宽容的态度,也相对容易达到资产阶级与工人阶级之间的妥协。工会(LO)、雇主协会(SAF)和政府之间这种相互牵制的政治架构使工人方能够在与资方的谈判中具有更多话语权并争取有利于自身的权益。1938年,瑞典工会联盟及雇主协会通过谈判在劳资双方间就工资问题达成第二次历史性妥协,签订了《萨尔茨耶巴登协议》,为工人阶级争取到一定权益。这两次"历史性妥协"为瑞典乃至整个北欧特殊政治机制的形成奠定了基础。随后,芬兰的劳资双方在1944年达成集体谈判协议,并于1946年颁布相关法律;丹麦和挪威的谈判机制也逐步形成。在北欧,劳动者、企业和政府逐渐走到一起,以合作的方式实现社会和经济目标。

北欧的妥协合作也体现在各政党之间。长期以来,各党派和政治势力普遍按照宪法的相关规定,通过妥协来化解冲突,达成共识。在北欧社会民主党长期执政的时期,它主要通过"包容性妥协"和"排他性妥协"两种方式积极协调与其他政党的关系,保证自身执政优势,缓和阶级矛盾,推行社会政策。"包容性妥协"是指社民党执政期间通过对反对党采取一定让步,以使倡导的政策获得最大可能的支持;而"排他性妥协"是指"社民党在议会上升或下降时对某一反对党(即均衡者)做出重大让步,组成联合政府,与其他反对党抗衡,如农民党、自由党和左翼党就都当过社民党在议会中的均衡者"①。这种温和型政党制度使各派一般通过妥协来解决不同集团之间的分歧,在一定程度上减少了党派纷争,保证了各阶级、阶层之间的和平共处,从而形成了北欧现代政治文化传统——"共识政治"。

此外,北欧政府还十分注重与各大利益集团的对话,以及与农民等中间阶层的合作。总体来看,北欧各国主要存在的三大阶级——工人、农民、资产阶级间的力量对比较为均衡,共同构成了北欧社会独特的"三足鼎立"型社会结构。各阶级和各阶层之间都不是对立的关系,相对来说比较现实,在一些重大问题上习惯于互相协商、采取让步的方式解决,形成了北欧政治传统中的"妥协合作"政治价值观。从某种程度来说,这就是一种积极寻求合作、促进团结、实现和平共赢的价值理念。

三、平和中庸的民族性格

所谓民族性格,"是指一个民族的群体人格,即一个民族所共有的、不

---

① 李娟. 民主社会主义理论与实践模式研究 [D]:[博士学位论文]. 长春:吉林大学哲学社会学院,2013.

同于其他民族的鲜明的民族心理、民族感情、行为特点和风格等。"① 北欧人大多为日耳曼北支的后裔，使用同属日耳曼语系的相关语言，有自己的文字和文化传统，少数民族比重较低。可以说，在较长的一段历史时期内，北欧一直是个民族相对单纯、同质性较高的社会。由于民族认同感较强，较少发生内部冲突，其民族性格的特征也极其明显。

受新教和北方乡村道德观之影响，北欧人天性崇尚简约，不喜铺张浪费，反感奢侈华丽；为人处世低调，提倡勤奋、礼貌、谦逊、责任感等美德。如果说美国人对竞争的强调、对个人财富地位的尊崇属于典型的"阳刚文化"（masculinity），那么北欧人注重平等、不喜竞争，追求自然、不重物质的民族性格则是地道的"阴柔文化"（femininity）。这种延续性的民族心理和文化特征，对于北欧核心价值观的生成具有极为重要的影响。

在所有的民族性格特征中，以平等为其基础的"中庸"思想是最具有北欧特色的。这或许同北欧人历史上的生存特点有着密切的关联。众所周知，北欧国家有很大一部分领土处于北极圈内，虽拥有众多的森林湖泊和美丽的自然环境，但斯堪的纳维亚半岛多山，可耕地少，且资源相对匮乏、气候条件严苛，许多作物无法栽培，给这些国家的农业生产带来了极大困难，因而曾经是欧洲最为荒凉、遥远、贫穷、落后的地区。在这一情况下，任何人都只有依靠群体力量才能更好生存。在共同劳作、共同狩猎、共同打鱼，甚至共同外出劫掠的过程中，北欧人形成了强烈而独特的集体意识。根据《瑞典史》的记载，或许是为了共同抵抗斯堪的纳维亚半岛严寒的自然气候，早在公元5世纪，瑞典农业社会就已经确立起一种建立在极度平均分配模式之上的原始民主体制。进入维京时代（Viking Age），海盗们面对漫长枯燥而又充满危险的海上生活，必须具备十分坚定的团结协作理念。即便在举起牛角痛饮蜂蜜酒时，也要注意"适量"，以使后面的其他兄弟都能喝到大致相等的酒量。这种平均而不逾矩的方式也被用于对劫掠财物的分配，以保障集体内部之稳定。在集体内部，每个人都应当是内敛、低调、平等、包容，且不走极端的，个性永远不应成为打破集体规则的理由。

北欧人对平等、中庸的推崇堪称极致，甚至希望每个人都是一样的。这一思维显然已经融入他们的血液之中。北欧人的谈话常常以"我们都认为"

---

① 黄皖毅. 试论"瑞典模式"的本土文化特质 [J]. 当代世界与社会主义，2015（4）：101 - 105.

"我们都同意"作为开场白或结束语。在他们看来,确立起基本共识是任何一次对话的基础,否则便会持续讨论直至拥有让大家都能认可的结果。在北欧,炫耀是一种不光彩的行为,相互攀比、心理失衡乃至不同阶级、阶层对抗的现象极少发生。这种追求绝对平等的理念在某种程度上塑造了北欧人极为中庸的行为准则,并通过"詹代法则"(Jante law)得以体现。"詹代法则"并非成文律法,而是最早由丹麦裔挪威小说家阿克塞尔·桑德摩的挪威语小说《难民迷戏》(又名《穿越自己足迹的避难者》《漫无目的的逃亡》)中提出。在虚构的小镇"詹代",每一位居民都必须遵守10条规则,包括:"不要以为你很特别""不要以为你比'我们'更重要""不要以为你比'我们'聪明""不要想象自己比'我们'好""不要以为你懂得比'我们'多"等。这10条规则总体来说即不主张对物质成就的炫耀,不鼓励对个性的过分突出,不提倡对成功的大力宣扬,时刻保持谦逊低调,避免对集体性常规的破坏。"詹代法则"在丹麦以外的其他北欧国家也获得了极大的认同,甚至成为维持北欧常态的强大作用力。作为一种独特的价值思想,"詹代法则"之于斯堪的纳维亚半岛可媲美"儒家学说"之于中国,在无形之中对北欧的民族性格产生了极大影响。在"詹代法则"之下,北欧人普遍给人一种安静乃至"冷"的最初印象。这种"冷"并非不热情,而是一种走不进的疏离。他们懂礼貌、有教养,不随意评论他人,很少有过头的举动,文明而优雅,大多数时候表现出一种基于尊重的距离感,甚至是一些清高与孤傲。这种平等中庸的价值理念也被部分学者称作"水平式/平面式个人主义"。

　　北欧人提倡中庸,也因而倾向于安宁平和。面对斯堪的纳维亚半岛美丽而又苛刻的自然环境,北欧人没有对物质的过分追求,反而有着对乡村深深的眷恋和对大自然无限的敬畏。对他们而言,节约是一种必需:钱不可没有,但不必太多;饭不能不吃,但无须太好。或许这就是他们对自己民族性格主基调的最好诠释:不多不少刚刚好。瑞典人还专门为此发明了"lagom"这一词汇,用以体现北欧人信奉折中、理解、和谐以及"两害相权取其轻"的原则。北欧人的民族性格也莫不如此:厌恶外界的纷争与冲突,倾向内在的安宁与平和。北欧各国对内通过妥协合作消除社会矛盾,对外主张和平、反对战争和大国强权政治,在较为稳定的大环境中获得了发展的机遇。面对恶劣的自然环境,北欧人既冷峻沉着、踏实劳作,又无所畏惧、锐意进取。他们如同率真的孩子一样,坚守简单的理想,在创新与冒险中获得情感的满足,延续传统的生活习惯;同时在与他人的相处中形成了具有北欧特色的集体主义、公共精神、和衷共济等观念。这些民族基因在漫长的历史进程中不断沿袭、传承，深刻而广泛地影响着北欧的社会生活，构成北欧核心价值观生成的重要根基。

四、民主包容的宗教文化

北欧各国在宗教领域上有着相似甚至相同的特质。从最早信奉北欧多神教到逐渐皈依天主教，之后经历宗教改革改信路德教（基督新教），再到多种其他宗教伴随移民热潮的涌入，宗教文化在潜移默化之中影响着北欧人的思维与行为方式，也是塑造北欧人民主包容价值观的重要元素。

北欧的宗教变迁历史中孕育着多元文化主义倾向，使北欧人容易形成多元包容的价值观念。古代北欧人信奉基于北欧神话形成的日耳曼多神教，崇拜以主神奥丁为首领的阿瑟加德神族神灵。这种广泛而自由的信仰体系在公元8世纪之后得以改变。彼时，不少南下的北欧海盗已在对西欧沿海的袭击劫掠中了解到基督教并受洗成为基督徒。9世纪初，教士安斯加（St. Ansgar）开始在丹麦、瑞典等国传播基督教。丹麦"蓝牙王"哈拉尔德（Harald Blatand）于965年左右受洗成为基督徒，并在民众中强行推行基督教。著名的卡努特大帝（Knut the Great）不仅自己成为基督徒，还向其他北欧国家派去大批传教士。11世纪末12世纪初，北欧各国基本都皈依了基督教（后已称作"天主教"）。1103年，罗马教廷批准在现今瑞典隆德（Lund，当时隶属丹麦）设立大主教区，统管全部北欧教务，天主教文化在古老的北欧土地上得以渗透。16世纪，欧洲大陆刮起了宗教改革风潮，获得广大市民阶层支持。丹麦又率先接受基督教路德宗（也称"信义宗"），剥夺了罗马教廷对教会的最高权力。其他国家相继采取相同行动，建立起置于国王掌控之下的信义宗。基督教路德宗取代了罗马天主教，成为北欧各国获得成文法所规定的国教。18世纪末，多神信仰和天主教又悄然兴起。19世纪，北欧地区出现了要求教会改革的人民复兴运动，各国逐渐取消对教徒的限制，公民可根据自己意愿选择退出国教会或改宗。这体现出完全的宗教自由。今天，北欧在宗教自由精神的引领下，形成了以基督新教为主，天主教、犹太教、摩门教等其他宗教共存的局面，而这种多元包容的理念显然也已渗入北欧社会的诸多方面。宗教的变迁历程使北欧各宗教及各教派能够和谐共存从而推动了北欧各国对多元文化的吸收，也强化了北欧人自由包容的精神。

基督教路德宗教义对北欧人平等民主价值观的形成具有深远影响。与天主教相比，它主张"因信称义"说，反对"事功赎罪"论，即：世人所犯原罪，永远不可能仅靠"事功"来赎罪，唯有依靠信仰方能得救，称为义人。也就是说，在上帝面前是人人平等的。"因信称义"实际上是对早期基督教纯朴精神的恢复，而北欧人对此似乎有着天然的亲近。因为他们同奥丁之间本就没有阻隔，甚至在他们看来，只要是战争中英勇作战的战士，阵亡后都可以成为奥丁的宾客，永远与其一起享受美好生活，奥丁对大家一视同仁。所以"因信称义"不过是他们原始信仰的另一种延续。这一信仰所包含着的民主平等原则在北欧的历史发展中不断以新的形式得以体现。在近代北欧的农业合作社中，每个农民无论入社资产多寡均有同等发言权，因为"既然做决定的是人，又何必根据牛的头数来表决"。社民党上台后，阶层收入差距不断缩小、福利体系不断完善的社会政策同样与路德宗教义中救赎济世、博爱世人的观点相契合。可以说，旧教（天主教）的特权思想和等级观念对北欧国家的影响相对较小，这使北欧国家的平等意识较为浓厚。

作为民主化程度较高的地区，北欧各国在教会内部事务的管理上也体现出极为强烈的民主精神。以瑞典为例，其教会的最高决策机构为宗教大会，有200余名成员，每年召开一次会议。宗教大会在瑞典议会的授意和委托下，全权决定教会内部的各种事宜。宗教大会一旦形成决议并得到通过，即"由主教根据其职权领导的教会中央理事会执行"[①]。北欧虽然大多数人信仰基督教路德宗，但教会的世俗化使定期去教堂进行礼拜、参加活动的人数比例并不高。相较于刻板教条的教会组织形式，路德宗本身更讲求教徒内心对于上帝召唤之感应。北欧人普遍认为信仰是个人私事，无须循规蹈矩。因此北欧的宗教氛围相对而言更加自由和民主。

第二节 北欧核心价值观的确立及其内涵

从目前掌握资料来看，尚未发现北欧国家以官方文件形式完整、准确地提出"核心价值观"，政府和学者们也很少直接使用"核心价值观"这一概念，而是使用基本价值观、价值目标等词汇。但实际上任何一个国家、地区

---

① 王建平. 诺贝尔故乡的启示——瑞典宗教见闻 [J]. 中国宗教, 2003 (7): 54-55.

都会在漫长的历史发展中形成一种由统治阶级提倡、受广大民众认可，因而占据主导地位的价值观。无论称谓如何，其实质上就是核心价值观，也是国家精神的重要象征。北欧国家普遍受到社会民主党基本价值的影响，并结合自身发展实际，形成了"民主、自由、平等、团结"的核心价值观。

一、北欧核心价值观的确立

北欧各国长期由社会民主党执政（包括联合执政），其核心价值观的确立与社会民主党人的凝练与推动有着密切联系。早在20世纪20年代"人民之家"理念提出时，北欧社会民主党人就强调，"平等、关爱与合作"这些美好家庭具备的基本准则也应是好的国家的价值目标，这一理念在其党纲中均有一定涉及。例如，瑞典于1944年通过了由恩斯特·维格弗斯起草的社会民主党新党纲，其明确指出"以自由、平等为基础的公民合作的社会形态来代替以阶级斗争为基础的社会秩序"[①]。

第二次世界大战之后，欧洲各国社会民主党人在指导思想上逐渐背弃了马克思主义的社会主义观，宣称要按照人道主义标准对社会进行改良。这一时期的社民党人已经提出了自由、平等、公正、平等价值概念，但表现得相对零散、不够系统。直到1959年，德国社会民主党在著名的《哥德斯堡纲领》中强调，"自由、公正和团结互助，这些都是民主社会主义意愿的基本价值。"[②] 这些理念相继被社会党国际和中欧、北欧的社会民主党所接受，特别是瑞典、奥地利等国的社民党几乎是原封不动地在有关文件中阐述了这些思想。1989年，社会党国际第18次代表大会召开并通过了《斯德哥尔摩宣言》（也称为《社会党国际原则声明》），明确指出"社会民主主义的核心价值观念是自由、公正（平等）和互助"。托马斯·迈尔强调这些价值理念的内容、平等地位以及在一切生活领域的有效性，即界定了民主社会主义的本质。20世纪90年代后，为响应社会党国际的号召，以瑞典为首的北欧社民党人在立足本国国情的基础上，对上述价值观进行了调整和完善，明确了适合自身的核心价值观：自由、平等和团结。瑞典的马丁·桑格林曾对北欧社会民主主义的价值观做过以下阐述："我们追求的政策目标一直没有改变，

---

① 瑞典社会民主党纲领——1944年第17届全国代表大会通过．见：各国社会党重要文件汇编（第一辑）［M］．北京：世界知识出版社，1991：422．

② 张世鹏．德国社会民主党纲领汇编［M］．北京：北京大学出版社，2005：70．

那就是自由、平等和深入的民主,这些核心价值目标从来没有改变过。"①
2003年,在社会党国际第22次代表大会上通过的《社会党国际基本价值宪章》等文件扩充了民主社会主义的基本价值观:平等、自由、公正、团结与和平,同时制定了社会民主主义的新价值三原则:可持续发展、人权和民主,对包括北欧在内的各国社民党及其国家产生了一定影响。

综上所述,北欧社会民主主义核心价值观注重以"人"为出发点,追求一种伦理道德的完善。纵使北欧各国对于核心价值观的凝练会有侧重点上的细微差异,核心价值观的内容也会随着时代发展得以适时调整或扩充,但不可否认"民主、自由、平等、团结"的价值理念依然是北欧人精神谱系中最为深沉厚重的底色。即便近年来北欧社民党也曾在政坛有过浮沉,这也丝毫不能否定社会民主主义核心价值观在北欧社会发展中的重要地位和巨大作用。

二、北欧核心价值观的基本内涵

北欧核心价值观涵盖了"民主、自由、平等、团结"四大维度,虽乍看之下并无特别之处,但每一个维度都体现着北欧独特的精神气质,因此需要对其基本内涵做全面而深入的解读。

(一)民主

马克思主义经典作家将民主的本质理解为"一种国家制度和国家形态",认为其由经济基础决定,体现着国家的阶级实质。而北欧的"民主"作为必须遵循的优先原则和长期坚持的信念基础,则有着独特的含义。在发展早期启蒙思想家民主观、总结不同社会制度下民主建设方面经验教训的基础上,北欧国家扩大了民主的内容,形成了具有北欧特色的民主观。

在北欧人看来,民主不仅仅是基于平等的一种集体决策及实施过程,更是贯穿于整个社会生活和人际关系的价值体系,具有目的与手段的双重意义。瑞典社民党早在第15次代表大会上便指出:"法律与政治的民主不仅仅是为争取社会民主改革的武器,它本身也就是目的,因为它形成了民主社会不可分割的一部分。"② 北欧的民主覆盖社会一切领域,不仅包括政治民主,还扩

---

① 何秉孟等. 欧洲社会民主主义的转型——与德国、瑞典学者对话实录[M]. 北京:社会科学文献出版社,2010:188.
② 社会党重要文件选编[M]. 北京:中共中央党校出版社,1985:425.

大到经济、社会乃至国际领域。其中,政治民主主要体现在普选权的实现方面,这意味着所有人都可以通过直接的或选举的代表参与各种决定,而这一决定权是同基本的政治人权紧密联系的,其中便涵盖了投票权及选举权。2013年通过的瑞典社会民主党党纲明确指出:"通过公民自由和公开辩论形成的、通过民主选举表达出来的共同愿望,高于所有其他权力语言和利益。民主因此高于市场。"① 经济民主在实践中主要体现为国家干预,即:对国民收入进行再分配,使各职业收入差距缩小;对工人的权益以立法形式加以保障,扩大工人在企业管理方面的参与权;通过"雇员投资基金"加强工人们对经济的控制权,消除国民经济中的不平衡因素等。社会民主最显著地表现为北欧福利国家模式的创建,形成一种普惠、统一、高度去商品化的福利体系。而在国际民主方面,北欧普遍强调所有国家一律平等,重视国家之间的和平与合作,加强对贫穷国家的支持,开展南北对话等,可见北欧社会所提倡的民主观并不以国家、民族为其界限,其最终目的是建立起一个民主理想之上的世界共同体。

作为北欧国家追求的最高目标,民主在国家生活的各领域得以确立,并由此形成了全社会崇尚民主价值观念的氛围。它赋予社会成员充分表达诉求、努力实现权益的可能,但同时也对个体义务作出了规定——每个人都必须听取他人意见,尊重他人权利,承担自身职责,执行业已做出的决定——即便其完全违背个人意愿。民主虽不能排除矛盾和冲突,但却是解决问题的有效形式。这些都是值得肯定的地方。

但从另一角度来看,北欧的民主观又具有明显的局限性。列宁曾明确指出,在私有制的前提下,就只有资产阶级民主,"那些似乎是全民的、全民族的、普遍的、超阶级的民主而实际上是资产阶级的民主的口号,不过是为剥削者的利益服务"②。也就是说,资本主义民主具有鲜明的阶级局限性。而北欧国家所谓的民主既没有彻底打破私有制的根基,又试图从全民的角度实现对阶级和国家的超越,显然是忽视了民主的阶级实质,是一种抽象化的民主,因而其民主建设也是有限的。此外,马克思主义所认为的民主必须服从社会主义的最高利益,而北欧民主社会主义却是将民主看作目的本身。他们把社会主义理解为民主制在社会各个领域的彻底实现,认为"使民主能扩展

---

① 高锋. 瑞典社会民主党纲领(上)——2013年4月6日社会民主党全国代表大会通过[J]. 当代世界与社会主义. 2013(4):88-93.

② 列宁全集[M]. 第36卷. 北京:人民出版社,1985:82.

到社会的各个方面"① 即实现了社会主义，社会主义就是在一切领域实现民主。这实质上是把社会主义等同于一种纯粹的价值追求，意图用自己的价值观念改造资本主义，只能表明他们仍然是没有消灭阶级差别的改良性质的资本主义。这里的民主不再具有革命性，而是成为维护资产阶级统治的工具。

（二）自由

北欧向来把自由看作社会的重要元素，认为社会民主主义本身就是一个自由运动，其目标是消除权力差别，增加社会自由。与欧洲其他国家的社民党一样，北欧社民党谋求建立起这样一种社会：每个人都能自由发展个性，并能负责任地参与政治、经济与文化生活。因为，倘若没有自由，就不可能有民主，也就不可能实现社会民主主义。

北欧社会所倡导的自由是全面而开放的。恰如罗尔斯在《正义论》中所强调的，"一个民主的社会制度是以言论和机会的自由，思想和良心的自由为前提的"②，早在20世纪90年代，瑞典等国家社会民主党的党纲中就明确列举了公民的自由权利：普遍和同等的选举权、思想和信仰自由、言论和结社自由等。今天看来，这些不过是北欧自由观中的"冰山一角"。生命、健康、财产的自由，人格、尊严、精神的自由，职业、婚姻、居住、迁徙的自由不必多说；甚至于免受饥饿、恐惧、贫困及有害生活环境的自由，不受外界控制和压迫的自由，掌控自己生活及追求自身发展的自由，参与集体决策并形成民主结论的自由，寻求安全处境和决定自己未来的自由等，无不是北欧社会的明确主张。这种近乎面面俱到的主张决非对现有法律条文的生硬照搬，而是体现着对自由的开放性认识及不懈追求。挪威工党就在党纲中指出，"自由也是实现并继续发展人们提出的目标的能力，并且在此基础上增加实现新的目标的能力"③；瑞典也将"按照自己想法生活和自主决定自身将来发展方向"纳入了自由的范畴。在北欧人看来，每一个人都应具有对自己生活实施管理，对所处社会产生影响的权利和自由。也正因此，北欧的自由包含两个独立又关联的层次：一是早期便以成文法形式规定的，关于个体平等并充分享有人权和公民权以免受政治强制的自由，这是最为基本的权利与自由；

---

① 徐崇温. 科学社会主义与民主社会主义的界限 [J]. 科学社会主义, 1991 (4): 45-48.
② 沈伟鹏. 丹麦的核心价值观 [N]. 学习时报, 2015-12-03.
③ 挪威工党原则纲领（1981年）. 见：共运资料选译 [M]. 北京：社会科学资料印刷社, 1986 (6). 29.

二是考虑到个体的自由会受到经济和社会差别的影响，提出更高层次的自由，即"摆脱任何有损于人尊严的依赖关系，享有为追求个体目标和发挥个人潜力而行动的最大机会和能力，自由地发展自己的个性"①。

在此基础上，北欧政府鼓励人们参与社会和政治生活，同时主张运用国家权力为个体自由的增进与完善提供保障和各种可能，使公民权利在其基本制度范围内达到一个极致状态，让每一个人都能在社会中得到公正的分配，从而有充分的时间与精力进行自我设计和物质创造，过上一种真正摆脱了不光彩的依赖关系并且没有剥削的自由生活。同时，它也要求人们不断提升自己的各个方面，以不断扩大自己的自由天地。可以说，北欧民众在自由价值的引导下，自觉形成一个共同体并为之奋斗。

北欧尊重个体诉求，坚决反对利己主义，努力将个体自由和集体主义有效结合。在他们看来，自由的出发点是个体权利的充分保障及个性的充分张扬，但实现这一自由的方式应当是改变社会以及劳动生活。个人的自由是有边界的，即，不得侵犯他人的自由，那么要想让每个个体获取自由，则必须通过社会变革使所有人摆脱压迫及贫困，从而促进全面的自由。这就将自由的主体范围扩大到了全体民众，也就是集体和国家。北欧社会既不要求个人对集体的绝对服从，当然也不提倡完全无视集体的个人主义。在他们看来，自由应当是个人努力与合作努力共同的产物，个人对集体负有责任，"强者"对"互助"具有义务，个体在团结协作中应体现能动性。换言之，个人自由的社会属性不应被任意抹杀，个体自由有时必须以集体行动为基础，因为从更高层次来说，只有当整个集体实现自由时，一个人才可能享有充分的自由。在这个意义上，北欧通过普惠型福利体系的构建，在群体中进行自由的分配；努力追求国家自由，力图不受强权国家的干涉自主解决内外事务；同时还积极维护世界的和平与自由，推动形成无压迫的平等合作，在各个领域和各个层面实现多数人的自由。

应当说，北欧社会民主党人在争取全民自由的过程中做出了不懈的努力，尤其是相对于英美等传统资本主义国家多强调个人的自由和权利，北欧社会更提倡个人自由与集体发展的相互协调。但同前面所述的"民主观"一样，北欧宣扬的自由观受到18世纪资产阶级启蒙思想家的影响，从抽象的人性论

---

① 李永清. 当代民主社会主义——认识民主社会主义 坚持科学社会主义 [M]. 北京：中国广播电视出版社，1991：71.

出发，试图追求超阶级的全民的自由，带有浓厚的空想色彩。此外，北欧的自由观虽与传统资本主义的自由主义有所区别，但同时又将共产主义彻底误解为对个人自由和权利的剥夺与践踏，把传统社会主义等同于独裁专政，认为要完全否定暴力革命，转而采取温和的改良方式逐步实现多数人的普遍自由，这无疑是承认了资本主义制度的合法性与合理性，充分暴露出其保守主义的特点。

（三）平等（公正）

在北欧社民党人看来，平等和公正是同一价值的两个方面，虽然有时将两者分开论述，但实质上它们都意味着所有人具有同等的价值的表现，意味着结束一切对个人的歧视，赋予每个人平等的机会与权利，因此互为保证，不能割裂而谈。北欧国家立足于此，结合自身现实国情，确立起具有北欧特色的平等（公正）观。社民党人更是将平等（公正）要求置于中心地位，认为这一要求是实现自由民主的先决条件。

北欧所提倡的平等是全方位的，每个人在社会的政治、经济、文化等领域都有作为个体存在的价值。丹麦早在20世纪中叶就宣称："全体公民应当得到自由平等、经济保障和社会安全……应当实现收入和财富的公平，并保证人人有受到教育和取得文化的平等机会。"[①] 挪威也将平等作为制订国家及社会政策的依据，反对让一些特定的集团享有特权，全体公民在享受福利和机会方面都应有共同基础。瑞典更是从全人类的抽象价值观方面指出："社会民主党希望实现全人类同等价值的平等……反对各种形式的阶级差别和所有形式的歧视。"[②]

北欧社会的平等并不等同于千篇一律和完全的平均主义。在分配领域，北欧人早就表示，反对因社会和经济特权造成的收入差距，但接受由于产量、熟练程度、职责或创造性的不同而产生的差别。比起内容和结果上的一致，北欧国家更注重权利和机会的实质平等与公正。它强调生活机遇的平等所能达到的程度，倡导以同等的社会条件赋予个体实现发展的同等权利。瑞典著名的理论家威格福斯就曾作出这样的阐述："平等的要求，包含着社会全体

---

① 丹麦社会民主党的原则与目标（1953年6月第二十六届代表大会通过）.见：各国社会党重要文件汇编[M].北京：世界知识出版社，1959：433.

② 瑞典社会民主党纲领（1990年）.见：社会党国际与社会党重要文件选编[M].北京：中共中央党校出版社，1993：122.

成员具有机会均等的要求……机会均等是指根据自己的愿望和才能发展个人的同等权利和同等条件。"① 就这个意义而言，北欧的平等是有差别的平等。尽管机会最终实现的程度不尽相同，但个体在社会面前都拥有选择的自由、支配生活的同等机会，这就是平等公正。这种平等观赋予人们多样化发展的可能，允许人们按照自身意愿发展自己的人格与个性，过自己喜欢的生活。生活的模式千差万别，每个人不必按照完全相同的方式行动，但人们生活和发展的权利及自由是平等的。当然，平等以差异为基础，但又与差异不相容，允许差异并不代表放任差距的过分拉大。北欧各国通过促进充分就业、收入再次分配等举措缩小差距、实现平等，基尼系数普遍较低。

相较于左派更支持平等而右派更主张自由，北欧社会民主党认为自由和平等是相互依存的一对关系，两者兼容互补。一方面，平等的实现和扩大必须落实到自由和权利的扩展，即，个体在多大程度上拥有可自行支配的，包括知识、经济、健康、社会安全在内的各种决定自己生活条件的资源，离开自由谈平等是空洞的；另一方面，对平等的要求不仅不会限制个人自由，反而为所有人的多样化发展提供了可能的环境，正如瑞典社会民主党 2013 年党纲中所言："只有自由选择，才会出现不同的发展"。② 这种对平等观的理解凸显出北欧社会民主主义的"中间色彩"。当然，如果必须作出区分，那么平等相对而言更重要些，因为社会民主党本身就是"由那些为不平等和缺乏自由付出过代价的群体所推动的"③，对于北欧国家来说，放弃或者降低平等的中心地位就是背叛自己的历史和先辈。可以看出，北欧社会民主主义在政治立场方面处于中间偏左的位置。

此外，北欧特别强调政治领域的平等。上述各种资源的生产及利用必然受到权力的影响，因此平等公正实质上是一个关于权力分配的重要政治问题。在学者们看来，"政治民主是根本性的：民主意味着影响人们所生活的社会的同等机会。"④ 在实践中，影响平等的因素不计其数，实现所有领域的平等显然存在较大困难，而政治领域的矛盾相对复杂突出，集中于实现政治（权

---

① [瑞典] E·威格福斯. 当代的社会主义 [M]. 斯德哥尔摩：斯德哥尔摩出版社，1971. 18.
② 高锋. 瑞典社会民主党纲领（上）——2013 年 4 月 6 日社会民主党全国代表大会通过 [J]. 当代世界与社会主义. 2013（4）：88 – 93.
③ Ingvar Carlsson, Anne – Marie Lindgren. What is Social Democracy? . Stockholm：Arbetarr relsens Tankesme – dja and the publishing house Idé och Tendens, 2007：28.
④ 高锋, 时红. 瑞典社会民主主义模式——述评与文献 [M]. 北京：中央编译出版社，2009：19.

力分配）领域的平等能够为其他方面的平等公正提供保障，因而具有更大的意义。

北欧各国政府反对各种阶级差别和歧视，通过各阶级的妥协合作，建立起完善的福利保障体系，为全体公民编织起一张维护社会平等的巨大网络。同时，这种平等特别注重政治方面的可操作性，是实用的、改良的，也是节制的、稳妥的。但北欧社会民主主义从抽象的全人类价值观来讨论平等，不主张废除生产资料私有制，这与科学社会主义"实现平等就意味着消除私有制、消灭阶级"的观点是根本对立的；且财产的不平等必然导致其他领域不平等的延续。

（四）团结（互助）

团结（互助）的价值理念在民主社会主义的建设中具有重要意义。作为一种人道的态度，它要求人们身为自由平等的个体，能够相互理解、彼此关爱、同舟共济，从而创建一个共同反对各种依赖关系和歧视，富有人类尊严的社会。

北欧社会民主主义国家一贯重视团结的作用，认为只有各政党各阶级通力合作、共同努力，才能克服国家困难，并实现经济社会的发展。北欧核心价值观中的"团结（互助）"理念主要源自基督教教义中"爱人""相互分担负担"的教义、工人运动中"团结方能存在、分裂则会死亡"[①] 的经验，以及北欧民众妥协合作的传统文化，因此并没有过多的政治色彩。

北欧将相互依赖视作团结的核心，因而特别强调人们彼此间应当负有的责任。恰如社会民主党理论家约翰逊所言："我们社会的全体公民都应当竭尽全力……依照彼此关心的原则：'公民为社会''社会为公民'……是我们社会顺利发展以及使这个社会变为民主社会主义社会的前提。"[②] 帕尔梅也把"共同负责"纳入团结的概念中。直至今天，瑞典社会民主党的党纲中仍旧写明："团结来自对我们大家相互依赖的认知……大家都有承担责任的同等的义务。"[③] 群体中的每个人都应有尽自己最大努力的意向，实现对他者的关照。

[①] Ingvar Carlsson, Anne – Marie Lindgren. What is Social Democracy？. Stockholm：Arbetarr relsens Tankesme – dja and the publishing house Idé och Tendens, 2007：30.

[②] H·约翰逊. 民主福利社会 [M]. 斯德哥尔摩：斯德哥尔摩出版社, 1971：37.

[③] O·帕尔梅. 向往未来 [M]. 斯德哥尔摩：斯德哥尔摩出版社, 1974：18.

北欧社会民主主义的团结互助是与个人追求共存的。它尊重个性的发展和对自身权益的追求，并不要求个人为了集体利益完全压抑自己、摒弃尊严。所以这种自由仅仅是反对那种损人利己、无视他人、以强凌弱的极端个人主义行为，而对于个人正当诉求的表达与维护并不排斥。瑞典社会民主党在其2001年党纲中特别指明："（团结）同时要求，在生病时、在工作中受伤时和年老或失业时，我们作为公民相互给予有保障生活的权利，有接受教育、治疗和护理的权利和参与文化生活的权利。"① 作为社会关系的产物，个体扮演着赠予者与受赠者的双重身份。只有在群体的相互关照与互相合作中，单个人才能更好地获得知识及人格上的发展，从而为整个社会的和谐与进步奠定坚实的基础。因此在北欧人眼中，"团结"价值理念绝非要通过磨灭个性实现绝对的同质化，而是提倡适当将个体利益置后，对他人乃至集体承担责任，从而在全社会形成一种积极自愿的内在联结。

20世纪90年代之后，以瑞典为首的北欧社会民主党人面对全球化的大背景，对团结互助的理念进行了拓展，认为团结不能仅仅局限在本国界限内，而应从国内领域扩大到国际领域，涵盖全世界的所有人民。"团结……是共同的人性和对不公正的危害者给予同情的现实表现……在个人之间以及国家之间空前相互依存的现代，人类的生存离不开团结。"② "这就需要各个国家之间，世界各国民间组织、运动之间的全球性的合作"③，通过相互交流、沟通与商谈，有效化解各种国际矛盾，在最大程度上避免冲突、维护和平。从这个意义上来说，北欧国家普遍淡化了阶级背景，寻求一种最大化的团结，即：所有人——不分阶级、无论国籍、无谓民族，只是社会动物——都要接受"互助""利他"之理念，以共同的最大利益为出发点，共同推动整个社会（包括国际社会和国内社会）的有序运转，共享团结互助的美好果实。

北欧通过不同阶级和政党间的妥协合作形成共识政治，凸显了团结（互助）的价值观念，是对社会化大生产要求的积极回应。然而，同马克思主义强调"所有无产阶级团结起来，通过斗争推翻资本主义社会、消灭阶级剥削"的团结观念相比，北欧社会淡化意识形态内容，把团结扩大为所有人，

---

① 高锋. 瑞典社会民主工人党党纲——2001年11月6日威斯特罗斯代表大会通过［J］. 当代世界社会主义问题，2003（1）：19-45.
② 高锋. 瑞典社会民主党纲领（上）——2013年4月6日社会民主党全国代表大会通过［J］. 当代世界与社会主义. 2013（4）：88-93.
③ 社会党国际官网．www.socialistinternational.org.

抛弃了"阶级团结"的核心内容,不提倡工人阶级联合斗争,谋求一种超越阶级立场的共识政治,显然具有浓厚的保守主义色彩。这种团结观暴露出社会民主党人一般性、抽象性地谈论价值观的特点,必然是有缺陷的。

第三节 北欧核心价值观的主要特点

"民主、自由、平等、团结"作为北欧最为重要的价值理念,共同构成了北欧社会民主主义核心价值观,体现出鲜明的特色。

一、相互依存的内在关系

从四大价值理念的内在关系来看,它们各自都有极为丰富的内涵,但同时又决非独立的个体,而是相互依存,彼此互为前提。"民主"自不必多说,它是北欧社会民主主义的优先原则,"自由""平等""团结"的实现是为了"民主"目标的最终达成,同时也必须依靠民主理念指导下的各方面实践。因此,"民主"作为北欧核心价值观中最为基础和根本的部分,是贯穿自由、平等和团结的主线。关于其他三大价值,早在1989年,社会党国际十八大通过的《社会党国际原则声明》中就已明确:民主社会主义者认为自由、公正(平等)和团结这些基本原则具有同等重要性。北欧社会民主党赞同这一理念,并且强调三者经由相互间的补充、解释与制约来发挥各自的价值意义,同时促进其他价值目标的实现。具体来说,自由与平等互相需要,没有个体的自由发展,平等的实施必然会以强制和不自由而告终,只有充满自由的社会氛围才能让个体最大限度地获得均等的发展机会;而对平等的推崇则会赋予个人更多自由发展的相关资源,没有平等的自由终究会蜕变为特权。"团结是促进自由的力量,只有人人都有自由,大家才有自由。"[①] 团结也是平等公正的基础,"只有没有陷入困境的人对别人受到的不公平待遇表示气愤时,公平才会真正出现"[②]。因此,在北欧的核心价值体系中,自由基于平等,平等依托自由,而团结又与自由平等互为前提。

[①②] 高锋. 瑞典社会民主党纲领(上)——2013年4月6日社会民主党全国代表大会通过[J]. 当代世界与社会主义. 2013(4):88–93.

二、伦理主义的价值立场

北欧社会民主主义核心价值观具有极其鲜明的伦理主义立场。马克思主义在生产关系和阶级分析的基础上赞赏民主、自由、平等、团结，反对一切抽象的、抹杀了阶级原则的论断。而北欧的"民主、自由、平等、团结"恰恰抛弃了阶级立场，将抽象的"人"——而非实现客观历史规律的现实之人作为其出发点，强调人的主观动机和伦理因素，割裂了价值理念同历史唯物主义的社会发展规律之间的客观联系。他们将"民主、自由、平等、团结"视作全人类永恒不变的价值追求，从道德因素中挖掘社会变迁和政治变革的终极因素（虽然也有关于社会发展、社会需求及社会结果的讨论，但都是以主观唯心主义为理论基础），否认社会发展的规律性，把社会主义看成一种道义上的必然，即：人类某些伦理道德原则或价值观念的必然性，超越了历史基础和社会现实。事实上，马克思主义并没有否认社会主义的道德原则，但任何伦理价值都不是抽象的、空洞的，而是历史的、具体的，在阶级存在的前提下必然为一定阶级利益服务，因而具有鲜明的阶级性。抛弃现实条件空泛地谈论伦理问题最终往往会被强大的社会现实所俘虏。

也正是在伦理性的基础上，北欧核心价值观呈现出一定的开放性，即：具有一种根据实践需要适时调整扩充的灵活性。正如北欧社会民主党在变化的国际形势下将"团结"拓展到国际领域一样，其价值理念既然与社会发展规律无关，则必然存在着变化的可能，在不同的政治经济情势下可能被赋予不同的具体目标，从而为政策的调整与实施提供更为广阔的理论依据。同样，北欧核心价值观在内容上也必然是多元的。北欧社会民主主义本身就兼容了基督教伦理、人道主义与古典哲学等多种世界观，其核心价值观在党纲及各种官方表述中都被充分解释为多元的系统，容纳了历史上诸多思想流派的主张，尤其是在"平等"和"团结"方面表现得尤为突出。

三、资本主义框架内的渐进改良

北欧国家拒绝苏联模式，但又普遍意识到资本主义制度存在的不合理，希望通过渐进改良手段限制资本剥削，实现以"民主、自由、平等、团结"为核心的社会民主主义价值理想。传统资本主义将自由作为最重要的价值，崇尚个体本位和自我价值。在他们看来，自由即个体意志与行为不受干扰及破坏的自在状态，故而"自由"与"个人"在本质上具有同等含义。以此为基础，传统资本主义提倡契约原则上的个人自由至上性，主张集体利益的合理性仅能在不侵犯个人自由的情形下得以体现，任何人不得以集体利益对抗个人自由，因而极易形成无视集体利益的极端个人主义思想。而北欧社会在尊重个体自由的同时对无限自由提出了批判，把平等和团结纳入核心价值体系之中，认为自由、平等和团结三者是同等重要的，提倡对他者的责任和义务，主张个人自由和集体发展之间的平衡与协调。传统资本主义强调竞争，其平等观主要是指在竞争中的机会均等，对于实际结果关注不多；而北欧社会民主主义国家在团结价值理念的引导下，通过普惠平等的福利政策，使国家核心价值理念直接受到制度的强力支持，因此，每个人不仅具有自主选择的同等机会，同时能够获得较为均等的生活水平，从而具有了自由发展的各种资源。

综上所述，北欧社会民主主义核心价值观试图在某种程度上实现对传统资本主义价值观的改良，具有一定的合理性和积极意义。但也必须旗帜鲜明地指出，由于这种改良尽力回避制度上的根本变革，仅着眼于抽象的伦理与道德，显然颠倒了经济基础与上层建筑之间的关系，不可能具有马克思主义那样全面深刻的批判维度，故而是极为有限的。事实上，社民党人最初的价值观"自由、平等、博爱"发轫于18世纪的启蒙运动。出于男女平等的考虑，博爱（brotherhood）后来被团结（solidarity）取代。所以北欧社会民主主义"民主、自由、平等、团结"的核心价值观从一开始就是资产阶级的东西。虽然北欧国家企图克服资本主义的弊端，但其采取的是不推翻财产私有制的改良途径，并没有冲破资本主义的制度框架，"其实质上是一种与科学社会主义相背离的社会改良主义，本质上仍是属于资本主义的意识形态"①。

---

① 谢松明. 民主社会主义基本价值观的分析与思考 [J]. 科学社会主义，2008（1）：136 - 140.

第三章　北欧学校教育中的青少年核心价值观培育

北欧各国向来重视学校教育在青少年核心价值观培育中的重要作用。在经历了宗教化阶段、世俗化改革阶段、国家化阶段的历史发展后，北欧学校核心价值观教育逐渐由传统走向现代化。北欧学校秉持"有限度的价值介入"立场以及"合理传授、民主对话"的原则，虽不设独立的价值观教育课程，但"民主、自由、平等、团结"的价值理念借由显性的国家课程和隐性的学校生活得以全面实施，在潜移默化之中实现了核心价值观的传递与渗透。可以说，其完备的价值影响方式、系统的育人模式，以及良好的价值体验场域，均为青少年正确价值观的形成奠定了重要的现实基础。

第一节　学校教育是青少年核心价值观培育的主阵地

当前，世界各国都将学校作为青少年实现"个体社会化"的重要载体，学校教育也成为普遍认可的核心价值观教育之重要途径。任何一个国家或民族，总会借助教育手段向年轻一代宣扬或传递某种特定的意识形态，引导其成长为符合国家预期，真正融于社会的个体。而以共同体形式存在的"学校"因其特有的优势，在教育活动的开展方面具有不可替代的作用，是对青少年进行核心价值观引导与塑造的主阵地。

一、核心价值观培育是学校教育的应有之义

作为教育的主要实施场所，学校不仅要传授基本知识和专业技能，为其将来的职业生涯做好准备；更应通过文化及价值观的传播，使学生成为具有

优良道德品质和科学价值标准、负有社会责任的积极主体。而核心价值观作为一个国家、民族的"大德"和最高价值理想，显然是学校教育的重要部分。著名学者古得莱德就指出："学校要传授主流文化，并鼓励学生忠实于这种主流文化。"① 主流文化的"硬核"即社会核心价值观。波士顿大学伦理道德和品德教育发展中心主任凯文·瑞安也曾说过，"社会将不会忍受无价值观色彩的教育。"② 因此，学校在推动青少年形成正确的个人价值观、实现对核心价值观的认同与实践方面负有不可推卸的责任和义务。

二、学校教育在青少年核心价值观培育中的优势

从内容方面来看，学校教育本身就对青少年价值观形成具有明显的"模塑"作用。学校期间是青少年价值观形成及社会化完成的关键时期。作为人类文化的神圣殿堂，学校掌握着系统完善的知识体系，在学术和理论方面具有天然的权威性和严肃性，能够在这一时期内根据青少年特有的生理和心理特点，为其确立起符合各年龄阶段的教育目标、课程体系及教育手段，系统且有针对性地实施核心价值观的培育。同时，学校拥有丰厚的精神性和伦理积淀性，能够利用自身在文化发展中的优势地位，通过一定文化话语权的掌握和传达，在多元的文化生态中实现对青少年核心价值观的引导及塑造。

就形式方面而言，学校教育活动的开展与实施本身也即对核心价值观的有效实践。学校教育活动在一定教育理念的指导下进行，而教育理念的形成必然受到社会核心价值观的影响。也就是说，教育活动所蕴含或体现出的教育公平、自由、关怀等无不是学校教育对核心价值观的实践与彰显。师生之间、生生之间完全可以经由学校中无处不在的教育活动，以主体间性的姿态彼此影响、相互关照，不仅有利于更好地深化价值认知、提升价值理解，也能够"在他者的镜像中不断地反思和修正自我，促进价值观走向更加高阶的水平和境界"③。因此，学校教育活动本身也是衡量核心价值观教育状况的重要依据。

---

① ［美］约翰·古得莱德. 一个称作学校的地方［M］. 苏智欣, 胡玲, 陈建华, 译. 上海：华东师范大学出版社, 2005：30.
② 陈立思. 当代世界的思想政治教育［M］. 北京：中国人民大学出版社, 1999：90.
③ 崔振成. 现代化社会与价值观教育［D］：［博士学位论文］. 长春：东北师范大学教育科学学院, 2011.

虽然对青少年进行核心价值观引导及塑造的途径是多元的，政府、社会、家庭、学校都在此过程中起着极为重要的作用，且家庭教育赋予个体最初的价值映象，使其自年少时便具有了一定的价值观念，但这些观念是相对零散且不够稳定的。而学校作为专门性的教育和文化机构，具备完善的育人体系，并在长期实践中形成了包括理念、内容、环节及方法在内的一整套严格而有效的教育规范；且学校内部师生人数多、育人周期长，能够在一定时期内形成良好的价值体验场域，从而保障价值观教育的实效性，因而学校教育具有其他教育形式难以替代的效果，是青少年核心价值观培育的直接环境和主要阵地——尽管其显然不是唯一途径。当然，这里的学校教育主要是指国民教育体系内的正规学校教育，其他如宗教学校、家庭学校、社区学校教育等不在此列。

第二节 北欧学校核心价值观教育的历史发展

学校核心价值观教育是指在学校中开展的，促使青少年学生自觉认同并主动践行社会核心价值观的教育活动。北欧学校核心价值观教育最早可追溯至中世纪教会学校的出现。彼时虽未产生正式及普遍意义上的价值观教育，但宗教教育在一定程度上起到价值观引导之作用。伴随公学的产生及九年义务教育的实施，北欧学校普遍将道德与公民教育提上日程，并于第二次世界大战后形成了现代意义上的核心价值观教育。

一、宗教化阶段

北欧于中世纪开始基督化的进程。按照基督教之惯例，凡建教堂、办修道院，就须附设学校，由此12世纪开始出现了北欧最早的学校教育形式——大教堂学校和修道院学校，主要对有志于从事宗教工作的人员进行教育。除此之外，还有由教会出资主办（后逐渐由市政当局进行管理）的城市学校。而农民则因条件有限，只能在家中或通过参加教会活动得到教育。虽然学校的形式有所不同，但都包含着基督教教义的内容，辅以伦理和语言文法。不得不说，在教会控制世俗生活的社会背景下，对基督教的信仰就是价值理想的全部，而学校教育恰是对这一价值观念的强化。但由于当时受教群体的特定性，学校还不具有广泛意义上的价值观教育功能。

二、世俗化改革阶段

经过 16 世纪的宗教改革，丹麦、挪威、瑞典等北欧国家先后摆脱天主教，改信路德新教。路德教主张上帝自存于心，人人都可依靠虔诚的信仰得救，消除了人与神之间的阻隔。也因为此，每个信徒都可以不经由主教、牧师们的介入，通过《圣经》直接同上帝交往。为了获得灵魂上的救赎，就必须识字，具有文化，广大民众的学习热情因而空前高涨。北欧国家相继在城镇和农村兴办大批面向大众的"公学"，使普通民众也有了接受正规教育的机会。同时，基于"政教分离"之主张，原先受控于天主教会的语法学校和大学也逐渐由政府接管，政府开始承担教育的职责。如此一来，在 17 世纪和 18 世纪的北欧，就"形成了公学（初级学校）、语法学校（中等学校）和大学这样的一种三级教育体系"①。受 18 世纪中叶法国启蒙思想传入，资产阶级的哲学、伦理甚至教育思想本身都对北欧教育产生影响。此时的学校除教授知识和技能外，还有路德教派的宗教教育和道德教育，同时加入了社会学的相关内容。由于政府办学使教育的社会化得到加强，受教群体显著扩大，北欧政府及路德教所倡导的平等、仁爱、互助等价值观念迅速在广大民众中得以普及并获得了相当的认可，学校在客观上推动了核心价值观的培育及认同。

三、国家化阶段

19 世纪，北欧各国开始普及国民教育，以丹麦为首逐步实行义务教育，并将教育视为救国兴邦的根本道路。随着北欧工业化的兴起，出于对劳动者和科学家的需要，各国创办综合性中学，逐步实施 9 年或 10 年的国民义务教育，并对中等教育实施改革，建立起适应经济发展的新体制。战前的北欧学校以宗教教育为核心开展德育工作，同时开设社会科学等课程，引导学生形成正确价值观。尤其在丹麦，宗教教育在学校占有极为重要的地位，学校把宗教与家庭、家族和集体相联结，利用相互之间的关系理解宗教，认识人与人的情感和关系，进而理解民族、国家、学校以及班级。第二次世界大战后，

---

① 刘玉安. 北欧的教育与社会发展 [J]. 济宁师专学报，1996，17（3）：43-47.

社会民主意识高涨,宗教课内容开始吸收更为现代的生活性素材,同时学校还开设了包括宗教、社会、历史、地理在内的理论科目,并把公民教育提上议事日程,从而培养符合社会需要的合格公民。

20世纪60年代后期开始,西方经济迅猛发展,由此带来公民价值观及行为方式的巨大变化,北欧国家也受到一定的波及。瑞典、丹麦等国的学生出现了逃学、斗殴、性罪错等行为。国民普遍要求改革学校教育制度,加强对学生的道德教育和价值引导。为研究学校如何传递人类关系基本标准、培养青年一代责任,瑞典于1978年建立起一个由国家教育委员会亲自领导,学校、教师、家长、学生和国家教委代表五方共同组成的"学校道德标准形成及传授研究小组"(以下简称"研究小组")。一年后,该小组发表了《学校与教养》的研究报告,其中指出:"宽容、权利平等、尊重真理、正义和人类尊严等核心价值观是民主社会所必需的,学校必须承担起灌输这些价值观的责任,以证明其存在的合理性和保证社会的延续。"[①] 这份报告在全社会引发了广泛的关注与讨论,人们普遍认为学校应加强对学生的价值观引导。1980年,瑞典国家教育委员会在全国课程计划中对学校价值观教育作出肯定,认为应把培养学生良好的价值观作为全部教学的任务。这一提法获得各派政党的一致支持。而丹麦也于1983年由教育部明确指出,消除青少年问题的关键在于发扬丹麦长久以来形成的光荣传统,让丹麦人引以为豪的价值理想发挥作用。1988年,丹麦议会通过了新学校法,特别强调返回"基础",恢复丹麦传统的价值观念,并要求各门学科都应负有价值观教育之责任。挪威、芬兰等其他北欧国家也针对青少年提出了加强学校价值观教育的政策。自此以后,北欧国家的历次课程改革总会围绕如何使学生获得良好价值观、学会处理道德问题而展开,北欧学校的核心价值观教育逐渐从传统形式走向现代化。

第三节 北欧学校核心价值观教育的基本立场与主要原则

教育的立场与原则是指教育者根据教育客观规律,在教育活动中为实现教育目标所秉持的态度和必须遵循的准则。从现有文献资料来看,甚少有学

[①] 郝明. 瑞典、丹麦学校道德教育的政策与实践 [J]. 外国教育研究, 1991 (2): 13-16, 59.

者对北欧学校核心价值观教育的立场和原则进行专门的归纳和阐述,但价值观教育的实施过程必然会基于一定立场,遵循一定原则。事实上,在长时间的探索和实践中,北欧学校在核心价值观教育方面已经逐渐确立起"有限度的价值介入"立场,以及"合理传授与民主对话"的原则。

一、基本立场:有限度的价值介入

关于价值观教育一直存在着两种对立的态度:一种态度强调价值中立(values neutrality),认为教师在教育中应当遵循非指导性原则,对学生面临的价值难题坚守中立态度,只摆明客观事实,尊重个体的价值自觉权;另一种态度则主张价值介入,认为学校教育应当提倡明确的价值观,教师应具备明确而绝对的价值体系,努力使学生接受正确的价值观。北欧的情况比较特殊,在经历了价值中立的阶段后,各国学校基本上都遵循"价值介入"之原则,强调学校对价值观的主动引导,但这种介入并非在任意领域发生,因此可称其为"有限度的价值介入"。

德国学者马克斯·韦伯提出的"价值中立"思想最早是社会学研究中的一种方法论准则,对于促进社会科学的进步具有积极作用;后来逐步发展为一种价值观理念,影响着人们为人处世的方式。在文化多元的社会背景下,不少西方学校的价值观教育都开始实行价值中立原则。相当一部分教师秉持"绝对遵循客观事实"的理念,认为学校教育的职责就是让学生接受专业训练、获得知识技能,至于在涉及道德、价值的关键性问题上,教师只负责给予不带"偏见"的事实性介绍,或是只教授价值评判的技巧与方法,至于学生最终能否做出正确的价值判断则不在教师考虑之列。

北欧国家在20世纪70年代之前也曾是这一思想的追随者。官方强调教师在教授社会学相关课程时,须时刻秉持客观中立之态度,因此对争议性问题的讨论——尤其是涉及不同政派的问题,应当是在教学中完全避免的。以瑞典为例,学者斯腾霍姆(B. Stenholm)在其1970年出版的《瑞典教育》(*Education in Sweden*)中指出,客观性和公正性是教师的特点,这一点在宗教和公民学等学科中应当得到特别强调。也就是说,态度和个人意见不应以学生受到影响的方式传播,客观和全面澄清主题的理想应该是整个瑞典学校系统从学前教育到大学教育的总体目标。这显然具有价值中立的色彩。在这之前,瑞典进行了大约25年的教育改革,但改革主要是在组织一级进行,并没有涉及教育的内容与学生的培养。之后的评价显示，改革后的学校教育在促进社会平等正义方面只产生了微小的影响，"高等教育中工人阶级后代的数量只增加了极小的百分比。"① 与此同时，城市化、移民潮、家庭解体和青年犯罪的社会影响开始在学校中显现。人们逐渐认识到，学校必须承担更大的社会功能，容忍一切观念——无论对错，视其为同样正确，显然会造成混乱。教育的"客观性"和客观超然的理想受到了广泛质疑。前面所提到的"研究小组"虽然力图在中立的界限内开展价值观教育的讨论，但显然超出了原先的预期。学者们提出，所谓的"客观"教学是非常不公平的，学生应当被视为真正意义上的人，而不仅是事实知识传播的对象。况且教育者本身就是一个实实在在的人，其本身语言的使用、事实的选择、所谓不带个人色彩的"客观性"都难以摆脱个体价值观的影响，根本不可能对教育现象做出绝对客观的科学分析，因而也必然会影响学生对事物的理解。正如学者科尔布所说，"教育机构从来不是也不可能是价值中立的。"② 在一份名为 SIA（瑞典学校工作环境）的大型政府委员会报告中，人们提出了一些促进学校"人性化"发展的建议。以瑞典为代表的北欧国家开始加强学校教育对青少年价值观的引导与塑造，逐渐从价值中立转向价值介入。1999 年是瑞典的价值观元年，政府启动了一个基本价值观项目，强调学校应加强对学生的关怀，同时要促进共同价值观、直接同那些与民主敌对的价值观作斗争。瑞典政府在 2001 年明确指出："学校不应该是价值中立的，而应该清楚地阐明基本的价值观和容忍限度。人与人之间相互平等的准则就是一种民主的价值观，这不能被错误地解释。"③

今天，北欧国家在教育过程中全面融入了核心价值观的培育及引导。芬兰在其 1998 年的《基础教育法案》中就已明确其教育目标在于"协助学生成长，朝向人性发展，具伦理负责之社会之一分子……教学应促进社会之平等"④，2014 年新一轮课程改革中提出的促进"横贯能力"，同样是强调包括

---

① K Hamqvist, J bengtsson. Educational Reforms and Educational Equality. Readings in the Swedish Class Structure, 1976, 113 (4): 205 – 222.
② Lawrence Kohlberg. Indoctrination versusZt Relativity in Value Education. Zygon, 1971, 6 (4): 285 – 310.
③ 奥雅·奥斯勒，侯·斯塔克. 公民教育的进展研究：发达国家的探索 [J]. 中国德育，2007, 2 (4): 27 – 40.
④ 陈照雄. 芬兰教育制度——培育高品质之国民，建立平等、安全、福利之社会 [M]. 台北：心理出版社，2007：80 – 81.

价值观、态度、意愿等在内的综合素养，以满足学生在生活、学习、工作以及参与公共事务、实现个体发展过程中的各种需求。丹麦、挪威、瑞典的学校教育活动同样教导学生了解民主之内涵，学会平等对待他人，容忍不同个体之间的差异，维护生态环境，承担共同责任等。由此可见，北欧学校教育不仅强调事实知识，还强调可取的习惯、态度和价值观。很显然，价值介入已然成为北欧学校教育的基本立场。但是其价值介入决非教育者的任意干预，也不是传统的灌输强制。面对基本价值和有争议的价值，学校采取的态度是不同的。在处理基本价值观时，教师不应当是"绝对客观"的，而应主动介入，以促进学生确立基本的民主价值观，如个体生命、人格、尊严、国家团结、互助等。但在面对有争议的价值问题，如男权主义、对年轻人的性约束、种族主义等时，教师应当隐藏支持统一价值取向的动机，充分阐释不同群体的行为和观点，支持学生进行价值讨论。这一做法旨在使学生们掌握用以进行表达的知识、技能和方式、方法，发展他们做出独立价值判断及评价，形成价值结论的能力。因此，北欧学校的价值介入可以说是一种"有限度的价值介入"。

二、主要原则：合理传授与民主对话

当今北欧国家的意识形态光谱虽然显现出更为丰富多元的色彩，但是民主、自由、平等、团结仍然是其基本底色。北欧国家强调其基本价值观念在社会生活各个方面的体现，因而各国学校必然也遵循相应的原则。总体来说，北欧学校在核心价值观教育中以学生为主体，更多倾听儿童和青少年的声音，反对刻板的价值观灌输，因为"（强行）灌输不是道德和公民教育的主要遗产之一，它一定不能限制公民对有关好生活与好社会的不同观念进行理性思考的权利"[①]。同时，采取"价值对话"等多种灵活有效的手段，实现核心价值观教育的目的。

为避免对价值观的强行灌输，北欧学校在管理方式上采取了隐蔽化的模式。虽然政府向来重视青少年核心价值观教育，但它们对于学校的教育活动不作直接干预，而是采取开放、多元、分权式的教育体制，通过宏观层面上的引导和管理来发挥学校的主观能动性。所谓分权，是指瑞典、丹麦、挪威

---

① Amy Gutmann. Democratic Education. New Jersey: Princeton University, 1987: 44.

等北欧国家均没有统一的价值观教育机构,国家在学校核心价值观教育方面采取"中央—地方—学校"的三级管理体制。经过20世纪80年代之后的教育改革,北欧各国政府相继把基础教育的权力下放到地方,只是从政策上规定学校教育的总体目标,例如,在课程设置上将核心价值观的引导及培育主要放在宗教、伦理和社会科等相关课程进行,突出民族精神、爱国主义及民主公民教育,从而体现国家整体意志;但在组织上政府只是进行间接调控,不做强行规定。地方政府根据国家教育法的相关要求,自行决定教育机构的组织与运行、教育资源的选择与分配,以及实现教育目标的途径与方法。而学校及教师在具体的教学内容与教学手段上具有充分的自主权,可以根据本校学生的具体状况采取灵活多样的措施,以达成核心价值观培育的目的。当然,这并不是说国家就完全放弃了对学校的监管,而是借助内在规范的设立,变直接管理为结果监控。

在实际的教育实践中,北欧学校的核心价值观教育可以说是有实无名。各校并不统一设立独立的核心价值观教育课程,而是通过各门学科的教学及各种课外活动的开展,在潜移默化之中进行核心价值观的培育。北欧学校的教育人员认为,专门设课施教虽然有其一定优势,但是由于高度集中的时间和过于明确的目的,极易给人造成"强行灌输"之感觉,从而引起青少年学生的逆反,影响教育的实效。它们更倾心于以"渗透"为特色的间接综合的教育方式,主张将核心价值观教育编织到其他课程之中,与其他课程的教学一体化。在瑞典、丹麦、芬兰等国家,核心价值观教育散见于历史、艺术、宗教伦理、语言、公民道德等相关的人文社会科学类课程,以及一些精心创设的教育情境或课外实践之中。北欧教育学者始终认为,价值观教育既然是一种对个体价值理想及道德品质产生影响的活动,则必然需要在大量的亲身体验中形成。"个人体验就是一种培养自觉心态和自信心的过程,可以说,在价值观念成形的过程中如果缺少体验场景或体验行为,就如同灌溉庄稼而没有水源一样徒劳。"[①] 在体验中,学生作为自由主体而存在,实现从价值自由向价值自觉的转变。正如欧洲青年指导委员会所指出的,青年政策的出发点应当是青年参与社会,北欧学校中的这种非课堂教学形式体验可谓丰富多彩,诸如俱乐部活动、志愿服务、社会实践、慈善环保、学生自治机构等都

---

① V. Zbar, D. Brown & B. Bereznicki. Values Education Study: Report to Department of Education Science and Training. Victoria: Curriculum Corporation, 2003: 142.

内含着价值观教育的成分，为青少年进行价值判断与价值选择提供了极佳的机会，从而实现非强硬灌输的价值渗透。

为避免硬性灌输，北欧学校还特别强调价值观教育中的民主对话。在他们看来，价值讨论和民主对话是多元化时代进行价值观教育的重要路径，且通过自由发表观点、实现人与人之间沟通本身就是对民主价值观的最好体现。在对话的氛围中，不同个体之间就虚拟和真实的价值观议题进行诘问、反思，通过合理的争论以取得相互理解，获得共同接受的价值解决办法，同时也能够在一定程度上刺激学生价值认知结构的发展，从而将国家意志、核心价值和道德原则在潜移默化之中转化为学生的价值取向和道德选择，因而在瑞典等北欧国家被视为"民主的精髓"。当然，这种对话必须是慎重的、深思熟虑的，以使参与人能够理解相互间所要表达的思想。

当然，这里需要澄清一个问题，北欧学校反对强行灌输和主张民主对话，并不代表其拒绝传授某些价值观。相反，对于某些普遍认同的基本价值观，学校会在教育活动的诸多环节中进行主动传授，因为"社会不仅通过传授（transmission）和沟通持续存在，而且只有在传授中才能存在"[1]。瑞典一所学校曾经注意到一名11岁的男孩具有同情纳粹的倾向，不仅本人加入了一群纳粹光头党，甚至其身边好友也有被影响的风险。随后学校逐渐意识到这一问题的严重性，迅速采取了一系列措施。首先，这个学生被要求参加当地社区的反纳粹活动；其次，他的父母和老师定期开会，及时跟进"拯救"他的全过程；最后，他的老师在课堂上通过文本选择、讨论对话和分析，积极倡导宽容和平等的价值观。这当然只是一个极小的案例，但也可以从侧面反映出，北欧教育者所反对的只是那种刻板教条、居高临下的强塞硬灌，合理的传授是必须也是可行的。

第四节 北欧学校核心价值观教育的内容体系

"民主、自由、平等、团结"作为北欧国家的核心价值观，是一种经过高度提炼而形成的抽象化、系统化、科学化的语言表达。只有将这种抽象的表述方式转化为具体的教育实践，方能使其真正内化为青少年自己的精神追

---

[1] John Dewey. Democracy and Education. New York: Macmillan Publishing, 1916: 4.

求、外化为自觉自愿的实际行动。而教育实践必然是一种具有丰富内容的活动。北欧学校的核心价值观教育总体上围绕道德和民主公民教育展开,通过考察各国教育法律文件及相关课程内容,可以将其内容体系归纳为以下几个主要方面。

一、政治信仰与国家认同

政治信仰与国家认同是青少年核心价值观教育中最为根本的内容,它为学校教育提供方向性的指导,承载着国家的发展目标,决定着核心价值观教育的性质。"教育本身就是政治斗争的舞台之一;用葛兰西的话来说,它是种非常重要的意识形态国家机器,因为它通过教学大纲将主导意识形态传递给了新一代。"[①] 核心价值观教育必然要培养个体的政治信仰,即:"在对某种社会政治体系及其理论学说信服和敬仰的基础上,进而奉为自己言行准则并身体力行的精神体系。"[②] 北欧国家虽不主张强行灌输政治观点,但他们深知,任何社会的持续存在都必须紧密围绕保持其制度完整这一中心,因而十分重视其政治理念、政治原则、政治制度被青少年认同和接受的程度。各国学校不仅要求学生对政治制度有一定程度的认知,而且要对当前国家制度有认同感,在教育中十分注重启发青少年的政治理念及对争论性问题的探讨,鼓励学生参与政治活动。例如,挪威针对16~19岁的高中生,在头两年专门开设了政治与民主课(politics and democracy),涉及挪威各级政治制度和福利国家的相关内容,需要学生熟悉挪威的政府类型以及最重要的权力机构,了解不同政党及其政治观点,掌握挪威福利国家的主要政策。瑞典的社会科课程涉及人权内容,要求学生学习人权原则的历史背景、国际人权组织的发展,并探讨瑞典民主人权的实施状况及当前面临的新挑战。各国课程虽名称不同,但都有着类似的教育内容,特别是通过让学生探讨生活在民主与非民主社会的区别,使其深信当前本国社会制度的合理性与优越性。

当然,北欧学校并非只强调"了解",教育者同样认为青少年需要在一定程度上"参与"到政治活动中去,通过亲身体验来感受国家的发展与民众的幸福生活,从而树立起一种深厚的信仰与认同。在各国的学校教育中,教

---

① Cleo H. Cherryholmes. Curriculum dynamics and history: citizenship education in Sweden. Journal of Curriculum Studies, 1989, 21 (2): 191 – 195.

② 井中雪. 论政治信仰 [J]. 山西师大学报: 社会科学版, 2005 (5): 1 – 5.

育者们会根据当前的社会现实问题进行有针对性的选择,并同学生一起探讨,例如,挪威于 2011 年由本地人接连制造两起重大血案,如何缓解种族及宗教问题;抑或是近年来伴随着难民及外来移民的大量涌入,瑞典出现了一系列社会问题,如何在人道主义的基础上寻求维护社会安定的有效方法,这些都是教师会在教育中提出的现实问题,其目的并非找到确定答案,而在于唤起当代青少年的危机意识及使命感,在为社会服务的过程中强化自己的政治意识。总而言之,北欧学校通过一系列的政治教育,令青少年对国家政治根基以及重大问题形成认同、信仰和践行的政治态度,并由此产生政治责任感和国家认同感。

二、国家历史与传统文化

国家历史及传统文化教育对于激发爱国情感、形成国家认同具有至关重要的作用。北欧国家向来珍惜历史,并将其作为维系社会发展的关键因素,历史教育因而成为义务教育阶段的重要内容。20 世纪中期,瑞典的国家课程就主张一切教育教学活动的开展都要帮助"唤醒并保持学生的爱国主义情感,为培养优秀公民奠定基础。"[①] 虽然第二次世界大战后受到国际组织教育目标及全球化的影响,历史教育本身减少了本国史而相应增加了世界史的内容,但对本国历史及文化传统的尊重却一直渗透在教育的整个过程。在 2011 年瑞典颁布的《义务教育、学前教育和课余中心课程指南》(Curriculum for the Compulsory school, Preschool Class and the Leisure – time centre 2011)(LGR11)中规定了义务教育阶段学生应当达到的要求,其中一条便是要求熟悉瑞典、北欧、西方文化遗产中的核心部分。挪威政府认为"教育要加深学生对本国和本地区传统的熟悉程度,意识到本国的历史和特色是我们对世界多样性的贡献。"[②] 历史课作为中小学教育的核心课程,涵盖了解古代时期挪威社会发展特征、学习本土传说及民间故事、探讨国庆节的由来、阐述福利

---

① 托马斯·尼格伦. 1927—1961 年瑞典历史教育的国际化改革——实施国际理解教育的复杂性[C]. 庄芹译. 见:刘新成主编. 全球史评论(第七辑). 北京:中国社会科学出版社,2015:169 – 192,368.
② Royal Ministry of Education, Research and Church Affairs (2005). Core curriculum for primary, secondary and adult educa – tion in Norway [EB/OL]. http:∥www.udir.no/Stottemeny/English/Curriculum – in – English/Core – Curriculum – in – five – languages, 2012 – 10 – 12.

国家的出现等诸多内容。在北欧学校的历史教育中,教师会对具有强烈浪漫主义色彩的北欧神话进行介绍,通过展示其中英雄人物的反抗与斗争,增强青少年的文化自信;也会通过组织对历史遗迹、本地收藏、古迹文物的考察来提升青少年的爱国热情。芬兰青少年每年12月6日国庆节都会在学校团体的组织下参与大型庆典并举行统一的宣誓仪式,表达对国家烈士的敬仰。虽然各国现行的宪法、教育法和相关法律中基本找不到"爱国主义""民族主义"这样的表述,但经由历史及文化教育而形成的国家认同与爱国情感已然流淌在北欧人的血液之中。

三、民主意识与民主技能

北欧国家普遍建立在民主价值观之上,学校的民主教育几乎涵盖了其他国家学校道德教育及公民教育的主要内容,可以说是核心价值观教育内容中的"精髓"。而北欧的民主教育主要包括民主意识的培养和民主技能的获取,它首先塑造具有健全人格之个体,使其形成自主观念及责任意识,在此基础上将个体培养成有道德理想、有国家情怀和民族情感的积极公民,从而完成民主公民教育的任务。

近年来,北欧各国普遍意识到,越来越多的青少年对民主缺乏清晰的认识,因而将民主意识的养成视为民主公民教育的基础。丹麦教育部于2006年发表了一份名为《民主》的白皮书。前教育部长哈尔德(Bertel Haarder)声称,每一代人都有每一代人的民主盲目性(democracy blindness),每一代人都必须重塑民主,而学校作为具有不同社会和文化背景的学生的民主汇聚点,必须教授民主之概念。在瑞典,教育法律文件中进一步明确规定了民主意识的总体内容,即"基本民主价值观"(fundamental democratic values)。瑞典官方于2011年新颁布的《义务教育、学前教育和课余中心课程指南》中规定了学校和课余中心应当表达和传递的几项价值观:"人类生命的不可侵犯性、个人的自由和隐私、所有人的价值平等、男女平等,以及对弱者的保护与团结。根据基督教传统和西方人文主义所提倡的伦理学观点,这可以通过培养个体的正义感、慷慨感、宽容感和责任感来实现。"[①] 民主意识虽然不像科学

---

① Lisbeth Lindström. Citizenship education from a Swedish perspective. Journal of Studies in Education, 2013, 3(2): 20-39.

知识那样是学校的正式教学内容，但却渗透到学校生活的各个领域，对于青少年学生而言具体表现为：关心同情他人、包容多元思想、支持表达自由、尊重个体选择、提倡自我负责、维护性别平等、平等对待弱小、和平解决争端等。这几个方面主要涉及个人的道德修养及为人处世的态度，属于意识层面，是学校必须教授给青少年的内容。

当然，仅仅传授有关基本民主价值的知识是远远不够的。挪威政府提出，学生们不仅要学习民主，也要学习作为"公民"的行为和理解积极公民的价值。因此，学校应当在教育活动中采取民主的工作形式，鼓励学生在对社会生活主动参与中实践这些价值。这就需要对青少年开展民主技能的教育，即：教会个体在基本民主价值观的指导下积极生活，有效处理与自身、与他人、与社会的关系。尊重他人、乐善好施、自由发声、见义勇为、消除偏见、扶危济困等均在此列，属于实践层面。民主技能不仅是民主公民教育的内容，同时也是民主意识得以落实的关键。尤其是在全球化趋势日益加深的当今时代，人们，尤其是青少年显然应当具备并不断提高与他人共同生活的能力，这就要学会与他人的价值观念和生活景况产生共鸣。在瑞典，民主技能教育着眼于"以民主的方式从事各种活动、帮助青少年成长为民主社会的成员，以及使青少年深入理解民主的形式和本质"[①]。学生可以通过参与计划和评价自己的日常教育，发展对教育施加影响和担负责任的能力，从而加深对民主价值观的理解与认同。

四、宗教伦理与道德规范

宗教既是一种历史现象，也是一种文化现象，虽历经多个文明形态的洗礼，不断趋向世俗化，但其作为一种精神层面的支撑和内心信仰的基础，仍在人类社会发展进程，尤其是民众教化方面发挥着极为重要的作用。它借由本教教义，对人的来源与归宿、生与死、善与恶等重大价值问题进行阐释、反思及宣扬，帮助人们获得诸如内心安宁、爱、幸福、满足等基本价值和生活意义，从而拥有精神上的安全与依赖。宗教建立在内心信仰基础之上，具有道德自律的特点，它所奉行的平等、扬善、博爱的伦理观，世界大同、中

---

① 郭婧. 教育民主化进程中的瑞典高中教育改革探析［D］：［硕士学位论文］. 武汉：华中师范大学教育学院，2008.

正和谐的理念，在一定程度上服务于个体及社会的进步与发展。同时，宗教总体上以"善""正"构筑伦理价值体系，因"通""变"保持对主流意识形态的普遍适应性。在一些国家，宗教伦理道德不仅是核心价值观内容的重要来源，同时也持续而深刻地影响着个体信仰及德行的形成，宗教教育同核心价值观教育在目标、形式、内容上紧密结合、相互渗透，对于青少年学生道德及价值观的培育发挥着不可取代的作用，也因此成为一些国家学校教育活动的重要根基和基本内容。

欧洲自中世纪以来，宗教就在社会各领域占据一定地位。彼时，北欧各国受到天主教会的控制，学校教育的主要任务就是进行宗教教育。宗教改革后，各国相继改信基督教福音派路德宗，后又逐渐实行了政教分离改革（部分国家在名义上仍将基督教设为国教），但宗教的影响仍旧是根深蒂固的。虽然一般来说教会并不干预公共教育及其管理活动，各国政府也不以公共税收支持教会学校，但这并不代表学校教育同作为意识形态的宗教信仰完全分离。事实上，宗教的影响在北欧青少年学生中是无法排除的。基督教文化能够在很大程度上引导北欧青少年形成基于"善"的伦理标准，并在向善的过程中进行着生命的反思，具备起复归上帝的"禀赋"，找到永恒的精神依托。因此，北欧学校核心价值观教育显然不能脱离社会群体的文化信仰自行其是。在实践中，北欧各国都重视依靠宗教力量来引导青少年的价值观，虽然宗教不再像以前那样以国家机构的形式直接作为北欧国家阶级统治的工具，但它并未退出价值观教育的领域，相反，它仍然借以间接的方式深入而持续地介入。

在北欧学校，特别是义务教育阶段，宗教伦理道德是核心价值观培育的重要内容，其主要目标和关键作用在于：从广义上将宗教视为文化和社会以及个人和社区生活的一部分，使青少年熟悉自己的宗教、文化遗产以及源自宗教的生活哲学和伦理思想，同时也对其他宗教进行介绍。尊重不同信仰和不同观点，为学生理解宗教并在此基础上构建本地区文化、社会和哲学以及跨文化互动创造条件，并引导学生学会使用宗教伦理道德准则来解决人生和社会问题。北欧所有未成年人都必须在9年或10年的义务教育中接受一定学时的宗教教导。除非能够提供其已在自己或父母的宗教中接受了相应时间教导的证明，否则必须按照学校规定接受宗教教育，即便是无神论者的子女也无法完全免除宗教指示。宗教，尤其是基督教，被视为北欧社会文化价值的创造者。宗教教诲应当承担起进一步塑造学生个性，形成独特生活概念的功能与职责。虽然过去也曾有北欧教育者提出宗教教育只能客观传授知识和事实，不得强加任何形式的价值干预，但很显然这种倾向是对学生的低估，"宗教将由此成为纯粹的'历史遗产'，而缺失了其内在应当具备的强大且崭新的生命创造力"[①]。因此，北欧的宗教教育主要是在圣经历史的基础上，传递基督教的伦理精神、道德规范和信仰观念。正如瑞典教育委员会在指导规划中明确指出的那样，宗教教诲的目的不仅是让学生了解《圣经》的主要内容，认识基督教信仰及其历史、教会的组织形式、存在的不同派别和分支；同时还应对当代其他宗教和基础伦理道德问题进行阐述。很显然，宗教及其内含的德性要求反映了北欧的传统文化背景，因而是北欧学校核心价值观教育的基础。

五、民族团结与种族平等

民族团结和种族平等是北欧学校核心价值观教育中的另一个重要内容。虽然北欧主要人口为北日耳曼人，是一个民族结构相对简单的社会，但其本土仍有部分少数族群，且伴随国际交流的日益频繁，外国移民也逐渐增多，形成了包括萨米人、犹太人、鞑靼族人、俄罗斯人、波兰人在内的不同民（种）族共存的局面。民（种）族间的平等与团结对于形成和谐有序的社会关系，实现国家的稳定发展具有至关重要的基础性保障作用，而青少年对待不同民（种）族的态度又直接影响着民族团结及社会凝聚力的形成。从价值形成与作用发生的维度看，核心价值观培育能够强化全体社会成员对主流意识形态的认同与信仰，因此与民（种）族团结的增进是同源同向的。北欧社会民主主义核心价值观中的"平等""团结"应当是与这一要求最为相关的价值理念。当然，这种"平等"决非简单粗暴的"无差别"，因为这代表着对特殊群体及其利益、文化的无视乃至不尊重。如果国家制度无法认可这种差异，那么即便该群体在经济、政治等领域的诉求均获得了一定程度的实现，也仍然难以形成发自内心的归属感和认同感。

北欧学校的核心价值观教育通过强调不同种族之间的实质平等，进而实现社会团结，增强社会内聚力。挪威和瑞典政府先后制定并出台过多个有关反对种族主义、禁止种族歧视的国家行动计划，要求平等对待包括萨米人、

---

① John Sjogren. Religious education in Sweden. Religious Education, 1963, 58 (3): 298-302.

外来移民等在内的边缘群体。挪威学校的核心课程也倡导以包容的心态面对多元文化与多种宗教，尊重其历史及信仰，强调"培养一种对不同于主流人群的平等价值与团结的认识，以及对人类充满冲突的历史的认识"①，并以此作为平等与团结的根本基础。瑞典要求各学校促进种族平等，尊重共同环境。学校当中的任何人——无论教师或是学生，都必须主动勇敢地与各种极端性或攻击性行为做斗争，这其中便包含反对种族主义的行为。马尔默大学在其通识课程中，要求学生理解迁移、种族、整合和分享的过程如何影响各民族的发展。进入 21 世纪，北欧学校普遍针对三种不同群体的学生加强凝聚力的形成，分别是：具有本国文化背景和认同的本国主体民族；本土少数民族或其他文化背景的本国主体民族；其他文化背景的少数民族、移民、讲少数民族语言者。他们强调对萨米人等土著群体特有文化的保护、继承与发展，同时也强调第三种群体的学生应当在承认其自身文化、种族及宗教信仰的基础上逐渐形成一种符合本国要求的整体性认同。可以说，北欧学校的核心价值观教育彰显出强烈的民（种）族平等理念与团结意愿，力图在最大限度上排除对不同文化及其信仰的偏见或歧视，从而增进社会团结，加强凝聚力和整合力。

六、国际理解与全球合作

北欧虽然地处欧洲遥远的一角，但在跨国流动日益加速的背景之下，各国逐渐意识到个体不仅要建立起对本国的认同，还应形成一种国际视野和全球意识，这恰与北欧将核心价值观中的"合作"扩展到全球领域具有不谋而合的意味。在国民教育中培养青少年的国际意识，增强国际合作，"这不仅是为了响应欧洲委员会促进全球教育的号召，更是发展本国经济、政治和文化的需要"②。北欧国家在战后对于青少年的国际理解教育普遍非常重视，认为所有教学都应有助于学生认识和理解国际团结，引导其形成责任感和团结协作精神。这种责任感不仅着眼于本国社会，更应延伸到整个世界共同体。瑞典、挪威、芬兰等国学校均把青少年国际主义意识的形成与提升作为公民课、宗教课、历史课的主要内容之一，通过世界主义观点的融入促进民主和

---

① Royal Ministry of Education, Research and Church Affairs (2005). Core curriculum for primary, secondary and adult education in Norway [EB/OL]. http://www.udir.no/Stottemeny/English/Curriculum-in-English/Core-Curriculum-in-five-languages，2012-10-12.

② 杨婷婷. 试析挪威的民主公民教育政策 [J]. 全球教育展望，2013，42 (5)：66-74.

国家认同，避免排外的民族主义或种族主义。

考虑到国际化的必然趋势，以及国家必须成为全球共同体中富有创造性的成员，瑞典早在20世纪50年代的国家课程及历史教学大纲中就提出"要通过提供更加国际化的历史题材、增加文化交流和文化史的内容来开阔学生视野……历史教育强调全球化视角旨在避免以纯粹的欧洲观点来解释全部的世界历史……其价值在于促进国际理解和良好的国际关系。"① 在今天的瑞典学校教育中，学生们需要了解瑞典的国际地位及国际作用，并在国际合作、恐怖主义、冲突管理及和平工作等方面有所思考。挪威义务教育阶段则十分强调不同国家及民族文化的对话与交流，社会学课程就要求为学生提供一个与不同国家文化及思想对话的空间，教会他们尊重和理解不同文化的共生共存；同时，要阐述当前的国际冲突、讨论解决方案，并熟悉挪威如何通过联合国和其他组织参与国际合作，包括土著群体之间的国际合作。丹麦也在课程中增加国际教育内容，如各国宗教、风土人情、对外贸易、第三世界等，通过青少年全球意识的提升，使丹麦更加具备国际合作能力。在北欧各国学校中，本国语言及文化均被置放在世界性的大背景中，"世界宗教、多元化的历史与现在，以及超国家的宗教组织"② 都是核心价值观教育的重要组成部分。

当然，这里需要说明两点：其一，以上只是北欧学校核心价值观教育中的核心内容，其他诸多内容不再一一赘述；其二，各部分内容决非完全独立的板块，如宗教伦理与民主意识/技能中都涉及道德教育的内容，而政治信仰与国际理解中又都隐含着国家意识的养成，它们相互交叉、彼此融合，以或显性，或隐性的形态出现在不同的课程之中，这将在后续得以阐述。

第五节　北欧学校核心价值观教育的实施途径

"核心价值观教育的途径，是核心价值观教育的目标由'应然'向'实

---

① 托马斯·尼格伦.1927—1961年瑞典历史教育的国际化改革——实施国际理解教育的复杂性[C]. 庄芹译. 见：刘新成主编. 全球史评论（第七辑）. 北京：中国社会科学出版社，2015：169 - 192，368.

② The Directorate for Education and Training (2011). Pupil council work subject [EB/OL]. http://www.udir.no/Stottemeny/English/Curriculum - in - English/_english/Curricula - in - English, 2012 - 10 - 20.

然'转化的中介和桥梁。"① 它是指教育者施加教育影响,促进学生认同并践行核心价值观的渠道、方式的总称。学校的教育活动主要通过课程的开展而得以实施,北欧学校本身就承担着价值传递的重要任务,一切活动都必须建立在民主价值观的基础之上,因此涉及核心价值观教育的课程可谓范围广泛、内容丰富,为青少年认同及践行核心价值观提供了良好的育人环境,搭建了有效的实践平台。总体而言,这些课程可分为显性课程和隐性课程两大类,两者共同施以或直接或间接的价值传递,构成北欧学校核心价值观教育体系。

一、显性课程教育

所谓显性课程,也被称作正规课程(formal curriculum)、官方课程(official curriculum),是指为实现一定教育目标而正式列入学校教学计划的各门学科。这些学科或课程应当具有由国家统一颁布,或地方政府组织编写的专门性教材及教学大纲——有时甚至会以国家法定教材形式得以固定;以及面向各年级学生所设定的,符合教育规律且可操作性强的不同教育目标及具体执行标准。

北欧各国的国家教育及课程体系并不完全相同,例如,瑞典与芬兰实行9年义务教育,而挪威、冰岛为10年,丹麦则为10~11年。再如,瑞典在义务教育阶段有15门国家课程(可进一步细分为20个学科),高中阶段则设置了17种国家教学方案,每种教学方案都必须学习8门核心课程;而丹麦义务教育阶段虽也开设10余门课程,但领域及内容却与瑞典有所不同;芬兰普通高级中学则依据不同的课程领域,设置了近20门核心课程。然而,经过比照及研究,可以发现各国的课程设置有一定的相似性(见表3-1),对于推进核心价值观教育也有着较为类似的做法。具体来说,北欧学校涉及核心价值观教育的课程可分为三种模式,分别为"专门性课程""渗透性国家课程"以及"跨课程主题研究"。

---

① 胡杨. 英国大学生核心价值观教育探究 [D]: [硕士学位论文]. 南昌:南昌航天大学马克思主义学院,2016.

表 3-1　北欧各国义务教育及高中教育阶段主要课程情况汇总表

国家＼教育阶段	义务教育（primary and lower secondary education）	高中教育（upper secondary education）
瑞典	艺术、英语、家政与消费、体育与保健、数学、现代语言（英语除外）、母语、音乐、自然科学（含生物、物理、化学）、社会科学（含地理、历史、宗教、公民）手工、瑞典语、作为第二语言的瑞典语、技术	瑞典语（或作为第二语言的瑞典语）、英语、数学、体育与保健、自然科学、公民学、宗教、艺术
丹麦	丹麦语、英语、基督教研究、历史、社会科学、体育与运动、音乐、艺术、手工设计/木工/金工/家政、数学、科技、地理、生物、物理/化学、德语/法语	丹麦语、英语、第二外语、历史和公民、社会科学、数学、生物、音乐、地理、艺术、宗教教育、古典研究、体育
挪威	挪威语、英语、第二外语、数学、社会科学与历史、宗教/生活哲学与伦理、艺术与工艺、自然科学、食品与健康、音乐、体育、家政、学生理事会工作	语言、自然科学与数学、社会科学、经济研究、艺术、工艺与设计、运动与体育、音乐、舞蹈与戏剧、职业教育
芬兰	母语与文学、第二官方语言、外语、数学、环境研究、生物与地理、物理与化学、健康教育、宗教/伦理、历史、社会科研究、音乐、视觉艺术、手工、体育、家政、职业与教育辅导	母语与文学（芬兰语、瑞典语、萨米语）、外语（母语除外）、数学、环境与自然科学（物理、化学、生物、地理）、价值观与信仰（宗教/伦理、哲学）、心理学、历史与社会（历史、社会学）、美学（音乐、视觉艺术）、体育与健康教育、职业教育与指导
冰岛	冰岛语文、数学、艺术与工艺、现代语文（丹麦语、英语、德语、西班牙语）、社会与宗教研究、体育、自然科学、资讯科技、家政、生活技能	冰岛语、数学、丹麦语/挪威语/瑞典语、英语、第三外语、社会科学、历史、自然科学、运动、生活技能

（一）专门性课程

核心价值观教育的专门课程是指与核心价值观教育有着直接关系，重点培养青少年价值、情感、态度的课程，在北欧主要包括宗教教育课和社会科课程。当然，各国在课程的名称和侧重点上略有不同，如瑞典在义务教育阶段将公民教育放在社会科学中,直至高中阶段才独立出来,丹麦注重把公民课与历史课融合,挪威则更多地将公民课内容放在跨课程主题"积极公民与职业教育"之中;芬兰强调宗教与伦理结合,挪威的宗教课与哲学内容贯通,冰岛则综合社会学与宗教研究之内容。但从总体上来看,这几门课程在北欧各国学校均有不同形式的呈现,也是核心价值观教育直接覆盖到的主要课程。

1. 宗教教育课

对核心价值观的广泛认同是一个社会的政治基础,要确立这种政治基础,需要社会风俗、民族性格和个人品行的不断完善,这些仅仅依靠常规的政治手段远远不够,因此北欧国家注重通过教育,"给予宗教和道德上的稳定性"[①]。北欧的宗教教育课有着悠久的历史。北欧学校教育本身就起源于宗教,在中世纪时期由天主教会长期控制,教育的目的是培养从事宗教工作的人员,因此其宗旨是教育学生确立起符合天主教信仰的价值观念及行为规范。16世纪20~30年代,路德改革教派的主张开始传入北欧,基督新教取得胜利,政府逐渐控管教育工作,教育活动中存在着大量"因信称义"的新教内容。17世纪和18世纪,德国信义宗教会内部兴起了一场以斯彭内尔(Philipp Jakob Spener)、弗兰克(August Hermann Francke)等人为代表的宗教复兴运动——虔敬派运动(the movement of pietism)。18世纪和19世纪,信义宗虔敬派对北欧国家产生了广泛影响。它主张认真攻读《圣经》,敬虔事奉,而讲道的重点不应是教义而应是道德,强调个人心灵体验,因此要开办教育机构,强化宗教教育,培养"具有虔敬的心情和实际生活所必需的智能的"善良的基督徒。学校教育开始走向世俗化,非教派性质的宗教教育课逐渐演变为北欧学校教育的重要部分,并借此对学生施以道德和价值观上的影响,促进其精神发展。宗教教育逐渐与道德伦理教育相互融合,其教授的不是狭义的教条,而是每种宗教尝试思考的问题,因而成为青少年核心价值观教育的重要途径。

在当今的北欧学校,宗教教育课是一门综合性课程,传统的经典内容——教会历史、圣经故事、宗教节日和宗教仪式仍然存在,但越来越以整合的形式出现;历史、艺术、音乐、文学等都在宗教教育的内容中有所涉及,人权教育、道德教育、公民教育和环境教育也已成为宗教课程中极为重要的部分。

---

① 王承绪. 比较教育学史 [M]. 北京:人民教育出版社,1999:32.

可以说，北欧学校的宗教教育在课程思维上逐步实现了从单纯的宗教知识传授向个人技能培养的转换，尤其注重价值观与信仰的建立和道德伦理问题的解决。考察各国教学大纲，宗教（道德）教育课多强调以下几个方面的教学目标：①掌握与宗教有关的文化知识，了解宗教及道德伦理在个人、社区以及社会和文化生活中的意义与影响；②能够研究和分析各种宗教及道德伦理问题；③有能力评估本地区的哲学和文化特征，欣赏本土和其他文化中的宗教和伦理传统；④尊重不同信仰的人，能够与来自不同文化，有不同思想和信仰的人生活及合作；⑤了解个人责任的重要性，了解各种道德解决方案背后的价值及意义；⑥掌握讨论和表达宗教、道德问题的技能，能够独立获取并批判性地评估相关信息；⑦将人权、积极的多元文化主义、社会和全球正义以及可持续发展的原则内在化。

为实现以上教学目标，北欧各国学校虽然设置了不同的具体教学方案，但从总体上来看仍然具有一定的相似性。为使研究进一步深入，这里选取芬兰作为典型加以说明。芬兰从 2014 年开始进行了新一轮的课程改革，更加强调对学生"横贯能力"——综合素养的培育。宗教/伦理课作为义务教育阶段的核心课程，在内容上做了如下安排（见表 3-2）。

表 3-2　芬兰义务教育阶段（1~9 年级）宗教/伦理课教学安排

科目		主题领域	主要内容
宗教/伦理课	宗教①	美好生活	①自身认识的加强，以及积极自我形象的保持 ②人权、宗教自由等道德伦理问题的学习与讨论
		与自己宗教信仰的关系	①学生个体的宗教信仰 ②学生个体在家族和社会中的宗教习惯（如：芬兰家族如何庆祝圣诞节、复活节和教会节日，如何举行坚信礼、婚礼和葬礼等）
		与宗教世界的关系	①其他宗教信仰 ②当地儿童及青少年群体中宗教信仰的遵守情况，以及不同信徒们的宗教习惯和仪式 ③宗教间的对话、文化、政治中的宗教问题

---

① 参见 Arto Kallioniemi, Martin Ubani. Religious Education in Finnish School System [C]. In: H. Niemi, Auli Toom, Arto Kallioniemi, eds. Miracle of Education. Rotterdam: Sense Publisher, 2016: 179-190.

续表

科目		主题领域	主要内容
宗教/伦理课	伦理①	人际关系与道德成长	①同理心与友谊 ②如何在日常生活中分辨是非并落实正义 ③富有/贫穷对正义判断有否影响 ④何为思想的自由、宗教的自由 ⑤如何学会宽容、避免歧视
		自我认知与文化认同	①我是谁？我能做什么？ ②芬兰文化及世界上其他古文明的特色 ③世界各国的不同信仰及生活哲学
		人权与共同体	①群居生活需要遵守的规定，人际往来间承诺、信任、公正等黄金法则的重要性，以及人与人之间如何达成协议 ②权利与义务，人权与儿童权 ③平等、和平与民主对全球未来的影响
		个人与世界	①自然环境 ②人类的进化 ③地球与宇宙 ④永续发展

芬兰从小学一年级开始修"宗教/伦理"课，每一年级都有规定的最低周课时数，其中分为"宗教"和"伦理"两个板块。没有选宗教的，就会去上伦理课。但无论是宗教还是伦理，都不仅是简单传授宗教或伦理知识，而是广泛认识并深入探讨不同宗教的核心价值和人类的心灵需要，是青少年十分喜爱的课程。到了高中，芬兰学生需要继续学习有关福音路德教、东正教以及其他宗教的相关课程，其中"福音路德教"板块不仅要理解宗教的性质与意义，还有关于"教会、文化与生活""人类生活与伦理"的必修课程；而"东正教"板块也包含"教义学与伦理学"的相关内容。整个宗教课程中的知识性内容数量逐渐减少，文化理解和社区生活的部分愈加完整，更加强调不同宗教群体之间的合作，以及伦理和生活问题的解决。教学过程充分利用各种宗教自身资源以及当前最新研究成果及媒体资料，强调激励性的工作方法，将宗教内容与学生的经验世界紧密联系，帮助他们处理和内化课程内容，并按照设定目标发展。最终学习情况的评估主要侧重于学生的价值态度和思维能力，包括平等看待各种宗教、分析和评估不同文化、宗教和社会间

---

① 参见公民教育素材. https://wenku.baidu.com/view/657902dc0c22590102029d9c.html, 2013 - 08 - 17.

的相互作用。宗教课同时也指导学生评估自身目标达到的情况。整体评估将学生工作的数量、质量以及每个学生个人技能的掌握情况考虑进去，鼓励学生实现对自身的规划、评价和发展。

同芬兰一样，北欧其他国家在义务教育阶段和高中阶段也都必须开展一定课时的宗教教育课，依据学生的年龄特点逐步深入。瑞典义务教育的初级阶段（1~3年级）每年开设74学时宗教课，主要讲圣经故事和浅近的教义准则，熟悉教规仪式、培养良好习惯等；中级阶级（4~6年级）每学年上70学时宗教课，讲授《圣经》基本内容，着重于历史和基本教义，同时强调联系现实社会生活和学生人生问题；高级阶段（7~9年级）宗教课时基本上同中级阶段相同，但讲授内容明显加深。高中三年仍然要修满50小时宗教课，着重探讨人生哲理和如何用教义准则来解决社会和人生问题。挪威在20世纪末的课程改革之后，宗教及德育课程在义务教育的1~10年级中占到近800个课时，尤其强调宗教教育不仅要使学生认识基督教的节日和传统，还要了解其他宗教的历史、发展、价值信仰及其在挪威社会文化中的地位，更要熟悉作为文化和社会一部分的伦理、宗教与价值观。丹麦从小学到大学都开设宗教必修课，小学通过模范、训言讲授路德教派的一般知识，中学传授特定宗教信条，大学则研讨经典文献并探讨伦理原则在现实问题中的应用。高中以上学生也可以选择不同的宗教课程。在教学方法上，除对基本宗教知识采取传统讲授法外，各国学校针对宗教伦理问题往往采取案例分析、对抗讨论、两难故事法等多种教学方法。教师常通过情景描述切入问题，在明确道德主客体的基础上，讨论涉及的价值观和伦理问题，在不违背法律相关规定的大前提下，借助多种伦理模式（义务伦理模式、动机伦理模式、结果伦理模式等）从多个维度组织学生进行对话或展开讨论，最终形成结论。

北欧教育者普遍认为，宗教课应该先教共通的价值，如人权、尊重，而非绝对的教条，因为教条会随时空改变，因此"宗教教育不是要改变学生的信仰，也不是要强调某种特定的宗教信仰。"[①] 虽然基督教仍然是各国宗教课中的重要内容，但从本质来说它既不是先验的，也不是一门只教授基本教义的孤立学科，而应同社会学、地理、历史等学科形成合力，通过解释其对北

---

① Kate Ashcroft and David Palacia (eds.). Implement of the Primary Curriculum: A Teacher's Guide. London: Falmer Press, 1990: 190.

欧历史和社会的影响，促进社会成员对自己生活环境的反思，以及对价值信仰的开放性讨论，从而解决最为基本的民主价值观问题。学校尊重学生自身信仰的自主性和完整性，同时重点培养学生对待不同宗教及教派的尊重态度和宽容精神。一方面，宗教教育课帮助青少年理解宗教对于人际交往和生活方式的重要影响，引导他们在宗教、道德及价值观问题上做出正确评价、判断及选择，并通过志愿及慈善活动为青少年发展公民意识、参与公共事务提供有效渠道；另一方面，宗教课通过引入具有世界性的宗教及价值问题，促进学生对不同文化的了解、尊重与宽容，树立起世界眼光和全球意识。不得不说，当前北欧的宗教教育更加注重不同文化传统内部及之间的对话、生活管理的技能以及宗教冲突的解决，在很大程度上促进了青少年的自我认同与价值追求。

2. 社会科课程

社会科作为一种特殊的社会科学，最早于1916年出现在美国学校中，随后不少国家都引入了这一课程项目。北欧各国的社会科课程表现出不同的形态，例如，瑞典有综合性的"社会科学"、丹麦分设"社会科学""历史""地理"，挪威义务教育阶段单独设置"社会科学与历史"课，冰岛有"社会与宗教研究"课，芬兰教育则注重"历史"与"社会科研究"这两门独立课程的相互补充融合，但其目的均是引导青少年学会认识和体验社会，并且"系统地理解、关照、深刻并批判性地思考这个世界"[1]"从而能够成为广阔社会的成员"[2]。在某种程度上，北欧的社会科课程蕴含着公民教育的内容和要求。

北欧各国学校在社会科课程教学大纲中都明确了具体的教学目标，大体上包含以下几个方面：①理解人类社会的形成是历史发展的结果；②熟悉本国社会制度的基础和实践，掌握关键的社会和经济概念；③能意识到影响和参与民众社会的机会，并懂得如何使用这些机会；④能够从不同渠道获得有关当前社会的信息，并且能够批判性地对这些信息进行评估；⑤能够针对与价值观有关的争议性社会问题形成合理的个人观点；⑥形成基于责任、容忍、尊重和平等的价值观念。可见北欧的社会科课程体现出对三个层面的重视：

---

[1] Ronald W. Evans. The Social Studies Wars: What we should Teach the Children? . New York: Teachers College Press, 2004: 39.

[2] Ross E W. The Social Studies Curriculum: Purposes, Problems, and Possibihies. New York: State University of New York Press, 2001: 183.

一是在知识层面，向学生传授基本的历史及社会知识，并教导其将获得的知识运用于实际生活之中；二是在思维层面，培养学生对当前现象进行积极和批判性研究的思维，以及参与社会活动的能力；三是在情感层面，关注学生的"道德生活，包括他们的道德问题、情感以及价值观念"①，使其学会进行自我分析并且能对具有争议的问题进行合理判断。不难看出，北欧社会科课程与核心价值观的培育有着紧密而深刻的内在联系。它以传递社会普遍认同的价值观念、培养责备责任意识的合格公民为职责，引导青少年形成符合国家及社会发展要求的道德观和价值观，因而是传播国家主流意识形态、实现核心价值观教育目标的重要课程载体。

社会科课程的学习是一种综合性的学习，鉴于其是对学生知识、技能、品性等多方面的培养，因此在课程内容上涵盖颇多，例如，在瑞典1~9年级设置地理、历史、宗教与公民等科目，可按照学生或学校的需求自行选择合科或分科教学；在芬兰的"社会科研究"中开设了"政治与社会""经济"等必修课，以及"公民与法律""欧洲主义与欧盟"等选修课；在挪威则有历史、地理、社会学等，虽不是完全相同，但都覆盖了诸多领域的人文社会科学知识，甚至会包含部分自然科学知识。下面以挪威义务教育及高中教育阶段的社会科学课程进行详细说明。

在挪威义务教育阶段（1~10年级），各级学生都必须接受社会科课程的教育，社会科学同时也是挪威高中Vg1和Vg2阶段的核心课程。社会科课程分为多个课程领域，这些领域在不同的教育阶段均有着不同的设定，且彼此之间相互补充，形成一个整体。同时，每个领域均有着各自相应的能力目标（competence aims），分别体现在义务教育阶段的4年级、7年级、10年级结束之后，以及高中Vg1阶段（主要针对普通教育方案中的"语言、数学与自然科学、社会科学与经济研究"专业化学习项目）和Vg2阶段（主要针对普通教育方案中的"艺术、工艺与设计"专业化学习项目，以及"运动与体育，音乐、舞蹈与戏剧"这两个其他学习项目，同时也针对职业教育方案中的所有学习项目）②结束之后（具体见表3-3）。

---

① Jack Zevin. Social Studies for the Twenty–first Century: Methods and Materials for Teaching in Middle and Secondary Schools (3rd edition). New York: Routledge, 2011: 4.

② 挪威高中教育与培训由普通教育方案和职业教育方案组成，其中普通教育方案内含专业化学习项目（语言，数学与自然科学，社会科学与经济研究，艺术、工艺与设计）和其他学习项目（运动与体育，音乐、舞蹈与戏剧），职业教育方案则包括9种职业学习项目。

表 3-3　　挪威义务教育及高中教育阶段社会科课程领域

年级	主要课程领域	主要涉及内容	与价值观有关的能力目标	学时（1学时为60分钟）
1~10	历史	①挪威历史及人类社会的历史变化 ②人类如何创造未来并形成对过去的理解 ③历史的观点和观察力的形成 ④日常生活技能以及社会参与能力的训练	培养爱国情怀和公民意识，正确面对人生和社会发展的各种问题	1-7年级：385学时 8-10年级：256学时
	地理	①挪威社会的空间维度 ②地球上自然及人工环境的变化过程 ③城乡之间、国家之间、地区之间的异同	增强民族自豪感，学会尊重和包容不同国家，树立环境责任意识	
	社会学	①社会化、政治、经济和文化， ②当代视角处理人们关于共同体和差异化的观念 ③文化规范和社会控制、个人行为及选择之间的相互作用 ④共同公民价值的形成及民主技能的发展	设计并实践与他人的互动规则，理解尊重人权、团结合作对于社会建设的重要意义	
Vg1/Vg2	个人与社会	①社会化、个人财务、同居形式和犯罪行为 ②究竟是谁/什么影响了今天的年轻人？	理解消费者道德责任、性别角色及其社会地位	Vg1：84学时 Vg2：84学时
	职业及商业生活	①商业和工业、公司、创业、职业选择和失业 ②职业生涯的组织形式和薪水设置；当代职业生涯建立的原则及价值	理解职业道德和工作中的团结合作	
	政治与民主	①各级政治制度和福利国家 ②政党以及威胁民主的因素 ③政府系统、法律管辖下的国家以及人权之间的联系	了解挪威政治制度形成的价值基础	
	文化	①多元文化社会及宗教在文化中的作用 ②少数民族以及如何消除仇外情绪的种族主义	消除仇外情绪的种族主义	
	国际事务	①国际合作、恐怖主义、冲突、解决冲突与和平工作； ②全球化、资源分配和可持续发展；挪威在国际舞台上的作用	理解和平与人权、参与国际合作的意义	

资料来源：参见 Norway Social studies subject curriculum，http://www.udir.no/kl06/SAF1-02.

由表 3-3 可见，挪威社会科课程的每个领域都体现着对核心价值观的培育引导，整体上围绕"建立对基本人权、民主价值观和平等理念的理解和信仰，鼓励积极的公民意识和民主参与"这一中心展开。其他北欧国家虽在课程领域上有所区别，但也都不偏离这一中心，且各国都对社会科课程的学时或学分数作了规定，例如，丹麦 3~8 年级修 1~2 学时/周的历史课，9 年级修 5 学时/周的社会科学；冰岛高中根据不同教学方案要修满 3 学分或 6 学分的"社会科学"以及 6 学分或 9 学分的"历史"；瑞典则规定 9 年义务教育阶段社会科学总学时应达到 885 个，高中无论选择哪一学程[①]，由社会科学独立出来的公民学总体学时都不得少于 100 个。可见社会科课程在北欧学校中占有相当比重。

在教学方法上，北欧学校的社会科：一是采取对话的形式，从多个维度了解并研究社会，强调不同观点、态度之间的对话辩论，在冲突中经由学生的辨别、选择与解释，来帮助其树立正确的价值观；二是注重分析与交流，引导学生对描述社会生活诸多方面的内容进行深入分析，"通过与人共处和相互交流，研究影响人们思想和生活的基本因素"[②]，透视价值观念形成背后的驱动力；三是强调对信息的搜集与处理，鼓励学生对社会信息的搜索与运用，并基于此提出自己的观点，从而巩固、维护和发展基本民主价值观；四是鼓励学生投入现实社会，在实践中提升公民参与意识。

综上所述，社会科作为一门综合性的课程，整合了历史、地理、政治、经济、文化等人文社会科学的相关内容，致力于培养现代公民应当具备的责任意识与综合素养，内化了许多价值。社会科课程在知识方面，借由各学科独特的内容框架和观点视角，为青少年成为合格且积极的公民奠定了良好的知识基础，同时也提供了影响道德素养和价值理想的大量现实素材；在技能方面，运用对话、交流、探究等方式培养学生"信息处理、批判反思、合理质疑、做出合理决策"[③]等合格公民的必备技能；在品性方面，注重引导青少年形成公民应有的道德品质和价值理念，如平等、尊重、互信、宽容、友爱等基本道德要求，以及团结合作、勇于担责、积极参与、放眼全球等公民

---

① 瑞典高中 10~12 年级分为三个学程：人文学程、社会科学学程、自然科学学程。
② 王瑛. 德国与瑞典高中公民教育情况分析 [C]. 见：2010 年北京第三届青少年学生公民教育国际论坛论文集. 北京：北京教育科学研究院，2010. 366-372.
③ 李潇君. 美国社会科课程中的价值观教育研究 [D]. [博士学位论文]. 长春：东北师范大学马克思主义学院，2017.

意识。它在传递人文社会科学基本知识的同时，作为一种价值性的存在充分彰显着一个国家的主流意识形态，因而是北欧学校进行核心价值观教育最直接和最明确的课程。

（二）渗透性国家课程

除上述的专门性课程之外，北欧学校特别注重发挥其他各类国家课程的价值引导功能。事实上，教育本就离不开核心价值观的影响。国家课程不仅是教育和技术问题，其本质上是一个意识形态问题。国民学校的教育多是由政府进行组织和控制，"一些被看作是合法的或'官方的'知识总是在特定的机构中被传授，有它们自己的历史张力、政治经济学、等级制度和官僚的需要"①。北欧国家要求学校教育活动的各个方面都应建立在民主价值观基础之上，这也就意味着，除了知识和技能的传授之外，学校中的各门课程都应承担起一定的价值观教育责任，核心价值观的培育理应全面渗透到各科教学之中。无论语言课、自然科学课，还是体育课、音乐课，都隐含着固有的内在价值，能够在一定程度上对青少年施以情感、态度、价值观上的影响，因此"对精神和道德发展至关重要的知识和理解，以及作出负责任和合理判断的能力，应通过所有的课程及科目加以发展。"②。

由于北欧学校中的国家课程数量较多，以下选取几个较有代表性的课程，对其如何在核心价值观教育方面形成合力进行考察。

1. 语言课

语言课（包括母语课和外语课）是北欧中小学教育中的一个重要组成部分。众所周知，语言与文化之间有着密不可分之联系，人类以语言为载体创造了文化，而以价值为内核的文化又推动了人们思维能力的发展和价值观念的形成。学生们不仅将语言作为相互沟通交流的工具，更能以"语言"这个窗口探查到其背后所显现着的文化。正如著名教育学家汉斯（Hans）所说，"语言是民族经验的积累和对文化价值的表达。"③

北欧各国中小学都安排了一定时间的语言课，例如，挪威在义务教育阶段初就开设了"挪威语""英语"课，8～10年级开始又增加了"第二外语

---

① ［美］迈克尔·W. 阿普尔等. 国家与知识政治［M］. 黄忠敬等，译. 上海：华东师范大学出版社，2007：7.
② NCC. Spiritual and Moral Development: A Discussion Paper. York: NCC, 1993: 6.
③ 王承绪. 比较教育学史［M］. 北京：人民教育出版社，1999：92.

（芬兰语或萨米语）"的学习；芬兰青少年不仅要学习芬兰语，还要学习瑞典语和萨米语；丹麦学生甚至要学习德语和法语。在各国语言课程的教学大纲中都强调，学习语言的最终目标决非仅是掌握语言技术，而是一方面通过母语的学习，使学生熟悉并热爱本国本民族的历史与传统文化，强化对主流意识形态的理解，建立自己的身份认同，进而增强社会凝聚力；另一方面，通过英语这种世界性语言以及其他外语的学习，加深跨文化理解（multicultural understanding），学会尊重、包容并欣赏文化的多样性，使社会互动和文化延续、发展成为可能，并保持同国际社会的密切联系，促进世界公民之培养。

总而言之，语言能够直接显示文化的存在与价值，尤其在多元民主的北欧社会中，"缺乏语言能力、文化认同与多元文化意识，将有碍于社会问题的解决和核心价值观的传承"[①]。

2. 自然科学课

北欧的自然科学课是与社会科课程相对应的一门综合性课程，一般涵盖生物、物理、化学等学科领域。顾名思义，自然科学源于自然，产生于人类社会生活与社会实践活动。人们对科学技术的运用往往涉及一定的伦理价值问题和职业道德内容。北欧学校对青少年进行自然科学的教育不仅是熟悉相关的概念，体验科学的思维方法和探究方法，更加包括情感、态度、价值观的培养。

以瑞典为例，2011年政府实行课程改革，在出台新教育法案的同时，还制定了最新的义务教育课程标准并于当年秋季开始实施。在这份课程标准中，化学科的教学目标明确包含着以下几点：学会运用知识和工具、阐释自身看法、评价他人观点、评判不同信息资源；在涉及能源、环境、健康和社会的选择情境中，学会处理并实践同伦理和审美相关的现实问题；发展自然科学世界观，理解自然科学同文化之间的相互影响。很显然，瑞典的化学教育十分注重培养学生适应社会的民主技能和参与社会的公民意识，教会学生用知识去理解和解释世界，并在做出自身决定的过程中成为合格的公民。北欧学校的其他自然科学课程也有着相似的表述。挪威学校的生物课把人类作为有机世界的一部分，引导学生探究人类活动对环境的意义，鼓励他们以对环境负责任的态度行事，维持自然的多样性；认识可持续发展的必要性，明白自己对生态系统未来的责任；芬兰学校的物理课则以提出要积极和负责任地为

---

① DfEE. The Language Review: consultation report. London. DfEE, 2006: 22.

创造一个安全和健康的环境作出贡献。

虽然自然科学揭示的是自然界物质运动及发展的基本规律，但它无法脱离人类的生产生活而存在。北欧自然科学课内含着对自然世界的尊重、包容与负责意识，显然在一定程度上为青少年核心价值观教育提供了间接的动力与印证。

3. 音乐课

音乐作为文化遗产的一部分，深深根植于人类生命。它与个体的思想与感觉紧密结合，积极作用于人的灵性感受和审美体验，并潜在影响着人的行为方式。音乐不仅是一种跨语境的交流工具，同时也有助于加强个体的自我认识与整体健康，实现个体"社会性、情感性、认知性自我意识的觉醒、释放和加强"[①]。

北欧学校的音乐课强调音乐与人类生命的密切关系。芬兰高中阶段的音乐教育设置了两门必修课，其中"音乐和我"（music and me）通过感受个体同音乐的关系，反思音乐对人的意义和人与人之间的互动；"复调芬兰"（a polyphonic Finland）帮助学生了解芬兰音乐，并加强他们的文化认同。另外还有"开放音乐"（open up to music）、"音乐的信息与影响"（music's message and influence）、"音乐项目"（music project）等专业课程，教会学生熟悉不同音乐流派和音乐文化，参与跨文化互动，并通过规划和实施一个完整的音乐项目负责任地、持续地与团队进行积极互动。瑞典音乐课在2011年改革后更重视音乐性思考，不仅要求学生理解并尊重音乐，更鼓励学生形成独特的审美品位，能够对音乐作品中蕴含的情感发表自身看法，例如，每位6年级学生都要学会阐述对音乐作品的理解与相关经历，并说明音乐史对人的影响。在瑞典，音乐成为引发哲学思考、产生观点碰撞的重要精神载体。丹麦的音乐课则突出音乐在帮助学生和社会增进理解、包容和加强合作方面的作用。

对于北欧学校而言，音乐课在培养音乐实践能力、激发自由创作心态，从而培养青少年自由意识的同时，更是发展本民族文化认同、了解文化多样性的重要途径。青少年借由音乐教育同他人及外部世界进行精神沟通，获得情感熏陶，在无意识的价值渗透中形成高尚的情操，音乐课因而对个人发展具有长远意义。

---

① 刘盛蓝. 瑞典音乐教育［D］：［硕士学位论文］. 北京：首都师范大学教育学院，2014.

4. 体育课

体育课是一门以身体运动为主的课程，其是否与个体价值发展之间具有一定联系，曾在教育界有过激烈讨论。今日，教育学家们普遍对"体育课能够提升学生的价值素质达成了共识"[①]。

北欧的体育课在名称上略有不同，如瑞典的"体育与保健"、丹麦的"体育与运动"以及芬兰的"体育与健康教育"，但从整体来看，各国体育教育基本都建立在道德和审美价值之上，促进健康和积极的生活方式。体育课多根据季节和当地条件，以小组和团队的形式进行安排，尤其强调冰雪意志锻炼，以不断超越自我。在实施教育时适当考虑安全、宗教信仰和来自其他文化背景的学生的特殊需要。课程内容涉及基本运动技能的掌握、个人及团队训练、休闲活动等，不仅发展学生的身体和运动素质，同时也支持个体均衡的成长与发展，包括为学生创造机会表达自己并享受积极的体验；引导学生遵守良好的礼仪和共同的规则；教会学生在尊重自然的前提下进行户外活动；在激烈的对抗中帮助学生体会团结协作、相互尊重的理念，以及承担责任、公平竞争的精神。

在北欧，体育课采用一种全面的育人观，力图实现对青少年运动、思维、情感方面的综合性培养，学生能够利用课程提供的各种机会，在自然环境中讨论与运动、户外生活、健康，以及伦理有关的问题，以更为积极健康的心态去面对社会。正如瑞典"体育与保健"课教学大纲中所指出的，本课程的宗旨之一即为学生提供能使其按照自身意愿参与不同活动的条件，培养他们的集体意识与协作精神，引导他们学会理解、尊重和平等对待他人。同时，在文化多元的国际社会中，体育活动作为一种不分国界、无谓族群的共同要素，无疑为青少年之间的团结协作、自由包容提供了绝佳机会。

5. 实用课程

实用课程是北欧义务教育学校都会安排的一类极具特色的课程，如家政课、木工课、铁工课、纺织课、陶艺课等，极受学生喜爱。北欧倡导一切生活与生命中最真实的事情都为教育所关注，各国都通过立法的形式，明确教授给学生生活中所需的基本知识和技能，培养其自主学习的能力，成为会学习、爱生活、乐探索、有责任的小公民。实用课程正是这样的一类课程。几

[①] J. Mark Halstead and Moniea J. Taylor. Learning and Teaching about Values: A review of recent research. Cambridge Journal of Education, 2010, 30 (2): 169-202.

乎所有学校都有专门的实用课教室——与其说是教室，毋宁称其为设计室、车间、体验房。在木工制作车间，不仅有各类工具，还会提供若干实木操作台，学生们自由结成团队，在教师的指导和示范下，去边、打磨、切割、抛光，分别完成制作任务。在有的学校，甚至需要花费一整个学期，全班合作搭建一个完整的村庄。木工课程中还融入了物理及电学知识，以更好地与现实生活产生联结。在家政体验房，洗衣机、微波炉、锅碗瓢盆一应俱全，家政课从餐桌礼仪、健康饮食、家务分工、零用钱规划、垃圾回收等最基本的生活场景入手，学生分组听完教师讲解后即各自动手实践，煮鸡蛋、做沙拉、熨衣服，每组工作在相互协作中有条不紊地进行。学生们边做边学，在亲身经历中体验、感悟。

曾经也有家长就实用课程的开设提出质疑，认为上学的目的不是为了今后当木工或是做保姆。针对这一误解，著名作家吉佛·图利（Gever Tulley）以家政课为例，指出该门课程实质上包含着"我和我自己""我和我的家族与城市""我和未来的世界"三个层面，不仅教给孩子最基本的家务动手能力以及良好健康的生活习惯，同时渗透着家庭关系与社会分工、公民意识与职业生涯规划等内容。北欧的实用课程不是单纯地培养生活技能，而是引导学生找到学习、工作与生活的平衡，这其中必然涉及个人内心平衡、价值选择、社会责任等方面的要求。

（三）跨课程主题研究

"跨课程主题研究"是北欧学校核心价值观教育中的一大特色。"跨课程主题"的概念源于西方课程融合运动，是一项具有社会意义的社会挑战。它是指将两门或两门以上课程（或学科）整合，以围绕同一主题开展的教学。这类研究课强调不同学科间的交叉及互动，鼓励突破课程间的学科界限，因而能在一定程度上克服分科教学的局限性，达到甚至超越原课程的预期目标。通过考察瑞典、芬兰、挪威、丹麦、冰岛的课程情况，可以看出北欧各国自基础教育到大学阶段都会根据国家总体要求和本校实际情况设置不同的跨课程主题，其中绝对大部分与现实生活有着紧密联系，如瑞典的"国际与和平问题""性与安全"，芬兰的"文化认同与国际主义""作为人的成长""公民参与及创业精神"，挪威的"交通与安全""消费者教育"等，涉及社会生活中的各个领域和诸多方面，从低年级到高年级逐渐加深难度并提高要求。虽然这些主题研究在课表中并没有固定课时，但学校每年都必须设定专门的时间段用以进行跨课程主题研究，并根据实际情况适时调整主题内容。需要强调的是，北欧的跨课程主题研究充分调动一切可用资源，强调学生通过自主、合作、探究等学习模式亲身实践、体验及反思，在获得对事物整体性认知的同时，侧重方法的掌握和态度的生成，从而形成良好的意识、习惯及情感，对于青少年核心价值观教育具有重要的推动作用。

以各国都开设的环境保护及可持续发展类主题研究为例，虽然名称上并不完全相同，但大致上均横跨了历史、地理、政治、经济、文化、伦理、哲学、生物等多个课程（学科）的知识，旨在教会学生适应自然条件和全球可持续性所设定的极限，鼓励学生追求可持续的生活方式，并为环境保护和可持续发展采取有效行动，保证当代和未来几代人的美好生活，成为具有责任意识及合作能力的积极公民。在主题研究的过程中，教师特别注重引导学生形成对环境问题的全面客观认识，为确保研究角度的多维性和研究结果的科学性，甚至会由不同学科教师合作完成课程教授。例如，在瑞典的 Rosendals 学校，这门跨课程主题研究课首先由历史教师从概念层面切入，自 1972 年的联合国人类环境会议到 1978 年世界环境及发展委员会的布伦特兰报告，教师向学生们详细介绍"可持续发展"概念提出的历史背景，并对其内涵进行界定；接着哲学老师会从理论层面展示不同时期哲学家们对于可持续发展的哲学思考及理论贡献，这些思考往往涉及人与自然、人与社会、自然与社会的关系等，使学生对该主题有更为深入的认识；随后，生物老师从现实层面剖析大气污染、生物多样性减少、海洋资源开发保护、转基因技术研究发展等当前可持续发展面临的主要难题，并由此触发学生的主体性思考；最后，社会学教师引导学生们分成小组，基于现实状况查找资料、进行调研考察和小组讨论，提出具有建设性的建议与措施并在课堂上进行成果展示交流，这也是跨课程主题研究的重点阶段。同时，教师也会创设情境、开展实践，鼓励学生在日常生活中积极践行可持续发展理念，形成一种可持续发展的生活方式。通过这门跨课程主题研究课，学生们不仅实现了知识的扩充——熟悉影响可持续发展的关键因素，学会测量、评估、分析所处的自然环境和文化、社会环境及其变化，也达到了能力的提升——理解健康环境对经济发展和人民福祉的影响、探索不以能源和原材料消费增加为前提的经济增长模式，更推动了情感、态度与价值观的塑造——作为积极的消费者与公民，树立起善待环境的平等意识、为可持续发展而努力的责任意识，以及在地方、国家和国际层面上共同实现美好未来的团结合作意识。

北欧学校的其他跨课程主题同样内在包含着对青少年价值观的引导与培育。"公民参与及创业精神"帮助学生从社会运作的视角理解不同团体、部门与组织的重要性及需求，以进取主动的态度积极参与学校和当地事务，并对自身行为及其影响进行正确估量，在培养公民意识及创业技能的同时，也强化了对责任、包容、团结价值理念的理解；"文化认同"引导学生认识并崇尚各自的文化遗产、文化精神与文化物质，这其中本就蕴含着对社会核心价值观的认同；"国际与和平问题"给予学生认识其他文化与理念的机会，获得在国际合作中发挥作用的能力，同时教会学生在多元文化的世界图景中相互信任、尊重与合作；"科技与个人"要求学生了解与科技相关的伦理、道德、平等方面的问题，负责任地运用现代科技；"性与安全"帮助学生分析性行为决策可能给自身、家庭乃至社会带来的潜在影响——无论人际交往抑或健康状况，进而能够对自己性行为决策影响下的他人表现同理心，就性行为做出负责任的决策。所有的主题都不仅仅是现象的介绍或知识的讲授，而是通过探究现象背后的深刻动因，帮助学生将各门学科的知识融会贯通，并做到学以致用，进而构建起更为丰富和成熟的价值体系。

二、隐性课程渗透

除了公开讲授的显性课程外，北欧学校普遍习惯于通过隐性课程的实施来达到核心价值观教育的目的。所谓隐性课程（implicit curriculum）又称隐蔽课程（hidden curriculum）、潜在课程（latent curriculum），是一种与"显性课程"相对应的，以间接、内隐的方式呈现的课程。早在20世纪初，美国著名学者杜威就提出"附带学习"（collateral leaning）的理念，用以指称在具体知识学习过程中所产生的情感、态度与价值观，并认为这种学习可能比正式学习更为有效；随后其学生克伯屈在此基础上将学习分为三个部分：主学习、副学习和附学习，其中附学习即情感、态度的学习。这一理论显然已经涉及隐性课程之问题。1968年学者杰克逊（P. W. Jackson）在其著作《班级生活》（*life in classroom*）中首次提出"隐性课程"的概念，将其视作学生在学习环境（包括物质、社会和文化体系）中所学到的非预期的或非计划的知识、价值观念、规范和态度等。隐蔽课程具有非正式性、无意识性和多样性的特征。在某种意义上，其潜移默化的育人作用正是学生获得态度、情感、价值观等方面影响和塑造的重要途径。在学校教育中，隐性课程主要包括三个层面的表现：物质文化层面（如校舍面貌、校园文化氛围、校园环境等）、制度风气层面（如学校风气、校纪校规、班级学风等）和心理协调层面（如师生关系、生生关系、师师关系等）。此外，校园内的各类活动以及校园外的服务实践同样也属于隐性课程范畴。也就是说，这里的隐性课程是一种扩大化的无意识的学习经验。正如学者约翰·列尔孙（John Loeser）所说，"干净、安全的学校环境深深地影响着学生，各种方法的运用关键在于老师。"[①]以下将针对北欧学校较有特色的"隐蔽课程"进行分析。

（一）平等对话的师生关系

作为教育中的动力系统，良好的师生关系是保证教育实效的重要影响因素之一。没有相互尊重、彼此信任的师生互动，民主、平等、关心、互助等价值理念的培育就难以落到实处。瑞典、芬兰等北欧学校非常注重良好师生关系对青少年价值观的影响，教师与学生之间的平等与尊重体现在诸多细节中。北欧学校强调对学生的尊重与关爱，不仅不允许体罚、虐待或斥责学生（学习用具及牛奶制品上会印上控告电话），而且要给予学生全面而均等的指导，以及自主参与教学的机会。北欧学生也尊敬教师，但学校里并没有太多硬性的客套规矩，不论年龄、职务，师生之间都以姓名直接称呼对方，校长也能喊出大部分学生姓名。学生可以直接使用"你"而非"您"与教师交流，师生相处友好而融洽，学生甚至会邀请老师参加自己的日常活动，仿如朋友一般。不少学校并不单独设立教师办公室，只在教室中增添一张属于老师的课桌，师生之间没有所谓的距离感，完全是一种平等的关系。

当然，这种平等不只体现在形式上，北欧学校还有着"对话"的传统，即：鼓励个体之间，尤其是师生之间就学习、生活中的各种问题展开对话。这也是一种民主教育的重要方法。对话的场所除了课堂之外，可以发生在操场、体育馆、食堂、走廊等各种非正式场合。这种对话并非我们平常意义上的随意交谈，它具有四个特点：第一，对话是"双向"的，其过程显然包含着"倾听并了解他人观点"的要求，因此不是一方的"独白"，而是双向的"互动"；第二，对话是真诚的，教师与学生在尊重各自经历的基础上，共同决定对话的形式与内容，并通过具体行动或实践进行验证；第三，对话是平

---

① John Loeser. Values, Character and Moral Education. Research Starters Education, 2008 (1): 1-5.

等的，任何一方都不能使用粗暴蛮横的手段制止对方的反对意见，双方应有均等的机会发表观点；第四，对话是反思的，各方在申述自身看法的同时，也应审慎地思考他人观点，反驳应有合适而正当之理由，而非情绪化的纠缠乃至攻击。对话的最终目的不是必须达成所谓的共识，而是要学会相互理解、互相包容，并对讨论的事物有更为深入的理解。

北欧学校这种平等对话的方式不仅能够让许多道德、价值观上的困惑得以澄清，在某种程度上完成显性课程中无法完成的价值观教育任务；同时发展了青少年的民主技能，养成尊重他人、信任他人、与人为善、坦诚包容的重要品质，为今后融入社会、成为合格公民奠定基础；更能够让学生在实际生活中亲身感受到人与人之间的平等与尊重——即便是看似居教育主导地位的教师也不能以居高临下的方式强迫学生接受自己观点，从而对北欧社会的民主价值观产生心理上的认同。在校园这个对青少年身心发展具有重大影响的场所，平等对话的师生关系显得尤为重要。它不仅是学校进行核心价值观教育的基本方式，同时也被看作核心价值观的重要支撑。甚至有学者声称，正是因为所有人都能够自由保留观点并充分表达见解，北欧的民主才得以真正实现。

（二）丰富多样的课外活动

作为显性课程教育的有益补充，课外活动始终是北欧学校进行核心价值观教育的基本途径。这里的课外活动主要包括校园活动和社会活动两大类。北欧学校在正规课堂之外，有意识、有目的地组织及策划各类课外活动，并注重将国家倡导的主流意识形态内容渗于其中。青少年学生在参与活动的过程中，其人生态度、价值观念、责任意识和参与能力得到塑造和提升。

1. 校园活动

北欧学校提倡学生课后主动探索新知识。在瑞典、芬兰等国家，低年级学生大多只在上午有课，作业一般在课堂完成，下午即可自由开展课外活动。中高年级学生的课表上也必须安排自由活动时间，时间多少由各个学校自行决定。学生们校园活动的内容可谓丰富多彩，主要有以下几类：①学习小组或协会活动：学生们自愿结合，形成学习圈，共同探讨学业问题或共同学习某一门技能，培养互爱互助之精神，同时也"通过模拟、强化的社会性学习和讨论、商谈的结构性发展方式有意识地塑造学生的价值观念"①；②团队竞赛活动：学校组织学生开展文体比赛，培养学生集体观念以及诚实、正直、奋进等方面的品质；③社团及俱乐部活动：多为高年级学生所设，涉及学术、政治、宗教、文化、艺术、科技等诸多方面内容，且"通常要与附近的文化团体、俱乐部、音乐学校等合作"②，学生可从中培养良好的人际关系，形成自信乐观的人生态度；④公益慈善活动：在校园内组织动物保护、校园清洁、捐款募集等活动，引导学生对"利他""友爱""同情"等价值理念的深入认识；⑤仪式性活动：校庆、国庆等节日庆典、入学/毕业典礼、音乐会、演讲会等，培养学生热爱国家、关心集体的精神；⑥其他集体性活动：如鼓励学生自己筹备户外野营、集体旅行等，培养学生社交及生存能力。所有学生都必须尽可能地参与这些课外活动，并在其中展现自己的作用与价值。

瑞典的阿尔斯布拉（Alesterbro）学校就曾组织九年级学生建造校园循环水坝，从设计图纸、打好坝基，再到浇铸台阶，全部由学生在指导下独自完成，不仅通过绿色校园的创建培养学生热爱集体、保护自然的意识，也发展了学生积极参与、相互合作的理念。芬兰学生从一年级开始就要参与校内的各类杂务，大家在学校清洁工、厨师、门卫等服务人员的指导下，分组轮流养护植物、整理图书、收集废纸、打扫校园。挪威的学校也曾举办过"援助非洲活动周"的活动，学生们在课余时间需要自行寻找可以完成的"工作"，如帮助邻居清理花园、照顾婴儿等，并获得相应酬金，用以为该活动募集资金。这些校园活动不仅是课堂教学的有效补充，也在某种程度上凸显着学校乃至全社会所追求的目标与价值。

2. 社会实践

核心价值观教育的有效开展需要抱持开放的姿态，因而绝不能局限于校园，而应在校园文化与社会环境的良性互动中，为青少年个体的价值发展留下足够空间，使其在内外多种因素的作用下，自主构建起正确的价值观念和生活方式。

北欧学校强调青少年学生价值观的实践养成，致力于通过社会实践活动建立起学校与社会之间的桥梁，为学生成长为合格的社会公民创设各种平台

---

① B. J. Bredemeir, M. R. Weiss, D. L. Shields and R. M. Shewchuk. Promoting moral growth in a summer sport camp: the implementation of theoretically grounded instructional strategies. Journal of Moral Education, 1986, 15 (3): 212 – 220.

② 顾耀铭，王和平. 当代瑞典教育概览 [M]. 郑州：河南教育出版社，1994：39.

与条件。根据经济合作与发展组织（OECD）开展的"国际学生评价项目"（PISA）的数据分析，在芬兰、冰岛、挪威、丹麦和瑞典等北欧国家，学校课堂教育行为对于学生成绩差异的解释率只有10%甚至更低，远低于所有参加PISA测验国家36%的平均水平。校园，尤其是课堂绝非北欧学校开展教育的唯一渠道。在北欧学校，社会实践大致上有以下三种形式：

第一种是政治参与活动，主要面向高年级学生及大学生，涉及民主选举、保护环境、维护和平、反对种族歧视等诸多方面。瑞典学校就经常有意识地组织学生参观国家和地方议会、旁听市镇议会的公开辩论、组织收听收看大选的广播或直播、模拟国家选举或模仿镇议会，帮助青少年了解国家的权力运行机制、国家和公民的相互关系、选举的整套流程，让每一位学生深刻理解自身权利与义务，强化参与政治的积极性和自觉性。因此北欧青少年参政议政的意识非常强，常会在校园内外看见一些青年团体发放传单，介绍自己认同的党派或帮其寻找支持。芬兰大学邀请天主教、基督新教和东正教的主教，与神学院学生共同就宗教合一和政教关系展开讨论，学生们各抒己见的同时，也真切体会到公民个体对于国家及社会命运的责任。此外，不少大学生自发组织各种节日游行，建立起"反歧视中心"，不仅在青少年学生群体中开展关于种族、性别歧视等焦点问题的交流讨论，同时也针对学生的相关投诉，尽力提供实际帮助。

第二种是劳动教育活动，这也是北欧学校社会实践中最为常见的一种形式，学生们通过社会劳动塑造自身性格，学会处理实际问题。以瑞典为例，义务教育阶段的所有学生都必须接受工作生活定向教育，并参加6～10周的工作生活定向实践。低年级学生以小组形式参观工矿企业，熟悉学校及其周围的工作环境；高年级学生则需要在某岗位实际工作几周时间，接触当地及整个国家的工作生活，熟悉不同的就业部门，以及工会组织、劳动立法等知识。为防止由于性别差异带来的职业偏见，学校还会特意组织男生学习并了解看护职业，安排女生参与金工劳动和木工实践。高中阶段，老师支持学生在暑假走出校园，通过"夏天工"来了解自己、了解社会。瑞典大学同样鼓励学生参与社会实践，很多学生会选择"停学留籍"，利用这段时间进行打工。这种劳动教育活动不仅为学生将来的职业生涯积淀了宝贵的经验，同时也将政府提倡的价值观念借由学用结合的过程融入学生的自我行动之中，让青少年学生在真实的社会环境中不断修正错误的观念、强化正确的理念，促进个人与社会的融合。

第三种是社会服务活动。学生走向社会，开展形式多样的社区服务和志愿者活动，以培养为社会尽责的主人翁意识。北欧学校一方面强调在服务中形成社会倡导的价值观念；另一方面又十分重视个体价值观在解决现实问题上所起的作用，因而通过学校与社区的合作，将社会服务与价值观教育紧密联系。学生参与到有组织的服务行动中获得知识技能、满足社会需求，并形成责任意识。其他义务类的志愿者活动也颇受北欧学生推崇。芬兰大学突出合作与参与的导向，鼓励学生加入各种社会事务及公共福利活动中去，赫尔辛基市的国际文化中心国际交流及展览活动的成功举办，即得益于大学生们的积极参与；赫大生物系的师生们还通过对国家植物园的维护，参与了社会公共资源的管理。丹麦学校积极引导学生开展有关移民问题的相关讨论，并支持学生为移民子弟补课、救济无家可归者、帮助残疾智障儿童等。社会服务活动让学生养成热情、互助、爱人的习惯，也为核心价值观的内化起到了中介作用。

（三）民主关爱的校园氛围

校园氛围的营造在北欧学校中颇受重视，它是隐性课程的重要组成部分，也是学校核心价值观教育的重要途径之一。著名行为学家罗杰巴克指出，环境对于激发和形成人的行为方式具有重大影响。校园氛围作为校园环境的一部分，涉及校园风气、群体心理、师生员工价值观念等方面，是一种弥漫于整体学校的气氛，也是一个内容极为宽泛的概念。它不仅集中体现着学校的历史传统和人文蕴涵，更决定着学校教育活动的实施和效果。从某种意义上来说，校园氛围彰显着校内成员共同的情感态度和行为模式，作为"一种更为深层、基础的东西，它跨越了一切表面现象，抓住了学校价值观的实质"①。比起抽象的说教，尊重个体发展、充满人性关怀的校园氛围可以在更大程度上陶冶学生情操，净化学生心灵，让个体产生舒畅愉悦之感，从而激发起情感上的共鸣，在不知不觉中实现价值观的传输与认同。

北欧各国学校的教育活动均建立在民主价值观的基础上，整个学校体现出极为浓厚的民主氛围。正如瑞典国家教育署曾经发布的一份调研报告中所指："通过利用校内这个整体环境中大量的发展机会，教师就能在民主教育

---

① J. Mark Halstead and Monica J. Taylor（eds）. Values in Education and Education in Values. London：Falmer Press，1996：39.

中充分发挥内在潜能。"① 校园中无论是教师还是管理人员，都具备基本的民主价值观念，并在此基础上开展教学和管理工作，为学生做好表率。学校创设恰当的条件，保障并鼓励学校内部各类成员就师生关系、学校运作等方面展开民主的交流与沟通，通过不断的讨论反思与认真权衡，形成在校园内广泛认同的价值体系，进而对教育教学活动产生积极影响。北欧学校充分尊重每一个人的正当权益，让不同类型的学生都可以找到自由发展的土壤。各项政策的出台都会在学生、教师等多个层面进行充分论证，大家在民主协商的过程中相互理解，达成共识。

当然，北欧学校强调民主宽松的氛围，决非等同于对教育活动的放任不管。相反，学校在教育教学实施的各个环节——课程体系安排、教学组织管理、学业考核评定等，都制定了相应的制度规范，在强调对指导性意见严格遵守的同时，也明确了违反规定后的惩戒性措施，为营造民主校园奠定了制度基础。另外，执行制度的过程本身也是向青少年渗透民主公民意识、助推其正确价值理念形成的过程。学生在半社会化的学校场所中，必须在自觉遵守各项规章的前提下实施民主权利，学会与他者和谐相处，懂得为自己行为负责。无论课堂内外，青少年学生必然受到民主氛围之影响，进而通过自觉行为承担起落实民主价值观的责任。

与其他国家相比，北欧的学校氛围还具有更为强烈的"平等、公正、关爱、反对种族主义及恃强凌弱"等精神文化特质，这显然是与课堂教学所传播的核心价值观保持着高度的一致。北欧学校强调对学生的关爱，且这种关爱是一种实质上平等的关爱，即：让每一个不同形态的个体获得绽放生命力量的可能——无论是适龄的普通学生，还是那些有特殊需求，以及处于危机边缘的学生。北欧学校"禁止歧视和贬低学生，无论性别或宗教信仰如何、是否身患残疾，所有学校都必须平等对待学生"②。国家甚至颁布相关法律，要求学校制定出专门计划，以确保学生，尤其是弱势学生群体能在实质上获得一视同仁的对待。在瑞典义务教育学校，有相当比例（有些学校甚至达到50%）的学生出生在移民家庭，虽肤色、种族和宗教信仰不同，但他们并不会感受到与当地学生的区别，学校会对他们进行不定期的心理辅导，甚至会通过长达一年的瑞典语预科课程，帮助这些学生克服语言困难，尽

---

① A thematic presentation of basic values – democracy in Sweden education [EB/OL]. http://www.skoleverket.se.2001：32.
② 何志英. 瑞典的学校教育和儿童权利保护 [J]. 语文学刊，2012（8）：74-75，77.

快融入主流社会，建立情感和心理上的认同感归宿感。除此之外，瑞典学校还以极大的包容和平等的态度接纳、关爱以残障者为主的弱势群体，所有教育活动都必须树立"残障者视角"，不仅制定"个别化教育计划"并在普通学校强制执行；要求所有学生必须在一起接受教育；同时在普通班级内组建工作小组，由负责学生福利的职工、心理学工作者以及护士等组成，在必要时以灵活的形式为有特殊需要的学生提供额外支持，体现出"融合"之理念。在芬兰也有相似的做法，让每一个学生快乐成长是芬兰"全纳教育"（inclusive education）的重要理念。很多学校除了有普通的专职教师按常规开展教育活动外，还特别配备了特殊教育者，以实施国家倡导的"三层支持系统"：为有短暂或轻微学习困难的学生提供的"基本支持"，为有持续学习困难和特殊教育需求的学生提供的"加强支持"，以及为有严重学习困难和特殊教育需求的学生提供的"特殊支持"。根据不同学生群体的各自需求，教育者会采取作业指导、小组教学、单独辅导等不同的"支持"方式。充满人文关怀的"弱势"辅导制度让每一个学生从小便能感受到来自学校的关爱与尊重。

这种民主关爱的氛围同时也内隐在北欧学校的自然环境与活动设施之中。宽敞的活动场所、安全的教学设施、温馨的校园环境、合理的校园布局，无不利于正确价值观的传递。校园内大多自然环境优美，古典建筑与现代设施相伴，没有繁复的装饰，极致的简约中又强调人性化的功能，给学生以美的享受和便利的使用体验。一些学校在教室之间采用了玻璃幕墙，方便学生们进行分组式的合作学习，在集体研讨教室还安装了玻璃门，并向隔壁的学习小组敞开，随时鼓励学生参与其中。不少学校的室内设施选用健康材料、设计生态循环系统，避免给环境带来过度负担。这种隐含着的对大自然的敬畏与关爱，激发起学生对环境与发展问题的思考，并将可持续发展的理念和对社会负责的意识传递给个体，最终外化为正确的价值行为。此外，北欧学校设施完备，教学楼、图书馆内随处配置各种文印设备，虽无须特意登记更无专人管理，但学生们都自觉遵守先后次序，并尽量双面打印以节约资源，非有特殊情况不会随意取用机内纸张，因为每个人都能意识到资源利用的不合理给他人权益带来不良影响的可能；校内各处摆放桌椅，方便师生交流沟通；食堂提供均价饭菜，但只允许本人凭学生证购买一份套餐，以限制为外校人员提供额外方便，从而保障每个学生的均等福利。这些校园设施及其相应规定自然而然地将民主、公正、利他的价值观渗透在校园生活中，形成一种良好的校园氛围,在一定程度上促进了青少年良好道德自觉的形成。

(四) 学生参与的管理模式

同其他西方学校一样,北欧学校的管理在一定程度上受到洛克"有限政府论"的影响,人们普遍认为政府应服务于受其管理之公众,否则便会面临被解散的风险。这一思想不仅渗透在治国理念中,同样也影响并规范着学校的管理模式。在北欧国家,学生参与学校管理早已成为一种传统,甚至固化为一种制度。正如著名哲学家沃尔夫(Wolff)所指:"所有政府的合法权利都来自被统治者的同意,那么所有与学生有重要关系的决策都应该征求学生的意见。"[①] 学生和学校之间不限于寻求知识与提供知识的关系,特别是在高中及大学阶段,青少年学生不仅是教育的主要服务对象,更是教育服务的使用者、参与者甚至是共同生产者。从实践上来说,学校鼓励青少年学生参与学校管理,既保证了教育教学实效的提升,也在协同合作的过程中将学校提倡的价值理念传递给学生,同时经由学生的亲身实践转化为稳定的价值自觉与价值追求。

学生组织是北欧学生参与学校管理及决策制定的一种常见形式。早在第二次世界大战期间,北欧许多青年学生自治会便组织和鼓励参加各种抵抗活动,在此过程中产生了不少政治精英及社会活动家。今天的北欧学校,从班级性组织到全校性组织再到全国性组织,学生在学校管理中的作用越加广泛,影响越加深刻。每个班级有班级委员会,每个学校有学校委员会,学生代表或负责班级的教室布置、活动组织以及教学活动的开展工作;或定期同学校相关人员一起召开会议,就整个学校的各项教育教学事宜进行商讨,包括改进教学设施、促进师生平等、美化校园环境等诸多方面。校方会审慎对待这些提议并予以及时解决,同时也会设立专门的学生顾问或学生导师,帮助低年级学生制定学习计划、解决各种难题,或进行心理问题咨询。在瑞典、丹麦等北欧国家,法律甚至规定地方、地区乃至国家中的主要理事会或委员会也都应有学生代表,代表所有学生参与地区以及国家事务。"学校中表现积极的学生联合会还会获得来自政府、地方当局和学校的资金帮助"[②],从而有

---

① [美] 约翰·S. 布鲁贝克. 高等教育哲学 [M]. 王承绪等,译. 杭州:浙江教育出版社,2002:42.
② 奥雅·奥斯勒,侯·斯塔克. 公民教育的进展研究:发达国家的探索 [J]. 中国德育,2007,2(4):27-40.

更多机会得到培训指导，提升参与能力。当教育变革发生时，学生组织可以随时同政府协商，也可以为教育改革进行游说。学生组织的积极作用同北欧允许发声的文化紧密相连。北欧师生之间相互尊敬，其关系是温和而非对抗性的。正是这种民主自由的理念赋予青少年学生表达的勇气与技能，并在参与管理的过程中强化团结合作的意识。

自主选课选学是北欧学生参与学校管理的一种间接形式。选课制最早于18世纪下半叶在美国的威廉玛丽学院的几大类学科中实施，但直至20世纪初，方在美国高校得到普遍实施，并逐渐影响到包括北欧在内的整个西方国家。北欧学生自义务教育阶段便具有一定的选课权。学校会在开学时发给学生每人一本课程设置手册，里面详细展示了本学年开设的各项课程、对每门课程及任课教师的具体介绍。除必修课外，学生们可以根据个人意愿选定学习课程、制定学习计划，甚至选择上课时间和教师，因此常常会发现同一年级的学生有着不同的上下学时间。进入高中后，学生们可以继续决定所要学习的学科方向。以芬兰为例，学生在高中阶段即可自主选择普通高中或职业高中，并可随时转学。普通高中学生毕业至少需要修满包括必修模块和自选模块在内的75个教学模块（大部分学生会达到80~85个模块），可不受3年完成学业的时间限制，根据个体情况，2年或4年完成学业。自主选学选课作为参与学校管理的一种间接形式，在一定程度上彰显着自由、尊重与信任的价值理念。对于北欧教育者而言，赋予自由就是责任的开始。青少年今天获得他人尊重，明天就会懂得尊重他人；从小学会承担责任，未来就能背负更大责任。因而各学校通过最基础的自主选课选学，鼓励学生间接参与到学校管理中，学会行使自身权利，培养民主公民意识。

参与教育质量评估（主要是高等教育质量评估）是北欧学生融入学校管理的一种特色形式，北欧各国的高等教育法一般都规定了学生的这一权利。作为一个复杂的系统工程，北欧各国高等教育质量评估的每一个环节都有学生参与，最大限度地发挥学生的主体性。制定评估计划阶段，评估机构对各理事会与委员会的学生代表进行意见征询，学生可借由国家学生组织或评估机构的正式/非正式会议，提出建议进而影响评估计划；设立外部评估小组阶段，根据综合能力选择适合的学生作为小组成员；院校自我评估阶段，学生可通过代表或加入评估小组直接参与评估，也可独立撰写评估报告作为高校自我评估报告附录，还可参加研讨，发表对院校自我评估结果的看法；实地考察阶段给一般学生团体、组织以及普通学生都提供了参与机会，评估机构对来自不同学院、不同学生团体及不同年级的学生进行单独访谈（教工不可在场），得到关于学校的真实反映；最后的评估报告发布阶段，国家评估机构常采取举行发布研讨会的形式，邀请包括学生在内的利益相关者对报告进行评议，并采纳合理建议。报告发布完的后续活动也注意学生的有效参与。通过参与高等教育质量评估，学生们深刻体会到自己在教育活动中的平等地位，在增强责任意识的同时，也发展起民主技能。

第四章 北欧学校场域外的青少年核心价值观教育

个体价值观的养成决非在独立的空间内得以完成。纵观各国青少年核心价值观教育的途径，除了最为直接的学校教育外，还须以政府为引导，以家庭教育为基础，以社会教育为延伸。北欧国家显然也在不同程度上采取了前述途径。当然，北欧国家在青少年核心价值观教育中也呈现出独具特色的部分，通过各种途径的全方位联动，将社会民主主义核心价值观教育有效渗透到青少年生活的方方面面。

第一节 北欧政府对青少年核心价值观的引导

自现代民主国家形成后，宗教的地位及力量逐渐被国家取代，政府、政党日益成为社会核心价值观建设的重要推动力。虽然相较于对意识形态内容的强调，北欧社会民主主义更关注如何建立一种超越阶级立场的团结社会和共识政治，但这决不代表北欧政府、政党放弃使用意识形态策略去影响人民和社会的价值观。在现代国家，政府为维护其执政利益，达到社会稳定、国家团结的目的，总是习惯以其自身信仰理念引导整个社会群体形成某种特定价值，北欧国家也不例外。历届政府及历任领袖都十分强调核心价值观建设的重要性，"没有思想就没有方向"是其极为珍视的重要传统。在政府的积极引领下，北欧社会民主主义核心价值观在广大青少年群体中实现了较大程度的认同。

一、善用多种渠道，实现价值传播

要实现广大人民，尤其是青少年对核心价值观的认同，必须讲究一定的策略。北欧政府不以行政化的手段强制推行主流意识形态,而是经由态度鲜明的官方言论、严谨完善的施政纲领、价值明确的教育政策、正反结合的典型事件等多种方式宣传并推广其所倡导的价值理念,以实现社会民主主义核心价值观大众化的目的。

(一) 官方言论推动

以国家元首或执政党领袖为代表的"政治精英往往是国家意识形态、社会核心价值观的发起者、倡导者、宣传者和引导者"①。他们在重要场合中的讲话、就职典礼时的演说、新年宴会上的致辞,无不是向大众传递社会核心价值观的重要时机。虽然历届政府所面对的经济形势、国内外关系及政策重点不尽相同,但这些官方言论中往往蕴含着政治鼓动及价值灌输。丹麦女王玛格丽特二世在每年的12月31日下午6点都会以新年致辞拉开新年庆祝的帷幕,其新年演讲的内容从不重样,但不变的是总会涉及道德、文化及社会团结等话题;正如前首相施密特所言,"通过一砖又一瓦精心的建设,我们实现了人人都享有高度平等和自由的今日丹麦,这是这个国家的核心基石。"② 芬兰前总理尤哈·西皮莱 (Juha Petri Sipila) 在就职仪式上表示,芬兰将不断减少社会不平等的风险,向着更为积极的方向前进。瑞典前首相赖因费尔特多次在国际重要场合明确指出,瑞典政府始终并将坚持为建立更加自由、更加安全和可持续发展水平更高的社会乃至全世界而努力,并希望通过团结合作达成这一目标。挪威驻华大使赫图安 (Tor Chr. Hildan) 也曾在接受采访时宣称,挪威政府长期以来一直致力于缩小贫富差距,以真正实现平等主义的理想。这些在官方场合发出的政治主张无不渗透着北欧"民主、自由、平等、团结"的价值理念,并借由具备良好社会形象和较高社会声望的政治精英们得以传播,因而更具权威性和说服力,在一定程度上更容易为包括青少年在内的广大民众所接受。

(二) 施政纲领蕴含

在现代国家,政府为赢得民众支持或稳固执政地位,常借由自身优势及影响力制定并宣传相应的政策纲领,在规定各项民主权利及方针政策的同时,

---

① 潘玉腾. 欧美国家推进核心价值观大众化的经验及启示 [J]. 思想理论教育,2011 (2上): 46 – 53.

② 沈伟鹏. 丹麦的核心价值观 [N]. 学习时报,2015 – 12 – 03 (2).

向社会成员传递、推广符合统治阶级意志和政党利益的价值观念。恰如恩格斯所言,"一个新的纲领毕竟总是一面公开树立起来的旗帜,而外界就根据它来判断这个党。"①

对于北欧国家而言,"民主、自由、平等、团结"作为抽象的价值,是努力的终极方向,唯有将其同现实国情相结合,寓于具体的政策纲领之中,方能在解决实际问题、保证社会稳定的过程中实现价值目标的达成和价值理念的传播。芬兰前总理亚历山大(Alexander Stubb)2014年上任伊始便发布了新政府的施政纲领,强调执政期间的重点就是要进一步推动经济持续增长,扩大就业覆盖面,减少贫困人口,处理好社会不公,全面提升竞争力,进而打造一个透明、开放、公平和自信的芬兰。新一届挪威政府组阁时也明确提出,要建立一个自由平等、和平绿色的公正社会,人民生活富足并能充分掌握自身命运。丹麦则十分重视立国精神,国家施政目标在于建立一个公平社会,激励国民积极向上,使社会更为健全,不断发展建立起统一且高度文明的国家。施政纲领不仅是向大众宣传自己政治主张及立场的平台,更是对社会民主主义核心价值观的彰显。虽然北欧各个国家、各届政府在纲领的具体表达及侧重点上有所不同,如瑞典政府在20世纪40年代强调国家建设,70年代强调经济民主,90年代则强调全球化的新形势,但总体上必然契合国家主流意识形态的基本要求。在瑞典起宪法作用的《政府组织法》《出版自由法》等法律均强调政府公权力之运用应尊重大众的平等价值和个体的自由尊严,促进社会福利,保障社会安全。

青少年作为社会一员,其现实生活无时无刻不受到国家施政纲领的影响,也正是在这样的影响下,社会核心价值观借由政策之实施逐渐融入其精神血脉之中。

(三) 教育政策强化

基于国家施政纲领,北欧各国政府在各类教育文件中都对价值观问题进行了有针对性的强调,为核心价值观教育提供了政策支持。

瑞典1985年颁布的《教育法案》(the Education Act,经历数十次修订)以及1998年再公布的《基本教育法案》(Basic Education Act,后经修订)即明确了所有教育活动都必须遵循"基本民主价值观"(fundamental democratic

---

① 马克思恩格斯选集[M]:第3卷. 北京:人民出版社,2012:350.

values)。以此为基础，瑞典制定了教育领域的三份课程指南（curriculum）：Lpo94（针对义务教育、学前教育和课余中心）、Lpf94（针对高中、成人教育等非义务教育学校）和 Lpfö98（针对学前幼儿教育）。三份文件开篇均为"民主价值观构成国家教育体系的基础"，在以下也都有如下表述："学校工作应该积极推动人之生命神圣不可侵犯、个人自由与不受侵害、所有人具有平等价值、性别间平等以及团结弱者等价值观。"① 虽《指南》后又经过修订，但这一精髓并未改变。芬兰的教育突出与理想社会目标相一致的核心内容和价值，其《教育法》强调培养具有强烈责任意识的理想公民，为促进芬兰社会的平等、自由和繁荣，以及全体人类的进步与发展做出贡献。丹麦也在其《国民学校法案》中规定了三项教育目标，其中就包括"鼓励学生……承担共同责任，了解自由与民主社会中的责任与权利。学校之教学及每日活动，应建立在知性自由、平等及民主之基础上"②。

（四）重大事件引导

所谓重大事件乃是指对国家及社会具有重要影响或一定历史意义，能够引起全社会普遍关注的事件。作为社会意志的反映与社会记忆的缩影，重大事件往往会对个体心理形成强烈刺激，从而引起情感、态度之变化；同时也会经由对其他社会事件的辐射性影响，作用于社会整体的思想观念。因此，以社会重大事件为契机进行核心价值观的引导与培育，常能起到事半功倍之效果。

北欧政府非常善于利用社会上出现的重大性事件作为对青少年及广大民众进行核心价值观教育的良机。第二次世界大战时期，北欧国家出现了不少民族英雄，例如，修建曼纳海姆防线，在苏芬战争中以少胜多，收复卡雷利亚地区的芬兰曼纳海姆元帅；凭借自己的智慧勇敢炸沉了德国运兵船"蒙特丽莎号"及其姐妹船"多瑙河号"，并摧毁纳粹化工厂、飞机制造厂等与战事密切相关的工厂和建筑的挪威小伙麦克等。北欧政府和青年组织将这些抵抗侵略的英勇事迹作为正面教材，运用纸媒、电影电视、广播电台、课本等多种形式在全国范围内进行大力宣扬。挪威国王甚至还接见了麦克，授予其

---

① 庞超. 20 世纪 80 年代以来瑞典基础教育改革的价值取向研究［D］：博士学位论文. 重庆：西南大学，2012.

② 丹麦教育部网站，http：//www.eurydice.org/eurybase/application/framest.asp？country = DK&language = EN. pp. 15 – 16.

"挪威英雄"之称号。而曼纳海姆在2005年仍被《赫尔辛基新闻》评为芬兰最伟大的人。北欧政府通过正面人物及其事迹的熏陶,教育年轻人珍惜今天幸福美好的生活;同时,英雄事迹作为历史文化中的重要组成部分,也帮助青少年提升爱国热情,树立崇高的价值信仰,形成最普遍、最具意义的文化认同。

反面事件同样也是北欧政府用以进行核心价值观教育的重要契机。2011年7月,一向富庶安宁的挪威发生了令人震惊的暴力袭击事件。32岁的布雷维克在奥斯陆市中心的政府大楼前引爆了威力巨大的汽车炸弹,随后又在奥斯陆以西40公里的于特岛对参加工党青年团夏令营的人群开枪射击,造成77人死亡,300余人受伤。在北欧各国沉痛悼念死难者的同时,人们也急迫关注着挪威乃至整个北欧会否因血案改变其多元、包容的固有社会理念。时任挪威首相的斯托尔滕贝格呼吁公众努力保持团结、宽容,并坚定地表示,"于特岛的枪声,不应是多元文化的死刑,而是在提醒我们,社会的开放和兼容,永远离不开异质文化的滋润。挪威今后将变得更加包容和开放。"① 当然,北欧各国政府也在此次事件中吸取了教训,加强了枪支的具体管理措施,加大了向广大民众,尤其是青少年传递健康向上人生观、价值观的力度,以保障全体人民得以正确享受富裕的生活。时至今日,北欧自由、开放、平等、包容的公民社会本质并未改变,人们拥有包括表达不同观点在内的广泛自由,但也更加懂得在自由与安全之间找到一种新的平衡点。北欧政府在重大反面事件的警示中找到合适的突破口,实现了对核心价值观的培育及维护。

二、关切民众权益,获得价值认同

核心价值观教育的本质在于认同以及内化,这一过程绝不可能仅仅通过口头倡导和书面文件得以完成。马克思就指出:"'思想'一旦离开'利益',就一定会使自己出丑。"② 广大民众切身利益的合理满足对于核心价值观的传播及教育具有极为关键的推动作用,特别是社会经济的快速发展,医疗、就业、教育等重大问题的有效解决,无不为赢得人民的价值认同提供了坚实的物质基础。北欧国家在利用传统教化手段的同时,将"民主、自由、平等、

---

① 薛洪涛. 恐怖袭击打破宁静的挪威 [EB/OL]. http://news.163.com/11/0803/00/7AGAILNU00014AED.html,2011-08-03.
② 马克思恩格斯文集 [M]:第1卷. 北京:人民出版社,2009:286.

团结"的核心价值观融入北欧模式的建设与发展中,同政府的执政实践有机结合,在对公民利益的关切中获取最大程度的价值认同。广大民众未必能够理解核心价值观的深刻内涵,但现实利益诉求的达成和公民权益的提升,能够以最为直接的形式促使其认可国家制度,而这种制度背后的价值理念以及由此形成的核心价值观也自然会得到包括青少年在内的全体民众的认同。

(一)在民主的政治环境中增进公民权益

北欧目前政党众多,无论是社会民主党、中间党,还是独立党、自由党,抑或是极小的动物党、海盗党,都有着各不相同的政治立场、价值理念、执政目标和最终利益,因此产生分歧乃至冲突在所难免。然而这种共存式的政党格局已经存在了半个多世纪,原因之一就是北欧社会具有长期的民主政治传统,惯于通过不同党派、阶级之间的妥协与合作、谈判和协商,最大限度地实现多方政治利益,特别是注重争取和维护广大公民的合法权益。在重要决策、重大抉择、路线政策、思想方针出台之前,执政党或联合政府都会在全党范围内发起广泛讨论,同时与总工会进行密切协商和合作,并与其他政党充分沟通,最后发动全社会的大讨论,以维护政治稳定。例如,瑞典1975年推行经济民主的纲领、1990年承认"第三条道路"的政策,包括之后削减福利的改革、加入欧盟的决议,无不经过以上四大步骤,从而保证绝大多数选民(无论其是否支持执政党)的政治诉求。

每届大选都是北欧各国人民举国关注的大事,街头、酒吧、公车,各处都能看到民众围绕税收、移民政策等问题,以及各党执政方针的利弊发表看法、展开讨论。投票点也会设在每个生活集聚区,方便民众行使自身选举权。瑞典社民党在执政初期还曾联合其他党派,共同致力于为扩大选举权而努力,最终使广大瑞典妇女获得了参与国家政治活动的权利。北欧民众虽然低调,但从不会漠视自己手中选票所代表的公民选举权。北欧政府所赋予的政治权益使广大民众具备起高度的民主意识和对国家负责的主人翁态度,长期积淀形成的社会民主主义核心价值观因而得以传承和延续。

(二)在健康的经济生态中维护公民权益

北欧国家坚持民主、自由、平等、团结的价值理念,基于此形成的独具特色的"北欧模式"为其经济社会发展作出了极为重要的贡献。各国普遍在不改变资本主义私有制的前提下,通过各种限制性手段,避免资本对利润的过度攫取,将"组织生产劳动和生产成果再分配的权力由所有者转移到公民、工薪者和消费者方面"①。这种以"混合经济"与"共同参与"为前提的"经济民主"实现了对公民经济权益的维护,推动了社会经济快速增长、综合国力日益提升、人民生活水平逐步提高,也为核心价值观认同奠定了现实基础。以瑞典为例,其人均GDP增长率和就业水平在20世纪70年代之前一直高于同一时期的美国和欧洲。虽然后来受世界石油危机及严重金融危机影响,经济一度遭到重创,但是在90年代强化社会民主主义政策之后,经济又逐步走上正轨。

进入21世纪,北欧经济优势逐渐显现。相较于受金融危机拖累的其他欧盟国家,北欧经济韧性十足、财政情况稳健、就业情况良好,可谓一枝独秀。瑞典自2015年起,其经济增长速度和国内生产总值(GDP)初值一直在欧盟名列前茅;冰岛则逐渐摆脱了国家破产的阴影,在2016年达到了7%以上的经济增长。芬兰、挪威和丹麦经济也保持着1%以上的增速。至于人均GDP,2017年,挪威和冰岛均超过7万美元,排进世界前五位,瑞典和丹麦也在5万美元以上,略低于美国;而芬兰也超过了4.5万美元。要知道,全球普遍认同的高度发达国家——英国、法国、德国、日本等,其人均GDP也不过就在3.8万~4.5万美元间徘徊。② 即使是在欧债危机较为严重的时期,北欧各国赤字率占国内生产总值的平均比重也没有超过3%,债务情况依旧相对良好。挪威更是在重重困境中不断突围,实现了连续性的财政盈余,令世人震惊。如今,北欧国家已然走出欧债危机,其经济生态更加健康,财政重塑快于欧盟普遍水平。在英国智库列格坦研究机构(Legatum Institute)公布的2017年全球繁荣指数排行榜中,除冰岛外的其他四个北欧国家全部进入前十名,挪威更是在中断了连续7年的冠军之后重回榜首。北欧政府在经济发展中取得的丰厚成绩成为赢得民心的重要基础,也是社会民主主义核心价值观在北欧广泛传播并成为主流意识形态的重要原因。

(三) 在完善的福利体系中保障公民权益

北欧国家在社会民主主义核心价值观的指引下,矢志不渝地推进福利国家建设。相较于一些国家的临时性救济举措和有限性国家援助,北欧的福利政

---

① 栗芳,魏陆. 瑞典社会保障制度[M]. 上海:上海人民出版社,2010:12.
② 数据来源于国际货币基金组织2018年4月17日发布的"2017年全球人均GDP排名"。

策以全面普惠的社会保障形式得以呈现,进而内化为每一位公民的基本权利,为民主、自由、团结与平等社会的发展创造了基本条件。

北欧国家的高福利全球闻名,国家福利做到两个全覆盖:一是覆盖全体公民,无论贫富、贵贱、城乡;二是覆盖每个人"从摇篮到坟墓"的人生全过程。政府每年用于福利方面的开支约占国内生产总值的1/5、财政收入的1/3,保障项目繁多,保障力度极大。例如,在育儿方面,丹麦自2013年后生育津贴最高为4005丹麦克朗/周(约15000元人民币/月);瑞典有480天带薪产假,每月还针对婴儿专门发放1250瑞典克朗(约900余元人民币)的津贴,直到16岁。在教育方面,北欧几乎全部的教育投入都由国家承担,政府还会给予学生一定教育补助金。在医疗方面,北欧没有城乡及人群的差别,在一定额度内基本实现全民公费。同时,北欧国家普遍主张由政府综合运用多种手段解决就业问题,瑞典首相、社会民主党主席斯特凡·勒夫文(Stefan Lofven)就曾承诺新政府将投入60亿克朗实施青年90日就业保障计划,创造5万个就业和实习岗位,以实现"能够工作的人都要工作",令瑞典成为世界上就业率较高的地区。北欧人民普遍崇尚劳动,鄙夷不劳而获,经济一直保持增长。

当然,高福利源自高税收。北欧国家的税收项目繁多且征收比例普遍较高。个人所得税征收率普遍在30%~50%,高收入者甚至要缴纳70%~80%的税赋。公务员系列中高级官员同普通职员的收入差别被限定在3∶1的水平上,通过边际税率递增机制调节后的差别更有可能缩小至2∶1的水平上。政府还通过其他税种弥补过大的收入差距。在瑞典,遗产税曾经最高达到98%;在芬兰,就连信教亦要征收1%-2%的教会税。总体来看,北欧国家的税收占到国内生产总值的将近一半,国家通过高税收实行再分配,实现高福利。北欧人口中最富裕的10%与最贫困的10%,收入差距不到5倍,中产阶级占人口比重的约55%,是世界上贫富差距较小、中产阶级队伍较为庞大的地区之一。

北欧的高福利不只满足贫困者的最低需求,还向全体社会成员提供了一种中产阶级品味的生活。包括青少年在内的社会成员的切身利益和基本权利在资本主义基本制度范围内达到了一种极致的状态,后顾之忧的免除使公民个体的自由程度得到相应提高。同时,"普惠主义"的福利保障体系经由高额的累进所得税拉平了人们之间的财富差距,从客观上促成了民众之间平等、互助状态的实现。

三、强化执政伦理，做好价值表率

社会核心价值观要想得到广大民众的广泛认可，其倡导者——政府及其官员必须以身作则、率先垂范，尤其要通过加强自身执政伦理建设，带头践行核心价值观。执政伦理是政府或政党所具有的道德倾向及特征。执政需要道德基础，正如法国著名思想家路易斯（Louis Proal）所言："政治问题正如社会问题一样，首先是一个道德问题"[①]。从现实角度分析，廉政在执政伦理建设中具有基础性价值。一个公正廉洁、具有较高执政伦理的政府所提出的价值观显然更能赢得民众的依赖与支持。北欧政府十分重视通过廉政建设强化执政伦理。在权威国际组织发布的2017年全球贪污印象指数中，丹麦、芬兰、瑞典、挪威全部进入最为清廉国家的前十名。一些在其他国家时有出现的不正之风或腐败问题，"（在北欧）虽然不能说完全没有，但所见所闻确实不多"[②]。

（一）拒腐倡廉的执政理念

北欧社会普遍将诚实守信、廉洁公正视为必须遵守的社会准则和个人操守。在广大民众眼中，腐败是自由、平等、公正的天敌，若论对国民幸福的影响，腐败同贫富差距没有什么不同。反腐意识已经作为一种公共道德深入人心。在这样的社会氛围下，北欧各国尤其注重执政党和政府各级官员对党纲及其价值信仰的理解，以及对相关政策法规的掌握和遵循，严格规范公务人员行为，明确其职责范围，以强化公正廉洁的执政理念。王室成员和政府公职人员具有深层次的拒腐心态，认为贪腐行为可耻，以权谋私更是极其不人道的行为，因而尤为重视对自身行为的约束和社会形象的维护。各国皇宫、议会大厦、总统府、市政厅虽有传统欧洲建筑风格，但少有繁复装潢。上至王公大臣、首相总统，下至基层的普通公务员，都十分注重清廉。国王或女皇虽贵为国家元首，但并不享有特权，整个王室全面开放、作风简朴。执政党和政府官员也以身作则，绝大多数官员在交通出行、住宿标准方面完全一致，例如，在芬兰，除总统外，只有总理、外交部长、内务部长和国防部长

---

① ［法］路易斯·博洛尔. 政治的罪恶 [M]. 蒋庆等译. 北京：改革出版社，1999：序Ⅲ.
② 杨启先. 一篇迟到的考察纪要——瑞典式社会主义考察 [J]. 理论参考，2003（1）：42–45.

才享有配备专车的权利,大部分政府公职人员——即便具有较高职务,仍居住于普通小区,习惯于使用公共交通工具。在北欧人看来,若放任政府公务人员侵占社会共享资源,则会对其他社会成员的自由发展产生负面影响,进而造成整个社会的不公。因此,北欧人民对政府的腐败行为坚决采取零容忍的态度,王室和高级官员、公务员因而是北欧最没有隐私的群体。在拒腐倡廉的执政理念之下,获得民众信赖的政府及其官员共同维护着全社会对于核心价值观的认同。

(二) 细致完备的制度设计

北欧人对腐败零容忍的态度背后,是制度的"笼子"。细致完备的廉政制度设计是对北欧核心价值观的最好支撑。各国都通过完善的立法从源头上杜绝公职人员的腐败行为。北欧国家早在20世纪初就开始制订反腐败法律,宪法、民法、刑法以及相关单项法规中均有廉政相关内容,涉及考试、娱乐、宴请、兼职等诸多方面,规制范围广,涵盖内容多。瑞典"先后制定了《行政法》《反行贿受贿法》《审计法》《公职法》《新闻自由法》等"[1]法律法规,明确政府及公职人员行为与权力之界限;丹麦虽没有独立的反腐败法典,但其刑法中也有针对贪污受贿等腐败行为及其量刑标准的具体内容,为公务人员确立起严格的管理制度;芬兰法律直接规定公职人员收受超过一定标准(约20欧元)的礼品或接受其他财物及不合法特权都可被视为受贿,并将由此被处以罚款或判处刑期。在公职人员的选拔上,北欧实行公平竞争制度,经由规范的考核和严格的准入门槛保证政府工作人员的整体素质及廉洁高效。对于已进入政府部门的公务人员,更是会通过紧抓不懈的道德制度来强化其廉政学习。在瑞典,国家公务人员入职前必须进行守法宣誓,入职后还会定期接受职业道德教育及廉政文化学习及实践。北欧国家细致完备的廉政制度在最大程度上促使政府及其工作人员形成一种崇廉尚廉的行为导向,也推动了民众对政府的政治认同。而这种认同能够一定程度地迁移到政府倡导的价值理念上,使核心价值观获得更为广泛和深刻的认同。

(三) 健全透明的监督体系

北欧政府执政伦理的强化还依赖于长期实践中形成的健全透明的监督体

---

[1] 倪星,程宇. 北欧国家的廉政建设及其对中国的启示 [J]. 广州大学学报(社会科学版),2008,7(4):8-13.

系。该体系通过体制内部的权力制约和体制外部的社会监督，实现对公共权力的有效规制。其中，监察专员制度最具特色，在廉政建设方面发挥了极为重要的作用。瑞典最早设立了议会监察专员（ombudsman），后又设立行政监察专员，不仅专门监督一切公共权力机关，还具有包括调查、建议、控诉等相关权益在内的独立自主权力，同时设立司法总监，同议会监察专员相互协商、共同履职。芬兰也参照瑞典设立议会督察员，由议会选举，任期四年，对除总统及司法总监等少数人之外的所有国家公务人员和政府部门进行监督。丹麦还在议会下设立检察官，代表议会对文职机构和军职机构及其官员进行监督。同时，北欧国家在社会各领域设立了行业监察专员，如"新闻监察专员、经济自由监察专员、消费者监察专员、男女工作机会平等监察专员、反对种族歧视监察专员等"[1]，与政府及议会进行密切合作，在各自领域履行监督职责。

除去体制内的约束，北欧社会还有极为广泛的社会监督，广大民众及各大媒体都是监督行为的实施主体。芬兰从20世纪70年代就开始鼓励民众对所有"具有贪腐嫌疑的官员"进行查证举报，甚至不惜花费全年GDP的四成打击贪腐行为。无论政府更迭还是新官上任，都会被媒体和公众"彻查"一番。国家的一切收支、公共部门每笔经费的去向都必须做到公开透明；官员要主动进行财产申报；政府或公共的书面公函、财务报告等，除国家机密均要向全社会开放。任何一个公民只要对某个公职人员的收入或财产有疑问，都可以在相关网站查阅其所有经济收支项目，包括出差的报销清单和公务宴请的菜单清单，甚至可以对王室成员资产及纳税情况进行询问。此外，北欧的大众媒体具有全面而强大的监督功能，它有权对任何事项开展调查并追踪报道，而相关部门及人员不得以任何理由予以拒绝。广为人知的1995年瑞典的"萨林下台事件"和2002年芬兰的"文化部部长苏维林登辞职"就是得益于媒体及民众监督权的有效使用。

北欧社会健全透明的监督体系强化了政府的自律意识，具有政治表率性的公职人员在"平等公正"等理念下开展的执政实践不仅有助于稳固政府执政的事实合法性，同时也在核心价值观的塑造及推广方面起到了上行下效的效果。

---

[1] 陈锦荣. 瑞典社会民主党治国理政经验研究 [D]：[博士学位论文]. 北京：中共中央党校党建教研部，2016.

第二节　北欧家庭教育对青少年核心价值观的培育

家庭教育作为教育中的重要组成部分，是个体走向社会化的第一媒介。它涵盖了整个"家庭生活实践中产生的通过以亲子关系为中心的家庭成员之间的双向影响和潜移默化的熏陶，而使身心状态发生预期变化的过程"[①]，其中家长（主要是父母）对子女的影响是较为主要的方面。相较于学校教育和社会教育，家庭教育虽不够系统和正式，但因其时间上的长期性、连续性以及空间上的灵活性、自主性，在个体品德养成、人格形成、价值观塑造方面具备有利条件。更为重要的是，家庭成员间天然的亲情联结使抚育过程中自然渗透着价值观念的传递，而父母本身具有的榜样示范性和血缘伦理权威性更是对于青少年价值观的培育起着极其关键的导向作用。

北欧国家一贯具有重视家庭的良好传统，以父母为主体的家庭被赋予相当大的教育责任，在与学校的通力合作中共同促成对青少年的教育和培养。挪威皇家教会、教育和研究部出版的《挪威初级、中级和成人年教育基础教程》中就明确指出，若家长不能为其子女的行为举止建立共同的标准，那么学校就无法利用和开发其周围社会资源为学生建立良好的成长环境并形成正确的价值观。在实践中，北欧家庭围绕以人为本的育儿理念，通过多元的家庭活动和民主的教育方式，在青少年人格之完善，尤其是核心价值观之培养中发挥着重要作用。

一、人本化的育儿理念为核心价值观教育塑造合格主体

北欧的家庭教育并不强调显性的价值观灌输，然现实中任何家庭在教育子女的过程中，都会秉持一套"系统、复杂的价值观和信仰体系，甚至有自己的理论体系"[②]，这套理论体系必然同社会整体的价值观有着密不可分的联系。北欧国家以公民个人权利为基本出发点，强调个体的自由、平等与团结，并以此激发公民的责任意识，促使其自觉自愿走向公共政治生活，并形成与

[①] 丁燕.公民核心价值观教育[D].[博士学位论文].济南：山东大学马克思主义学院，2015.

[②] 和建花.西方家庭教育研究概述[J].中华女子学院学报，2015（1）：104-109.

之相契合的价值观体系。因此，北欧的家庭教育注重子女健康良好人格的形成，以培养独立、完整、平等的个体为核心，为其社会民主主义核心价值观的认同塑造合格主体。

（一）释放天性的自立教育

经历过第二次世界大战，自由公正对北欧人而言格外重要，社会民主主义者极力塑造起一个自由公平的社会。在这样的大环境下，每一个个体——无论成年人抑或青少年，其生命、健康、言论及思想都平等地受到尊重以及珍视。同东方家庭强调子女对父母的顺从以及同家庭间的紧密联系不同，北欧家庭教育尤以发展个体价值判断能力和行为后果预知能力，培养独立于家庭之外的个人为最终旨归。从本质上说，自立是自由的必要前提，而自立就是通过自我潜能的基本实现，使自己不断成熟和强大。唯有在心理人格层面及社会物质层面真正实现自立的个体才能理解自由的深刻内涵并正确享有自由。

北欧教育法强调自律与协助，家长从不以功利性的目标要求子女，而是配合孩子的视野，给予其充分的自由，帮助其发掘并追求实现自己身上作为独立体的潜能，使其"拥有过个体生活和公共生活的能力"[①]。在北欧父母看来，青少年同成年人一样具有独立的意愿与个性，压抑或阻碍其天性的释放将对其性格、心理、情感以及道德、价值发展等诸多方面产生难以估量的负面影响。因此家长对孩子的种种探索行为往往持积极、肯定的态度，鼓励其在天性的释放中获得良好性格的培养和坚韧意志的磨炼。即便家长认为孩子的某一行为并不具有积极效果，也很少进行简单粗暴的干涉，更不会武断地替子女做出决定，而是以尊重和理解为出发点，通过情感纽带的联结，教导其做出正确的选择。青少年在宽松自由的家庭环境中逐渐养成良好的修养及平和的心态，形成正确的价值观及发展方向，最终成为独立而理性的个体。

（二）弱化竞争的凡人教育

北欧的家庭教育有着极为独特的理念，它既不同于东方家庭力争培养成名成家的社会精英的"完人教育"，也不同于英、美、法等传统西方家庭注

---

① 彭正梅等. 异域察论——德国和美国教育学研究［M］. 上海：华东师范大学出版社，2015：58.

重个体独特性，强调个人与他人间明显区分，充分彰显个体存在感的"竞争性教育"，而是更在意培养优质的普通人，因此可以称为"非竞争性的凡人教育"。

正如前所述，斯堪的纳维亚社群中流行着十条"詹代法则"，归结起来就是"你不该相信自己有什么了不起"。比起鼓励孩子之间开展竞争，奉行教育公平的北欧国家更看重给予个体潜能最大发挥的机会。家长们普遍认为，每个孩子的起点和能力均有不同，在不一样的基础上开展竞争违背了公平的初衷；唯有超越比较和竞争，个体的潜力才能得以绽放。因此家长更倾向于引导青少年倾听自己内心的声音，以及自律性的养成和完善道德人格的形成，帮助其获得一个美好的人生。面对青少年成长过程中出现的种种困扰，父母不会表现出过多的焦虑与担忧。他们多从孩子的立场考虑问题，从不随意给其贴标签，也很少将"别人家的孩子"挂在嘴边，而是允许其从容地按照自己的速度成长。在他们眼中，没有好孩子、坏孩子之分，能将个人特长发挥到极致就是最重要的目标。父母时刻以自己的实际行动贯彻这一理念，面对处于叛逆期的青少年，他们极少使用否定意义的词汇，而是偏向于以温和鼓励的语言了解其状态，满足其不同阶段的不同需要。这种"非竞争性的凡人教育"理念使北欧的家庭教育回归到最为根本的人性化思维。不难看出，生活在高度工业化、自由化社会中的北欧人崇尚自然、内敛低调、真诚善良、遵守规则，文明程度极高。北欧家庭在行之自然、不疾不徐的教育过程中培养出拥有乐观心态、健全人格，能够适应不同环境的个体，也为青少年理解和认同"尊重、包容"的价值理念奠定了基础。

（三）突破性别壁垒的平等教育

北欧社会讲求全面、极致的平等，这在家庭中突出地表现为打破性别角色传统的平等教育。当然，这不是要混淆孩子的性别认识，而是试图扭转社会长久以来对不同性别角色所形成的根深蒂固的刻板印象，在全社会树立起平等、尊重的价值理念。瑞典在全世界最先提出了极具特色的"性别中性教育理念"（gender neutral child raising），让个体自小就接受不带性别偏见的教育，甚至中和了瑞典语中的词语"他"（han）和"她"（hon），并由此发明了一个全新的中性词"hen"。这一教育理念不仅在学校里得以贯彻，也在家庭中获得广泛实施。北欧父母从不执着于孩子的性别，儿童从小就有足够的自由选择自己喜欢的玩具——男孩可以玩芭比娃娃，女孩也不会被禁止玩汽车；稍大一点，家长会一视同仁地教会孩子木工、家政、纺织、铁工等技能；父母同青少年讨论职业时也会尽量回避有关性别的刻板印象，鼓励其忠于内心，按照自己的兴趣、意愿及能力进行职业规划。

正是由于在性别角色上的平等，北欧成为父亲参与家庭教育程度最高的地区。借助涵盖父亲在内的育儿休假制度，瑞典等国街头随处可见推着婴儿车的"latte-pappor"，父亲同母亲共同担负着孩子的教育职责，孩子通过父亲来审视社会，并学会生存的智慧。众多心理学家指出，男性家长承担父职对于青少年的价值发展有着极为关键的作用。与父亲建立良好的互动关系能使青少年具有更大的成就感、愉悦感，以及更强的心理调节能力和更少的反社会行为，有助于其"在认知、情感和人格方面有更好的发展"[①]。"父母的爱和培育是子女幸福、快乐和成功的重要原因"[②]，但这些积极的影响来自父母双方，而非性别原因。在父母同尽教育职责的家庭中长大的儿童，更能由衷地遵循男女平权，乃至人人平等的价值理念。

二、多元化的体验活动为核心价值观教育创新传播途径

北欧家庭教育内容全面而丰富，相较于智商的培育和提高，父母更注重通过多元化的体验活动来诱导孩子学会自我潜能的开发。这些家庭体验活动的开展无不深深扎根于北欧社会的文化传统，为青少年核心价值观教育创新了传播途径。

（一）阅读教育

任何社会都是文化、观念的共同体，而阅读与观念具有相辅相成的关系。阅读不仅能促进个体的知识积累及修养提升，更与国民整体素质乃至国家文化软实力息息相关。优秀作品能够传递推动国家、民族、社会以及个体进取向上的观念力量，有利于提升核心价值观的文化底蕴，使其更好融入民众内心。北欧社会普遍具有浓厚的阅读氛围。在芬兰，平均每300人就有一个图书馆，四成芬兰公民每个月至少光顾两次图书馆，每人每年平均借阅18本

[①] S. Allen, K. Daly. The Effects of Father Involvement: A Survey of the Research Evidence. The FIIO News, 2002 (1): 1-11.

[②] Rønsen Mari, Kitterød, Ragni Hege. Gender-Equalizing Family Policies and Mothers' Entry into Paid Work: Recent Evidence From Norway. Feminist Economics, 2014: 1-31.

书。父母在孩子很小的时候就会通过读书读报培养子女的阅读习惯，尤其是在漫长的极夜，一家人围坐一起借助阅读消磨时光是十分常见的景象。在节假日，父母常常会带子女上图书馆，并鼓励其积极参加读书、朗诵等竞赛活动。北欧的咖啡馆、街头长椅、地铁站，随处可见低头阅读的青少年。根据调查，超过四成的芬兰中学生最常从事、最喜欢的"休闲活动"就是阅读。根据 OECD 的最新报告，每 5 名芬兰学生中就有 1 人的阅读能力能够达到最好的第五级，而只有不到 2% 的学生无法达到第一级水平。丰厚的文化滋养并培育了他们向上、向善的良好情感，同时也让青少年在阅读中学习国家历史、感受民族文化、强化自身责任、找到信仰根基。北欧青少年还自发组织读书会，在观点的相互碰撞中相互鼓励，形成对社会的正向共识，树立正确的价值观导向。正如冰岛诗人帕尔森所说："人们曾经为大银行骄傲，但现在发现，曾经信仰的一切就像造在沙子上的房子一样极易瞬时崩溃。我们的社会需要坚实的基础，那就是文学。"①

（二）自然教育

自然教育（nature education）于 20 世纪中期发源于丹麦，随后迅速在北欧国家，乃至在德国、日本、美国、英国等西方发达国家传播开来。个体通过在森林、山地等自然环境中的学习，增强自我认知并习得和发展社交、品格和技能。狭义的自然教育单指在森林学校中接受的教育，而广义的自然教育则指涉了一切以自然为背景，以人类为媒介，使个体在融入大自然的过程中受到教育、获得成长与发展的活动。对于后者，家庭显然发挥着重要作用。著名教育家和哲学家斯宾塞就曾呼吁父母让孩子感受大自然的力量，在大自然中观察子女的个性发展并予以引导。

北欧国家虽工业发达，但自然环境优美，森林、山坡、湖泊随处可见，瑞典的森林覆盖率甚至达到 69%，为青少年的成长创造了得天独厚的环境。大自然就是课堂，教具信手拈来。孩子从很小的时候开始，就由父母带去户外活动，即便在零下十几度的严寒天气也不例外。儿童学会走路后，体验活动日益丰富，从沿路认识动植物，到去海边收集食物，都是家庭常见的体验活动。滑雪的草坪、滑冰的池塘、采摘的果园或是玩雪橇的小山，都是全家人喜爱的玩耍和学习场所。孩子们在玩耍中培养创新思维，也学会探究"我

---

① 冰岛人到底有多爱读书 [EB/OL]．https：//www.douban.com/note/680932113/，2018 − 06 − 29．

与他人、与外界的关系"。再大一些，北欧父母鼓励青少年单独或结队利用课余时间进行户外运动、森林探险、远足旅行。青少年需要勇敢而独立地面对各种困难及危险，并在团队协作中互相启迪，学会尊重与包容。北欧青少年并不沉迷于电子设备，也没有过多的玩具，但却在对大自然的观察和体验之中找到了自我发展的有效途径，同时也养成了让其终身受益的美好情感。

北欧人对大自然的爱与依恋有着强烈的文化传统。北欧家庭注重青少年在自然中的体验，并不是要求他们改造自然或从自然之中有所索取，而是教育他们爱护并尊重自然，因为道德的提升不仅是对自己表现出关心，还应对周遭环境显示关爱。作为一种充满爱与责任、吸收性强、自洽程度高的教育体系，自然教育能够让青少年参与到家庭、社会的真实生活中来，获得平衡的身心发展，同时也"继承"起北欧社会崇尚自然、平等包容的价值理念。

（三）劳动教育

劳动创造了人本身，教育与生产劳动相结合是实现人的全面发展的重要途径。作为德育的重要内容之一，劳动教育不仅能够培养青少年的独立性，还能促进其良好个性、道德品质的发展，因为"劳动不仅是谋生的手段，更是通向客观世界与主观世界的媒介，也是实现人性至美至善、彻底自由的必由之路"[①]。

北欧人历来尊重和崇尚劳动，北日耳曼人用意志与勤劳在严寒贫瘠的斯堪的纳维亚半岛开拓出大片农地。今天的北欧家长十分重视对青少年进行劳动教育，通过劳动技术、社会公益劳动和家务劳动培养孩子的动手能力和实践参与意识。在北欧，6岁以上的孩子都要学会一定的劳动技能并承担一部分家务。几乎每家每户都有一个"小工厂"，里面有工作台、各类工具及元件材料，青少年从整理花园、收拾碗筷，到家电维修、家具制造，都需要积极参与，以此担负起相应的家庭责任。中学以后，即便家庭经济状况良好的家庭，也会鼓励孩子走入社会，勤工俭学，用自己的劳动换取报酬。如果说上述内容是北欧劳动的显性部分——学习一些劳动技能、产出一定劳动产品的话，北欧的劳动教育还包含着隐性的部分——正确价值观念的培养。北欧家长以身作则，带领子女参与社会服务及公益慈善活动，提升道德涵养，培

[①] 郭秀华. 探析梭罗反异化劳动价值观——以《瓦尔登湖》为例 [J]. 福建教育学院学报，2014（4）：96-99.

养道德实践能力。家长们普遍认为劳动教育可以让青少年学会行之有效的做事方式，体会到劳动的价值和意义，从而发展其社交技能，培养其合作精神和关爱意识。

三、民主化的教养方式为核心价值观教育孕育家庭氛围

家庭中的核心价值观教育是否能收到良好效果，不仅取决于家长的教育理念和教育内容，更取决于教养方式。所谓家庭教养方式是指"父母在教育、抚养子女中所通常运用的方法和形式，是教育观念和教育行为的综合体现。"① 良好的教养方式能够促使子女在更大程度上对教育内容本身产生共鸣与认同，对于青少年正确价值观的培养具有事半功倍的效果。一般来说，家庭教养方式可以"分为专制型、溺爱型（宽容型）、冷漠型（含忙碌型）、民主型四类"②，北欧家庭在整体上趋于民主型，家长与子女保持平等关系，对其发展有正确估计，教育方法把握有度，家庭价值观呈现出开放、自由、独立的特征。这种民主化的家庭教养方式同北欧国家所倡导的"民主、自由、平等、团结"的价值理念相契合，为青少年核心价值观教育孕育了良好的家庭氛围。

（一）尊重上的信任

作为影响并支配个体思想及行动的一种社会意识，价值观并非生来就有，而需在后天的环境和教育中得以形成，其培育过程中的关键是要取得教育对象的信任。尤其对于青少年而言，单纯依靠外界压力实现对其意识形态的建构难以达到良好效果，而尊重基础上的信任恰能增强子女的自信心，激发其自我教育的源动力，引导其最大限度地发挥主观能动性，从而促成对社会核心价值观的认同与践行。

北欧家长普遍给予孩子充分的尊重与信任，在他们眼中，每一个孩子都是独特的生命个体，拥有自己的成长与发展轨迹，任何人包括父母都无权违背其自身意愿，抹杀其个性，家庭暴力、语言暴力更是绝对禁止（1979年瑞典成为全世界第一个以立法形式规定不准对儿童进行体罚的国家）。相较于

---

①② 冯树芹. 家庭教育背景下青少年价值观教育问题研究 [D]：[硕士学位论文]. 兰州：西北师范大学政法学院，2011.

东方家长多从等级文化之中成长起来，在子女面前常常显现出不可挑战的权威性而言，北欧家长更认同家庭是由全体家庭成员构成的一个整体，成员之间地位平等，理应相互尊重、欣赏与接受。父母对子女教育持开放性态度，相信青少年能够对自己的行为负责。这种尊重与信任体现在家庭生活的细节之中。家长极少用命令式的说教强迫子女接受自己观点，多是采用柔性的方式，在说明利害的前提下提出建议，鼓励孩子自由选择。对于处在叛逆期的青少年，北欧父母甚至会有意"放任"子女犯错，在其尝到"苦果"之后再进行相应的解释与教育。家长们认为，这种"疼痛教育法"既在动机上尊重了个体的选择权，又在结果上具有震慑性，从而让其牢记一生。此外，青少年处在特殊的年龄阶段，内心相对敏感，北欧父母也从不会在外人面前对其厉声呵斥，因为人前教子会严重伤害孩子的自尊心，造成心灵的扭曲。英国著名哲学家、教育家洛克（John Locke）就曾说过，"父母越不宣言子女的过错，则子女对自己的名誉就越看重。"[①] 这句话至今仍在瑞典首都斯德哥尔摩市的普兰顿学校内镌刻着。比起过度关注或指责子女的过错，北欧家长更愿意及时肯定和鼓励孩子的进步，让其获得成功的经验与感受，激发其自我教育的内在深层动力。

总而言之，北欧父母将子女视为独立的个体，在基本的大框架之下允许其适度犯错，相信其在生活实践中具有自我纠错的能力。充分的信任与尊重反映了北欧家长的豁达大度与积极乐观，也为青少年培养优良道德品质，形成正确价值观营造了良好的家庭氛围。

（二）沟通中的引导

核心价值观教育需要科学的方法。在北欧，家长通过沟通进行价值引导成为青少年广泛认同且效果颇佳的手段。北欧人普遍崇尚民主、自由，不拘泥于权威，鼓励精神上的独立和思维上的创新。在家庭中，父母不会硬性灌输某种既定观念或规范，而是选择适当的时机引导孩子通过独立思考，进行价值领悟，学会价值判断，青少年自小便养成了自己探索的习惯。当然，青少年由于生活阅历的匮乏以及价值体系的不稳定，常会出现价值选择上的迷茫和困惑，甚至会在亲子之间引发一定矛盾。此时父母就会在自身做好表率

---

① 看美国人如何教育孩子［EB/OL］. https：//jingyan.baidu.com/article/d2b1d102a995955c7f37d44e.html，2016 - 12 - 09.

的基础上，以平等的姿态展开有效对话。这也是北欧常见的沟通互教法。

在沟通中，家庭成员彼此之间表现出真诚、开放、接受的状态，互相讨论、互相启迪。家长会阐明自己的价值观念（包括政治、伦理、社会、经济等诸多方面）和评价标准，有时也会借由自身遇到过的类似情况，与孩子进行有针对性的谈话与沟通，以此给予其间接的帮助与引导，启发其找到有效的解决办法。当然，沟通的过程并不总是一帆风顺，父母会以极大的耐心多次与子女展开沟通，即使面对观点上的不一致也能以积极的态度寻求共识，保持互相之间的尊重与支持。同时，北欧家长还鼓励子女与自己展开辩论，并认真对待孩子的观点及选择。在他们看来，家庭成员之间的平等交流——即便是以争辩的形式出现，也是互爱的表现，同时还能帮助子女在明辨是非的同时树立信心。对于自我意识逐渐觉醒的青少年而言，在轻松舒适的氛围中充满自信地表达自己的观点，有助于引导其形成良好的人格和稳固的价值观念。

总体而言，北欧家长一方面十分尊重子女的隐私，给予他们足够的私人空间；另一方面又非常注重与子女间的情感交流。他们在沟通中寻求对孩子的理解和孩子对自己的理解，用真诚的关爱和科学的方法实现对青少年价值观的引导。

（三）规则内的自由

核心价值观教育的目的是培养适应现代社会发展的积极公民，树立良好的规则意识是其中的必备要求。一个缺乏规则意识、任意触碰社会底线的人显然不可能具有良好的道德修养和正确的价值观念，也必然无法担负起应有的社会责任。北欧社会民主主义核心价值观强调自由，同时又注重人际间的平等，这就需要在全社会树立起基本的规则。在其他民族看来，北欧人的规则意识似乎已经到了"社交恐惧"的地步：在公交站台，等车的人往往间隔一米以上；在公众场合，除有特殊情况多不互相打扰，每个人都保有自己的私人空间。或许这就是北欧式的自由——以对规则的自觉遵守和尊重为前提。

北欧家庭从小就培养孩子对规则的重视。虽然北欧家庭在教养方式上十分开放民主，父母尤其尊重子女的天赋、兴趣及特长，努力为其自由发展创设条件，并将自由的观点投射到孩子内心，促使其在日积月累的生活实践中养成独立负责之精神，产生对自由价值理念的认同，但这种"民主与自由"决非放任自流式的完全撒手，而是因势利导的"无为而治"，家庭内部通过共同制定规则培养青少年自我教育及自我管理的能力。北欧家长定期召开家庭会议，鼓励孩子参与家庭行为规则的讨论及设定，如不可在外过夜、九点前必须上床睡觉、不可使用语言暴力等。讨论的过程中家庭成员各抒己见，但这些规则一旦确立，就绝对不可逾越，子女必须遵守。

这种规则内的自由一方面使北欧青少年从小就学会自己做决定并承担后果，在自由中摸索自己想要的人生；另一方面教会他们任何时候都要约束自己的行为，不可因个人意愿打破集体规则，在自律中逐渐形成健全人格，成长为负责任的积极公民。

第三节　北欧社会教育对青少年核心价值观的塑造

学界对于社会教育的含义有不同理解，本书中的社会教育作为一种独立的教育形态，是指在学校、家庭以外的其他任何场所进行的，对个体产生教育意义的活动，其中既包括具体的社会文化机构、组织或团体对社会成员进行的教育，又涵盖了整体社会环境对个体价值观念、行为作风产生的影响。社会是每个人一生都无法脱离的大环境，也是价值观教育不可逃避的背景框架。对于个体而言，相较于学校生活的历时性和片段性，以及成长过程中家长作用的日渐式微，社会教育能够突破时空和人员的局限，加上其丰富的信息交换所带来的多重资源，对于青少年核心价值观的引导和塑造具有更为长期和广泛的影响。需要强调的是，社会环境从不刻意预设教育目标，但其存在本身就会自发产生教育意义，能够在潜移默化之中促成个体对核心价值观的内在认同和积极实践，从而实现其教育功能。因此个体价值观不仅要在家庭、学校中进行启蒙，更需要在现实的社会场域中获得持久的强化和真实的意义。

北欧国家不仅重视学校和家庭中的青少年核心价值观教育，同时也注重实现教育时空场域的跨界性延伸。各国充分挖掘社会教育资源，建立广泛的社会教育网络，营造良好的社会文化环境，大力发挥各种社会共同体及公共活动场所的积极作用，鼓励青少年自主参与文化活动，引导其真切体悟社会生活对自我价值观成长的切实要求，为其形成国家意识和群体观念，促进价值意识与精神境界的进一步完善搭建起广泛的平台。

一、社区民众教育中的价值观培养

社区作为社会有机体的缩影和最基本单位，是一定地域空间内由若干社会群体或组织聚集形成的相互关联的生活共同体，而社区教育（community education）则是借助各种社区资源，面对社区成员开展的一种新型教育活动。在社会文化多元发展的背景下，社区内的教育机构有责任通过文化的推广、思想的整合以及价值的提升，促使其内部成员形成对社会主流意识形态的认可与支持，因而理应是进行核心价值观教育的舞台。现代社区教育在不同国家、不同发展阶段具有不同含义，呈现出不同形式及特色。北欧的社区教育主要体现为"民众教育"（folk education），它以超过坚信礼年龄的青年与成人为教育对象，以"为民众启蒙、为民众教育"为根本宗旨，以社区内的民众高等学校（folk high school）为主要实施载体，以传授有用知识技能和进行爱国主义教育为主要内容，致力于实现个体、社区的发展以及民族素质的提升。经过一个多世纪的发展，北欧的民众教育逐渐走向完善并不断创生出新的类型，已然成为全世界社区教育的典范，也在核心价值观的培育和塑造中发挥着重要作用。不少国家都借鉴这一形式，鼓励青少年积极主动地参与到社区教育活动中来。

（一）民众教育的产生

北欧民众教育的开创与成功归功于丹麦著名诗人、神学家、思想家和教育家格龙维（Nikolai Frederik Severik Grundtvig）。19世纪中叶，面对丹麦空前的民族危机，格龙维三度赴英考察，认为两国拉开较大差距的根本原因就在于"英国人民有自由，丹麦人民没有"[①]，因此，要改变丹麦的落后状况，"其一，将欲恢复丹麦人民的朝气，他们必须有自由；其二，将欲善用自由，丹麦的民众必须有相当教育"[②]。在致力于寻求生活、思考及信仰自由的格龙维看来，传统的学校使学生同大自然及社会生活的联系被无情割断，只会导致丹麦走向衰亡，因而是一种"死路学校"（school to death）。只有建立一种

---

① 雷沛鸿．北欧先觉者格龙维——庶民高等学校的父亲 [C]．见：韦善美，潘启富选编．雷沛鸿文选．桂林：广西师范大学出版社，1998：174．

② 雷沛鸿．北欧先觉者格龙维——庶民高等学校的父亲 [C]．见：韦善美，潘启富选编．雷沛鸿文选．桂林：广西师范大学出版社，1998：174-175．

新式的"活路学校"(school to life,也叫"生活学校"),才能实现民族振兴。1844 年,在格龙维民众教育思想的倡导下,时任基尔大学的教授弗洛(Christian Flor)在罗亭(Rødding)乡村成立了丹麦第一所民众高等学校,受到广大劳动人民的热情支持。随后,丹麦的民众教育蓬勃发展,并迅速影响北欧其他国家乃至整个欧洲。

(二)民众教育的实施

北欧民众教育是在教育水平低下的情况下,为保障每个公民学习知识、获得发展的平等权利而产生并发展起来的,它从创立之初便在教育理念上体现着极为鲜明的价值导向性。民众学校秉持人文主义精神,不是仅仅开展简单的文化识字教育,也决非只对青年进行职业技能培训,而是着力挖掘北欧民族精神中固有的积极成分,唤醒民众的爱国情感,培养健康的人格和高尚的情操,使其承担起作为一个积极公民的义务。正如格龙维所言,"无论农家子弟或任何公民,庶几可以获得有用知识及实际技能。不过,此项知识及技能,与其谓之为侧重治生,毋宁谓之为侧重公民责任"[①]。由此可见,北欧民众教育尤其关注个体在心灵、情感、价值方面的发展,强调先唤醒、后启蒙,先生活、后知识,体现了浓厚的人文情怀。

在教育内容上,北欧民众教育最初围绕"历史、国语、唱歌"三大中心科目展开,每一科目都蕴含着价值观教育的功能。其中,历史乃是大规模的人生经验,学习历史可以让青年人领悟人生真谛,增强民族自豪感和历史使命感,格龙维甚至将历史看作教导青年最好的、而且是唯一的工具;而国语不仅是生活中的交流工具,更是承载祖先文化的符号,格龙维认为其"生存着、活动着、运用着、表达着,同时扩充着丹麦的爱国思想,丹麦的教化、快乐和愉快"[②],能够让民众从过往的荣光中找到奋斗的自觉;对爱和自由的歌颂则可以激发情感,启发民智,并鼓舞青年学生的民族情感和进取精神。这些科目都可以在一定程度上促进青年对国家意识形态的了解及认同。伴随社会的不断发展,北欧民众学校开设的课程逐渐涉及文学、音乐、数学、体育等基本领域,还增设了摄影、园艺、护理等技术性课程。一些学校还根据社会热点问题设置了能源利用、环境保护等课程,满足学生们的多方面学习

---

① 韦善美,马清和主编.雷沛鸿文集[M]:上册.南宁:广西教育出版社,1989:319.
② 台维斯.格龙维与丹麦民众高等学校[M].戴子钦,译.上海:中华书局,1936:107 - 108.

需求。虽然有学者认为这多少有些违背格龙维"不提倡专门技术课程"的思想，但北欧的民众学校始终以精神的激励和心灵的启迪为核心，即便是技术性课程也渗透着责任意识、职业精神、互助合作等价值理念的引导，成为对青年人和成人进行公民道德教育的重要阵地。

在教育方法上，北欧民众学校强调"平衡与平等的对话"（balanced and equal dialogue），注重品格与自我认同的转变，促进学生对自我与社会形成积极态度，因此多摒弃生硬刻板的背诵或记忆方法，强调师生之间的平等沟通及交流合作，尤其主张用"活的语言"——口语为表达精神生活的工具，唤醒沉睡的自我，让精神在自由中活动。此外，民众学校还强调学生之间的团结友爱，让他们学会在同一个社区内友好相处、共同生活。

今天，社区民众教育作为正规教育之外的独立教育形式，几乎覆盖了整个北欧地区，且不断向着多元化的方向发展，成立了诸如宗教类、音乐类、健康类、体育类、戏剧类的民众学校。它们共同服务并贡献于高度发达、不断创新的北欧社会，并在生活化的教育中引导和顺应着北欧人的精神生活。民众教育所提倡的人文精神和价值取向已经渗透到社会的各个方面，对青年人产生了直接的影响。北欧人之所以离不开民众教育，乃是因为它已然成为一个不仅传授知识与技能，更能以精神动力引导个体应对复杂生活的美好家园。

二、文化景观中的价值观渗透

文化景观是 20 世纪 20 年代起普遍使用的概念，美国地理学家索尔于 1925 年在著作《景观的形态》中提出，相较于完全未受直接人类活动影响的自然景观，文化景观是人类基于特定需要，在自然物质之上施以创造性行为，从而附加在自然景观上的人类活动形态。它反映着一个地区的地理特征，是地球表面文化现象的复合体。根据人们感知效果的不同，广义上的文化景观一般可分为有形的物质文化景观（如建筑、道路、村落等）和无形的非物质文化景观（如语言、民俗、艺术，甚至是"氛围"等），有时两者之间交互融合，并没有严格界限。文化景观具有空间性和时代性，反映了特定时代特定地区的自然环境和人文环境。更重要的是，文化景观具有强烈的功能性，人类创造每种文化景观都有一定目的，反之各种文化景观对人类社会也就具有了某种功能意义。那些得以长期传承或保存的文化景观作为人类文化生活的一面镜子，往往承载着一个社会或民族的精神风貌、审美情趣和价值理念，具有某种规范性力量和潜在性教育功能，能够在长期渗透中有效推进核心价值观教育的大众化。

北欧经济发达、社会富裕、福利优越，且未曾过多受到战争因素影响，因而开发、建设并保存了大量的文化景观；尤其善于利用散发着浓厚文化气息的建筑场所、文化场馆等，进行核心价值观的宣传与引导。同时，北欧人还充分发挥文学作品、民风民俗在价值观教育中的渗透作用，通过构建良好的社会文化氛围，对青少年的道德品质及行为规范等起着润物无声的积极作用。

（一）建筑场所

北欧社会历来注重平等、自由、包容，崇尚自然、简约、中庸，这些价值理念在标志性文化景观建筑中都有着不同程度的体现。例如，闻名欧洲的芬兰首都赫尔辛基市中心的"岩石教堂"（又名"坦佩利奥基奥教堂"）依附于原先的岩山，直接建造在天然岩石之中，既彰显着返璞归真的审美情感，又在最大程度上体现了对大自然的尊重。作为一幢新型的基督教教堂，铜顶石壁的构造营造出宗教的神圣感，配合宗教活动，突出了精神信仰中的基督文化精髓，让人们在获得心灵安宁的同时也树立起正确的价值取向。位于梅拉伦湖畔的瑞典斯德哥尔摩市政厅作为该市市政委员会的办公场所，一年四季都有普通民众进入参观。其中一层的蓝厅作为每年诺贝尔颁奖晚宴的举行地，倡导着一种脚踏实地追求真理的自律精神和规则意识；二层的市议会厅允许任何人前来旁听议员开会（现在每次开会都有电视直播）；只要预约，情侣即可在法国厅（婚姻登记厅）举行婚礼，凸显了平等、自由的北欧理念。也难怪瑞典从未正式出版过专门介绍斯德哥尔摩市政厅的摄影集，因为民众对此实在太为熟悉。挪威西部城市卑尔根的木屋群作为当地最古老的标志性建筑，虽以"小"著称，但却极为和谐地融入了周围环境，折射出一种包容与尊重的"大情怀"，尽管几度被大火吞噬，仍顽强保留着11世纪建造之初时的风格。

此外，北欧的普通建筑物也都在不同程度上体现着整个社会的文化特征，无论是庄严恢宏的传统建筑，抑或是流畅简洁的现代房屋，其内部均不做过度设计，不求豪华奢侈，而是以功能为主，体现天人合一的中和、平衡之美，呈现出一种开放性、包容性和自由空间，无形中渗透着公正、平等、自由的价值理念。正如美国学者卡斯滕所言，"除了实用性功能之外，建筑具有论释和伦理功能,能帮助形成某种共同精神气质"①。

(二) 文化场馆和城市雕塑

北欧的文化场馆和城市雕塑也对核心价值观的培育发挥着积极作用。在全欧洲乃至整个世界都占有一席之地的北欧文化自古便深受其祖先维京人冒险犯难、伟大远征海洋故事所影响,北欧神话、"萨迦"(Saga)散文、小说,以及"爱达"(Edda)诗集保留至今,已成为著名的世界文化遗产。古代北欧文化之后受到西欧基督教文化的影响,在不同文化的冲撞和交流中又造就了包括安徒生、易卜生、西贝柳斯、伯格曼、克尔凯郭尔(Sóren Kierkegaard,也译作"祁克果")等在内的大批世界级的文化艺术大师和哲学家。他们将现实生活中的严酷考验、人生之感触、哲学以及人类内心的原始欲望融入自己的思想和作品之中,在广泛流传的同时也彰显着北欧社会的文化理念。

北欧非常注重保护和挖掘这些独特和绚烂的民族文化,通过建造大批的文化场馆和城市雕塑,对民众的价值观形成潜在而长期的影响。漫步在北欧各国街头,随处可见典雅恢宏的博物馆、音乐厅、剧院,以及藏书丰富的图书馆。以瑞典为例,光是斯德哥尔摩市就有64座博物馆、85座图书馆、26家剧院。除瑞典国立博物馆(National Museum)作为最大的综合性文化历史博物馆,收藏并陈列着150余万件展品外,其他博物馆均有各自的侧重与特色,例如,瑞典历史博物馆借由数个代表性场景的浓缩概括,帮助民众快速了解瑞典历史概况;瓦萨沉船博物馆展示着瑞典的造船技术和古代宝藏;民族博物馆不仅涉及瑞典不同人类族群,也包括世界不同文化种群的人们。这些场馆大多免费向民众或18岁以下人士开放,并且不定期为青少年举办各种学习和游戏活动。

此外,北欧还注重雕塑的教化作用。在丹麦,安徒生的铜像竖立在市政厅广场,小美人鱼雕塑静卧于哥本哈根市中心东北部的长堤公园,成为丹麦最具象征意义的文化景观。在芬兰,许多城市都有民族英雄曼纳海姆的雕像,赫尔辛基的主街也以其名字命名,其故居更是被建成博物馆,甚至有人说他的一生就是芬兰的缩影。在挪威更是有维格朗雕塑公园,反映着人类由生至

---

① [美]卡斯滕·哈里斯. 建筑的伦理功能 [M]. 申嘉,陈朝晖译. 北京:华夏出版社,2001:3.

死的生存轨迹和爱恨情仇等生活形态。这些雕塑不仅给人以艺术的享受，更已成为国家乃至整个北欧的文化象征，充满着积极的教育意义。

可以说，北欧的文化场馆和雕塑承担着保护民族文化遗产、传播当代杰出文化、普及文化艺术知识、传递社会文化价值理念的重任。青少年不仅可以在这些场馆中获得知识的学习，更可以培养起民族自豪感和历史使命感，增强作为国家一分子的现代公民意识，促进对核心价值观的认同与践行。

（三）民俗民风

民俗民风是一个国家或民族在一定的"生态、文化环境和心理背景下积累、传递、演变成的"[①] 具有传承性的生活文化的总和，服饰、饮食、生产、礼仪、民间文艺等皆可算作此列。作为一种非物质性、却可以感知的文化景观，民俗民风往往深藏着博大雄沉的优秀文化因子和丰富的共同价值观元素，并在长期的历史进程中沉积为普遍性的社会心理和民族意识，成为一个国家民族精神的重要载体，因而对于推动核心价值观大众化和生活化具有极为重要的意义。

神话是一种叙事性的民俗文化，对民族性格和文化心理结构的形成影响甚大。北欧神话作为一部民间传说以及一种崇拜信仰，无疑是北欧民俗文化中最具特色的部分，今天北欧人所展示出的众多优良品质都可以在北欧神话中找到些许影子。奥丁以牺牲一只眼睛的代价来汲取智慧泉水，得到强大的如尼文字，这是对知识的渴求和执着，也是今天北欧国家对教育极度重视的根源；北欧诸神在魔神、怪物和巨人的围攻中战至最后一刻，即便代表着世界末日（Ragnarok）的"诸神黄昏"无可避免，新的世界也依然会再次建立，这一忠诚爱国、无惧困难的精神直至今日仍旧值得发扬和提倡；而诸女神在神国中并不从属于男神的特殊地位，显然也对今天男女平等的北欧社会起到了深刻影响。可以说，每一个在北欧长大的青少年无不熟知北欧神话，北欧神话所蕴含着的"维京精神"已然融入其血脉之中，作用于其道德品格的形成和行为习惯的养成。

传统节日和纪念日内在隐含着一个国家或民族的精神信仰、道德标准和思维方式，往往与社会倡导的核心价值观具有契合性。北欧至今保留着多姿

[①] 陈松青，蒙志勇. 以民俗文化助推核心价值观生活化 [J]. 学术论坛，2015 (4): 127 - 129, 139.

多彩的传统节日或纪念日。无论是与宗教有关的忏悔节、大祈祷日、耶稣升天日、降灵日，还是跟随季节的圣露西亚节、五朔节（也叫"沃尔帕吉斯节"）、仲夏节；无论是具有政治意义的国庆日、宪法日、萨米旗帜纪念日，或是文体领域的赛鹿节、滑雪节、捕豚节，各地青少年均积极参与，在或虔诚恭敬或自由热情的氛围中得到精神的升华与情操的陶冶。例如，在瑞典6月6日的国庆日，瑞典民众身穿民族服饰，在市区进行各种民族表演，感受国家独立的愉悦，也展示着独特的民族风采；8月7日的龙虾节（男孩节），民众不仅会品尝龙虾大餐，父亲还会带上儿子乘船下湖钓龙虾，培养其吃苦耐劳、坚忍不拔的品质。在芬兰，每年5月1日既是国际劳动节，也是芬兰大学生戴帽节，来自芬兰各城市的大学生们汇聚在首都赫尔辛基，"统一佩戴代表获得成年资格的白帽，在表达自由理想的标志性雕塑前举行庄严隆重的仪式，通过宣誓强化芬兰成年公民的责任与义务"[①]；12月6日的芬兰独立纪念日，青少年在芬兰大学生团体组织的带领下，于国家烈士陵园举行统一宣誓，并穿过主城区街道接受政要致意。总之，传统节日及纪念日是优秀民族文化的精髓和标志，蕴含着一国人民的民族性格和价值观念，是民族团结和社会融合的文化纽带，能够为核心价值观培育提供宝贵的精神财富。北欧青少年在浓烈的节日/纪念日氛围中感受民族文化、激发爱国情感，受到价值熏陶，获得作为一名北欧人的骄傲与满足。

  北欧人热爱祖国，但他们决不将此挂在嘴边。街头随处飘扬的国旗、礼品盒上的国家标志，无不在低调中彰显着北欧人的爱国情怀。北欧民风淳朴，人民内敛含蕴，人际交往中尤其注重礼仪，与人交流时一般会保持1.2米左右的最佳距离并直视对方，以表示尊重。他们深受"不随意打扰他人，尽量不给他人增添麻烦"理念的影响，很少在公众场合与他人靠得过近，但在他人遇到困难时总会第一时间出手相助。整个社会治安良好，鲜有恶性犯罪案件发生，自杀率、监狱服刑人数都相对较低。一些年轻的父母放心地将婴儿"丢"在户外睡觉，各家也多是木门，很少见到防盗系统。人们团结友爱，体现出一种"共同善"的价值理念，已然成为一种自然而然的习惯。对于价值判断尚不稳定、思想观念易受影响的青少年来说，这种良好的社会环境会将关爱、团结、热心等美好的价值观以柔性的方式传递给青少年，这比简单

---

① 江庆心. 实践、自觉、开放：芬兰大学公民教育特色 [N]. 中国教育报，2005 – 05 – 21 (8).

粗暴的说教更为管用。正如亚当·斯密在其 1759 年出版的《道德情操论》中所写，社会习惯会影响人们道德判断的价值标准。北欧国家自表层物质生活至深层精神内核中所蕴含着的平等、自由、团结理念在民众的日常生活习惯和整体社会风尚中得到鲜明的体现，通过潜移默化的方式传递给青少年，促使他们逐渐形成正确价值理念，树立起对核心价值观的认同。

三、教会组织中的价值观传播

如前所述，在北欧的历史上，宗教本就承担着教育——包括价值观传播及教育的职能，在培养个体忠诚意识、维护社会秩序稳定、提升民族文化自信等方面起到一定作用，被视为道德和价值的根本。虽然自 20 世纪六七十年代以来，宗教多元化思潮及现代传媒发展给北欧宗教发展带来了较大冲击——不少信徒"通过收视广播电视布道、礼拜等宗教节目的方式来从事宗教活动"①，除受洗或举行坚信礼，北欧人参加教堂活动的比例并不高，如瑞典只有 10%，芬兰则是全欧洲最低的 4%，出席教会崇拜仪式和积极参加教会事务的人数也并不多。然而，这并不妨碍宗教（主要是基督教路德宗）仍旧是北欧民众基本的个人精神信仰和社会道德源泉，各类教会组织也依然在一定程度上担负着青少年的宗教教育责任。除了经由布道而传授的宗教知识以外，教会对青少年的宗教教育主要有三种：主日学校教育、专门性学习以及团体性研究。

（一）主日学校教育

主日学校（Sunday School，又名"星期日学校"）是由教会开办的，对少年儿童（也有一些青年人和成年人）进行宗教教育的学校，进校学习者多为宗教信徒。最初的主日学校除阐释宗教教义、传递道德准则、坚定宗教信仰外，有时也教授读、写、算等基本知识。北欧的国家教会和自由教会都设有主日学校，尽管前者通过受洗帮助青少年更好地进入并适应教会生活，而后者致力于使青少年寻求并坚定自己的生活信念，两者在宗旨上存在一定差距，但相互之间有着良好的合作，共同借由宗教精神影响着青少年的价值观念，且这种影响是较为广泛的。以瑞典为例，大约一半以上 4~13 岁的少年

---

① 董霄汉. 北欧人的宗教信仰 [J]. 欧洲，1994（2）：80-82.

儿童均在国民学校的宗教教育之外接受过主日学校教育；且不少自由教会主日学校的孩子来自没有教会成员的家庭。根据参加主日学校的学生年龄，大部分自由教会通常会共同编辑并出版适用于不同级别学习者的系列文本，以促进对圣经材料的持续学习和深入理解，不少国家教会也顺应了这一潮流。还有一些自由教会近年来开始为青年和成人也增加了这类学习内容。目前，北欧主日学校的教育日益现代化，教学重点也愈加放在行动上，青少年不再只是被动倾听，而是在学习过程中积极发声、主动参与。此外，各国教会都还开设了相关的教师培训机构，以确保最佳学习效果。一些自由教会也通过每晚固定时长、持续多晚的学习小组形式使教师获得帮助，从而改进教学。

（二）专门性学习

北欧教会注重针对青少年开展一些专门性的宗教教育，其中"坚信礼预备学习"就是较为典型的一种形式。在北欧，受洗的孩子中有超过一半的比例参加坚信礼，因此几个世纪以来，北欧的国家教会在公立学校传授基督教知识的同时，为 12~13 岁的年轻人创立了一门关于坚信礼的预备课程，一般持续数十周，每周都有规定学习时长。根据传统要求，学生们需在牧师带领下，共同完成宗教课的学习以及相关讨论，以巩固自己与主建立的关系。课程结束于所谓的"洗礼圣约的确认"（confirmation of the covenant of baptism），学生们在此分享圣餐。在自由教会中，也有为 13 岁或 14 岁年轻人安排的相应课程，但在名称和程序上稍有不同，也没有过多保持传统的感觉。据统计，有相当比例的适龄北欧青少年接受了教会的坚信礼预备课程学习。

（三）团体性研究

在北欧的自由教会中，还广泛存在着组织良好的青年团体研究形式，涉及不同教会比较、国际事务、社会学及心理学、文学、组织方法及实践工作等领域，这其中有一个分支，即以圣经学习圈（Bible study circles）的形式对基督教开展研究和活动。成员们以小组为单位，每周在神职人员的指导下围绕某一个特定宗教主题开展研究，有时也会分享读书心得、交流生活经历，或是通过教区的相关机构为民众提供慈善服务等。除基督教之外，学生也要学习并研究其他宗教教义，从而既坚定自身信仰也尊重他人信仰。当然，组员们会预先制定好学习计划，并在计划中仔细规划和安排学习材料。国家并不会对学习圈进行过多干涉，但会给予其一定的拨款，鼓励青年人通过宗教学习树立精神信仰，获得心灵安宁。

由此可见，北欧教会是除公立学校之外对青少年实施宗教教育最为重要的组织。作为义务教育阶段宗教课的补充，教会的宗教学习及活动不仅帮助年轻人熟悉宗教教义，陶冶其人格和情操，还推动着核心价值观的传播与教育。基督教路德宗与北欧社会具有密切联系，为北欧的民主、自由、平等、团结等思想提供了理论依据，其所倡导的价值理念已然与北欧的文化和民族精神融为一体，以特有的方式强烈地影响着教徒乃至整个社会的价值观。对宗教的信仰在某种程度上也代表着责任、尊严、互助，以及强烈的爱国情怀。青少年在教会组织的引导下，将宗教信仰的形成同道德品质的养成有机结合，并用以指导生活实践，从而实现对核心价值观的认同。

四、大众传媒中的价值观引导

大众传媒是一种面向社会大众的媒介组织或信息载体，一般包括电视广播、报纸杂志、音像制品互联网、手机等。其之所以在核心价值观培育及塑造中具有重要作用，乃是基于两点：一是作为一种信息传播的工具和社会控制的手段，"大众媒体传播的文字、语言和图像成为价值观的基础"[①]，反映着特定国家或社会的意识形态，并且通过反复的传输内在地影响及改变着社会成员的思维方式和行为模式；二是作为一种文化教育的形式，大众传媒将教育内容蕴含在海量的信息之中，能够实现正确价值理念的快速复制及共享，达到扩大范围、增强影响的效果。因此有西方学者认为大众媒体是培养政治人格中不可忽视的社会化力量，因为其在一定的控制和导向下完全可以助推个体乃至群体政治信念的形成。大众传媒具有舆论导向和社会教育的双重功能。无论是否愿意，它都与人们的生活及自我发展紧密相连，能够通过文化的涵养在社会群体中形成普遍认同的价值理念，有效维护既有社会秩序，巩固主流意识形态安全。

（一）自觉的责任意识

北欧的媒介技术在进入 21 世纪后不断发展，尽管媒介市场的基本现状，媒体的结构、角色和作用等都有了新的变化，但对于国家主流政治文化和道

---

① Kane, Harrison D. Taub, Gordon Ehayes, B. Grant. Interactive Media and its contribution to the Construction and Destruc - tion of values and Character. Journal of Humanistic Counseling, Education & Development, 2000, 39 (1): 61.

德价值观念的宣传和推动却一直没有放松。北欧各国对媒介的要求极为严格，积极、自由、多元以及公共服务性质是北欧传媒业的鲜明特征。正如挪威《日报》(*Dagbladet*)编辑阿尔韦·索斯塔德（Arve Solstad）所言："电视、广播和报纸都是以可以称为社会责任的意识形态为基础在竞争中运作。"① 各类媒体（包括传统媒体和网络媒体）在新闻传播及节目制作中都需要履行以下几个方面的职责：支持并发展本国的文化、艺术及娱乐；充分允许并不断扩大言论表达和信息流通的自由，巩固和提升基本民主价值观的地位和作用；通过多样而广泛的新闻报道、事实、评论、讨论等方式，起到舆论引导的作用；生产和传播高质量的青少年节目；以及针对不同受众提供具有特色并能满足其需要的节目等。北欧依靠电影电视、广播报刊、互联网等载体平台强大的传播规模和媒介能力，在现实国情社情的报道和评论中进行意识形态的引导，又或是在给予大众娱乐享受的同时"支持有关爱情、英雄主义、家庭、阶级结构、性别、历史的被确认的看法"②，从而将"民主、自由、平等、团结"的价值观传递给包括青少年在内的广大民众。

（二）严格的评估制度

当然，媒体是一柄"双刃剑"，学者哈里森·凯恩就曾强调，"政府如果不积极引导会导致价值观体系和道德品质被破坏"③。针对社会阅历尚浅、价值体系不甚稳定的青少年群体，北欧的大众媒体有自己严格而独特的规范，加之从业人员大多具有较强的职业素养和自律意识，因而形成的媒介舆论在防止社会不良现象对青少年的消极影响方面起到了极为重要的作用。北欧各国在广播影视节目的播出上实施严格的评估审查制度，以减少不良视听对于青少年和儿童的侵害。在挪威，广播法第 127 号文件和广播管理第 153 号文件中都规定，要对播出的各类广播电视节目进行评估，确认其是否会给未成年人带来伤害，尤其是要注意其中的色情内容和不必要的暴力镜头。对那些损害青少年身心道德发展的节目，即便是只有几个镜头，都只能在青少年通

---

① 国务院发展研究中心. 当代挪威与中国 [M]. 北京：中国摄影出版社，1998：90.
② [美] 托马斯·沙兹. 旧好莱坞/新好莱坞：仪式、艺术与工业 [M]. 周传基，周欢译. 北京：中国广播电视出版社，1992：185.
③ Kane, Harrison D. Taub, Gordon Ehayes, B. Grant. Interactive Media and its contribution to the Construction and Destruc-tion of values and Character. Journal of Humanistic Counseling, Education & Development, 2000, 39 (1)：61.

常不会看到或听到此类广播节目的期间——如21：00以后播出，或是采取特定技术措施阻止青少年接触；若未按以上要求执行，则管理部门会下达口头或书面警告。此类节目正式播出前，通常还会以口头形式提醒其对未成年人的危害，并在播出期间通过特殊视觉标志予以说明。若经过评估认为损害极其严重，则节目会直接禁播。芬兰也有相似规定，"芬兰广播电视公司（YLE）把节目分成两类：适合16岁以下观看的与不适合的，后者必须在晚上9点以后播出，并且必须在报纸的电视节目表以及电视节目指南中用'F'标注。"① 为了维护公民的表达自由，早在2000年前后北欧诸国便先后取消了电影提前审查制度，但为保护青少年免受电影的有害影响，仍以年龄分级确保其在观影过程中受到必要保护，以提高青少年的视听素养，引导其健康成长。这种评估审查制度也对近年来流行的网络媒体产生影响。北欧所有网络游戏的开发都体现着成年群体和国家机构的责任意识，瑞典著名网游公司开发的电脑游戏《我的世界》没有打斗暴力的刺激性场景，而是鼓励青少年在充满乐趣的游戏中了解有益知识，处处体现着对孩子的关爱，从而营造出健康多元的网络环境。

（三）有效的监督职能

媒介组织对核心价值观的引导还体现在其社会监督作用的发挥上。北欧社会信息化程度极高，大众媒体作为除立法权、行政权和司法权以外的"第四权力"，在监督中扮演着重要角色。它通过舆论对行使权力之人施加无形的压力，形成对公权力的巨大牵制，进而促进社会整体风气的优化，实现核心价值观的稳固及强化。在北欧，所有报刊均可对议会和政府内幕进行报道，议会的讨论及辩论情况也可由各大媒体进行实况转播。在对官员的监督方面，北欧媒体更是"不遗余力"。早在1995年瑞典社会民主党进行主席换届选举时，媒体便发现当时的副首相莫纳·萨林（Mona Sahlin）用公款购买了几盒巧克力，并调出了信用卡消费记录。虽经查明所涉金额不大，且萨林本人也及时将卡归还，但这一事件由于瑞典媒体的深入跟进而不断发酵，这位年轻副首相的公众形象一落千丈，被迫宣布引咎辞职。2012年年底，丹麦文化大臣乌菲·埃克贝尔任职后即花费18万丹麦克朗在其妻子工作的一所艺术学校举办了五场文化活动。这其中除了演出费用外，还包括大量公款吃喝。由于

---

① 任琦. 北欧五国媒介管理制度［J］. 中国记者，2005（12）：70-71.

丹麦法律对公务用餐开支上限有明确规定，乌菲显然超出了这一规定，因此丹麦媒体将此消息披露后引发了全社会的质疑及声讨。事件报道不到一周，乌菲即宣布辞职，下台速度之快令人咋舌。大众媒体对自身监督职能的充分发挥，不仅使政府清廉而高效，更重要的是在一定程度上减少了社会不公事件的发生，维护了北欧社会一直以来所倡导的"民主、自由、平等"的价值理念，巩固着既有的社会秩序。媒体监督以其广泛性、及时性和群众性的特点，在国家政治生活及价值文化构建中起着无可取代的独特作用。

第五章　北欧青少年核心价值观教育的理性审视

　　北欧青少年核心价值观教育深受本国历史传统、文化背景、政治理念等多方面因素的影响，在长期的发展中形成了一套行之有效的做法，体现出独到的教育特色。当然，在合理性的背后，北欧的核心价值观教育也存在着种种困境及局限，需要进行客观而理性的分析和评价，以科学的态度对待北欧青少年核心价值观教育。

第一节　科学对待北欧青少年核心价值观教育

　　从目前来看，社会主义与资本主义在未来仍会长期共存，而中国和北欧各国作为两种不同社会制度之下的国家，在核心价值观及其培育方面必然发生交锋甚至冲撞，这是我国社会主义核心价值观的教育实践中无法回避的现实问题。我们必须秉持科学的态度，以正确的立场和观点进行研判，为可能开展的不同社会形态、不同民族国家之间青少年核心价值观教育的相互借鉴奠定基础。

一、阶级分析之法：认清北欧核心价值观与社会主义核心价值观的本质区别

　　北欧核心价值观和社会主义核心价值观由于理论渊源、社会形态等方面的不同，具有根本上的差异。科学对待北欧核心价值观教育首先要运用马克思主义的立场、观点和方法，深入剖析并充分认识两者间的本质区别。"马

克思主义政治立场,首先就是阶级立场,进行阶级分析。"① 列宁曾强调,"阶级关系——这是一种根本的和主要的东西"②,"马克思主义者不应该离开分析阶级关系的正确立场"③。因此必须坚持马克思主义的阶级观点和阶级分析方法,在认清北欧核心价值观阶级实质的基础上,把握社会主义核心价值观的历史超越性,真正划清两者之界限,为我国青少年社会主义核心价值观教育确定基调,避免在广泛的比较交流中出现性质及方向上的偏差乃至背离。

(一) 北欧核心价值观的本质

北欧社会民主主义作为一种与科学社会主义相背离的社会改良主义,是资本主义的一种模式。北欧"民主、自由、平等、团结"的社会民主主义核心价值观虽更为注重公正团结理念下的个体义务,强调社会责任与个人权利的平衡及协调,力图在有限的自由中使每个人都获得均等的发展机会、平等自由地发展个性,较之传统资本主义的价值主张具有一定的积极和进步意义;但就其根本而言仍是建立在生产资料私有制的资本主义经济基础之上,反映着北欧资本主义国家意识形态,服务于北欧资产阶级利益,是对资本主义生产方式及其政治上层建筑的维护,因而在本质上属于资本主义价值观之范畴。

北欧社会民主主义核心价值观奉行指导思想多元化,具有浓厚的抽象人性论及伦理社会主义色彩,体现出典型的虚伪性和矛盾性。一方面,它"缺乏对人的具体的、历史的分析……只着眼于人的类特性和天然需要"④来考察价值观念,避谈其社会物质基础;进而抛开历史和阶级来论证那些看似美好的价值字眼,将"民主、自由、平等、团结"视为纯粹绝对的、超越阶级和国度的全人类永恒精神追求,不仅什么也证明不了,相反"愈发下降为唯心的词句、有意识的幻想和有目的的虚伪"⑤。另一方面,它把人类自由理性及伦理道德的驱动——而非生产力的发展,视作社会进步的决定力量,认为社会主义不过是一种价值范式或称为"道义上的必然",因而反对阶级斗争,幻想在保留私有制的前提下,以细微、局部的改良逐步消除资本主义的弊端。

---

① 习近平. 在省部级主要领导干部学习贯彻十八届三中全会精神全面深化改革专题研讨会上的讲话 [N]. 人民日报,2014 - 2 - 18 (1).
② 列宁选集 [M]:第4卷. 北京:人民出版社,2012:481.
③ 列宁选集 [M]:第3卷. 北京:人民出版社,2012:27.
④ 秦德占. 民主社会主义的伦理世界观及其局限性 [J]. 北京行政学院学报,2009 (6):5 - 9.
⑤ 马克思恩格斯全集 [M]:第3卷. 北京:人民出版社,1960:331.

这显然颠倒了经济基础与上层建筑的关系，其价值体系也因而始终表现出目标与手段的矛盾，导致结果与预期的背离，必然无法在真正意义上实现其追求的价值理想。

北欧国家"以超阶级的、抽象的民主、自由的普世伦理价值观念为出发点"①，试图通过渐进改良的方式解决资本主义制度的内部矛盾，是对马克思主义阶级分析理论的消解，其后果只能是走资本主义道路。马克思主义当然也提倡并赞赏民主、自由、公正等价值理念，但其是在生产关系和阶级分析的立场上，将这些价值追求视为由制度差异"强迫"出来的非先验性结果，因而那些看似自明的甚至被认作"普遍真理"的观念则必定由于阶级关系和利益承担者的不同而有所区别。北欧核心价值观恰恰模糊了阶级差异和制度差别，其虚伪性及矛盾性自然难以避免。

(二) 社会主义核心价值观的历史超越性

我国社会主义核心价值观坚持马克思主义基本立场，立足科学世界观和方法论，体现着对人类社会发展规律的深刻认识，契合社会进步的客观要求。与其说我国与北欧核心价值观在实质上具有巨大分歧，毋宁说社会主义核心价值观同隶属于资本主义范畴的北欧社会民主主义核心价值观彻底划清界限，并从根本上实现了对后者的历史性超越。

1. 价值内涵的超越

北欧国家强调"民主、自由、平等、团结"四大价值范畴，试图以极为精简的八个字构建起一套逾越阶级、国家及制度差异的理想价值体系。然而私有制的经济基础使其"平等"不过是建立在不平等生产关系上的形式平等，"自由"也只是资本而非真实个体的自由。北欧核心价值观表面的"普遍性"不过是对其内部阶级矛盾以及资产阶级特殊利益诉求的掩饰。它仅能从现实社会层面短暂调和阶级之间的部分利益矛盾，具有机会主义的短视性和从众性，是抽象而虚假的。

我国社会主义核心价值观构建于社会转型的重要时期，社会结构剧烈变化、社会利益深刻调整，现实的复杂性同现代化追求目标的丰富性相互交织，因此其更为全面地从国家、社会、个人三个层面涵盖了十二个价值范畴，代

---

① 张广文，焦金艳. 民主社会主义的批判性解读 [J]. 湖南医科大学学报（社会科学版），2008, 10 (3)：8-10.

表了社会各阶层和各领域的价值诉求，体现了层次上的逻辑性，是一个完整而丰富的价值体系。社会主义核心价值观虽也包含"民主、自由、平等、公正"等理念，但其建立在生产资料公有制的基础上，关切广大民众的长远和根本利益，是剥离了北欧"民主、自由、平等"中不合理因素而具备其中积极要素的成果，实现了形式与实质，国家、社会与个人价值目标的对立统一，因而区别并超越于北欧核心价值观，具有真实而深刻的内涵。

2. 价值主体的超越

资本主义生产关系以生产资料私有制为基础，其核心价值观以一个阶级对另一个阶级的价值剥夺为根本内容。所谓的"民主、自由、平等、团结"不过是为资本主义经济发展服务，仅代表少数有产者的意志和利益，而大多数价值主体的生存需求则受到忽略甚至损害。虽然北欧国家试图改良传统资本主义的弊端，但其始终无法逃避"资本至上"的窠臼，无法从根本上解决生产资料的私人占有与生产社会化之间的矛盾，因而在价值主体上必然表现出强烈的狭隘性。

我国作为社会主义国家则坚持"全社会成员经济上共同占有生产资料，政治上享有共同权利"，广大人民群众成为国家主人，在社会发展和价值实践中具有主体地位。社会主义意识形态反映着最广泛民众的理想和愿望，维护着广大劳动人民群众的根本利益和价值创造，引导全体人民为实现美好社会理想而共同奋斗，体现出对全部价值主体的关怀与尊重。人民性是社会主义核心价值观的本质和归宿，相较于北欧核心价值观的阶级局限性而言，这是一种主体的扩充、升华和超越。

3. 价值目标的超越

北欧社会民主主义将"民主、自由、平等、团结"等作为价值目标和衡量社会进步的唯一价值标准，反对阶级斗争，否认历史发展的必然规律，社会主义只是"某种伦理道德或价值观念的产物"[①]，一项不断追求美好社会的持久任务。这一价值目标以唯心史观为基础，否认经济基础对人类社会发展的决定作用。由于资本主义制度不发生根本变革，经济上的不平等必然导致不彻底的民主与自由，无法真正实现个体的发展和解放。

我国社会主义核心价值观在马克思主义唯物史观的指导下，以建成富强、

---

① 杨娇. 中国特色社会主义理论与民主社会主义思潮差异性比较 [D]：[硕士学位论文]. 南京：南京信息工程大学马克思主义学院，2015.

民主、文明、和谐、美丽的社会主义现代化强国为现实价值目标，以实现共产主义、促进个体自由全面发展为最高价值追求，虽不否认社会主义的道德论证，但决不将其视作衡量社会进步发展的唯一尺度。相反，各层面的价值目标均同社会主义基本制度辩证统一，生产资料公有制和按劳分配使经济领域的平等与解放成为可能，为个体彻底摆脱奴役和压迫，成为恩格斯在《社会主义从空想到科学的发展》中所说的"自己的社会结合的主人……自然界的主人……自身的主人——自由的人"[1] 奠定了价值基础，因而是对北欧价值目标的超越。

4. 价值实现的超越

北欧社会民主主义从人道主义出发，反对阶级斗争和暴力革命，寄希望以渐进改良方式限制资本剥削，实现价值理想。北欧放弃对生产资料所有制的根本改造，在资本主义制度下发展混合经济并进行民主监督，以高税收实施再分配改革，建立普惠型公共福利体系，争取社会公平；采取议会民主方式，主张三权分立和多党竞争，通过普选赢得政权；坚持文化多元，吸收兼并多种思想成其指导。北欧改良手段具有一定积极意义，但由于不触及制度根基，抽象谈论价值实现，因而是不全面也不彻底的，其只能充当资本主义病床边的医生。

中国共产党人坚持马克思主义基本原理同中国实际的有机结合，在经济领域实行以公有制和按劳分配为主体的社会主义市场经济，"消灭剥削，消除两极分化"[2]，逐步实现共同富裕；在政治领域坚持人民民主专政，在民主集中制原则下实现中国特色的权力分工与制约，建设法治国家，发扬社会主义民主；在思想文化领域坚持马克思主义一元指导地位，发展多样的文化生活，实现社会主义精神文明。我国社会主义核心价值观在中国特色社会主义建设实践中积极探索价值实现的有效途径，将价值目标真正转化为现实的价值成果。

总而言之，北欧社会民主主义核心价值观与我国社会主义核心价值观是性质完全不同的两种思想观念体系。在意识形态领域斗争日益激烈和复杂的今天，西方资本主义国家不断加紧对我国的价值渗透和思想侵蚀，一些别有用心之徒以北欧庞大的福利体系、宽松的社会环境为掩护，借社会民主主义之名，贩卖资本主义价值观，企图以抽象的"民主、自由、平等、团结"为

---

[1] 恩格斯. 社会主义从空想到科学的发展 [M]. 北京：人民出版社，1997：78.
[2] 邓小平文选 [M]：第3卷. 北京：人民出版社，1993：373.

突破口,动摇我们的价值根基,消解我们的文化自信,其实质是要将我国引向资本主义道路,从而达到其"西化""分化"我国的图谋。一些立场不坚定者则极易在这种"迷惑"和"冲击"之下成为一并摇旗呐喊的"同伙"。对此,我们必须保持清醒的头脑和高度的警觉,要将"马克思主义关于阶级和阶级分析的观点和方法……作为我们观察社会主义与各种敌对势力斗争的复杂政治现象的一把钥匙"①,毫不动摇地走中国特色社会主义道路,坚定不移地维护和践行社会主义核心价值观,坚决抵制西方意识形态的渗透,"坚持在我国大地上形成和发展起来的道德价值"②。

二、开放包容之姿:承认北欧核心价值观教育的可借鉴性

纵然社会主义核心价值观与北欧核心价值观有着本质上的区别,但这并不意味着两者各自的构建及培育是绝对割裂、无法镜鉴的。伴随全球化程度的日益加深,任何一个国家都愈加无法脱离他国而实现自身发展,任何社会的核心价值观教育也都离不开对别国经验教训的合理借鉴。正如习近平总书记所指出的,"社会主义核心价值观……既体现了社会主义本质要求,继承了中国优秀传统文化,也吸收了世界文明有益成果,体现了时代精神"③。面对时代的要求和现代教育的特征,必须保持开放包容的姿态,突破原有的知识体系和解释框架,在比较互鉴中拓宽视野、取长补短,做到与时代同行、与国际接轨,不断扩展教育的内涵,不失偏颇地进行教育实践。"人类文明因包容才有交流互鉴的动力"④,要"以文明交流超越文明隔阂、文明互鉴超越文明冲突、文明共存超越文明优越。"⑤ 在世界格局与文明交融的新时空背景下,借由各国间的平等对话及包容借鉴进一步增益交流理解、实现聚同化异,重塑社会主义核心价值观教育的当代形态既是必要的,也是可行的。

---

① 周新城. 必须警惕民主社会主义思潮的泛滥 [J]. 理论视野,2017 (5):17-19.
② 习近平关于全面深化改革论述摘编 [M]. 北京:中央文献出版社,2014:88.
③ 习近平. 青年要自觉践行社会主义核心价值观——在北京大学师生座谈会上的讲话 [N]. 人民日报,2014-05-05 (1).
④ 习近平在联合国教科文组织总部的演讲 [EB/OL]. http://www.xinhuanet.com/politics/2014-03/28/c_119982831.htm,20-14-3-28.
⑤ 习近平. 决胜全面建成小康社会 夺取新时代中国特色社会主义伟大胜利——在中国共产党第十九次全国代表大会上的报告(2017年10月18日)[M]. 北京:人民出版社,2017:75.

(一) 教育方法途径的可借鉴性

虽然核心价值观本身体现着国家意识形态的本质，决定着社会意识的性质和方向，但其建设和培育的方法和途径一般来说只涉及意识形态的具体建设方式，不具有社会基本制度的属性，没有姓"资"与姓"社"的区分，因而体现出一定的普遍适用性和可借鉴性。一国有效的教育方法和手段完全值得别国研究、学习。对北欧青少年核心价值观教育实施途径的分析与借鉴正是本书的研究重点。

作为一种系统化的指导行为，各国对于核心价值观教育方式的选择和实践，更多受到其长期发展中积淀而成的文化传统的影响，体现为一整套与某种习惯性社会行为方式紧密关联的教育活动。从作用上来说，青少年核心价值观教育是一种教育活动，各国在此方面均以培养青少年正确价值观念、推动社会意识形态的一致性、维护国家的团结稳定为宗旨。虽各国教育发展不尽相同，但教育史在世界范围内具有一定共通性，教育活动的育人本质没有区别，教育对象的思想发展也必然遵循特定的规律；加之"青少年"这一特殊群体的身心特征不因国度和阶级的不同而产生本质上的差异，因此核心价值观教育的有益做法和实践经验在一定程度上具有一般性和普遍性。借由核心价值观本身的意识形态性来否定、拒斥价值观教育实施途径的可借鉴性，显然是一种保守短视、故步自封的做法。事实上，北欧隐性渗透、多方联动的价值观教育方式值得各国各地区的人们进行研究、学习和借鉴。我们当然要划清北欧核心价值观与我国社会主义核心价值观之间的界限，同时也可以质疑北欧做法在我国价值观教育实践中的具体可行性，但必须要承认北欧青少年核心价值观教育实施中的正确理论和科学方法，当其在我国的实际应用中取得积极成果时亦要给予充分肯定。

(二) 基本教育内容的可借鉴性

人类社会的发展本就是共时性与历时性的统一，基于社会实践而产生的大量理念及观点中不可避免地会包含着一些具有规律性的内容，并经由时间积淀世代相传，成为全人类共同的文明成果。纵然核心价值观教育具有极强的民族性和文化性，但人及人类生活具有一定相通性，且经济的全球化和思想的国际化使各个国家和民族之间的文化界限被进一步打破。不同社会、不同阶级所倡导的道德或价值理念当然具有本质差异，但也或多或少会有一些共性之处。坚决排斥外来价值观念、全盘否定其合理因素绝非易事，也显然不是一件益事。

事实上，不少国家的核心价值观教育内容都在不同程度上蕴涵着人类精神文明的结晶。北欧核心价值观虽根植于欧洲的思想文化背景，属于资本主义价值观范畴，但其中"民主、自由、平等、团结"的价值元素并非资产阶级或北欧民族专有的"非卖品"。剔除附着其上的抽象人性论和伦理主义色彩，消除其在资本主义条件下的阶级意义，不难发现这些象征着人类价值追求和公认美德的概念，可谓全世界人民共同的文明成果和精神财富。我国坚持自己的政治立场和价值取向，全面抵御西方政治价值观的强势渗透，但并不拒斥人类文明史上具有科学价值的理论、思想和文化。北欧核心价值观教育中所内含的人类意识、道德、伦理上的积极合理要素赋予我国社会主义核心价值观教育以更为丰富的内容，故而不应也不能被粗暴摒弃。唯有采取开放包容之姿，以宽广的胸怀和气魄对其进行合理解读，既深入批判，又大胆借鉴，有效承接人类文明优秀成果的精华，方能使社会主义核心价值观及其培育始终适应世界变革和时代发展，保持蓬勃而强大的生命力、感召力和说服力。

三、辩证扬弃之道：坚持"中国立场"上的批判借鉴

"开放包容"并不代表对国外经验不加分辨地简单"拿来"或粗暴"嫁接"。恰如美国著名教育学家内尔·诺丁斯（Nel Noddings）在《21世纪的教育与民主》中所强调的，教育领域内根本不存在一种所谓"包治百病的灵丹妙药"，研究"他者"的根本目的在于通过合理借鉴，有针对性地解决本国实践中的困难与障碍。这一过程必须建立在维护本国及本土文化主体性的基础之上，进一步激发借鉴主体创新发展的内生动力。这就需要客观辩证地审视北欧青少年核心价值观教育，既肯定其优长，又正视其不足，在主动而为的批判性反思中实现我国社会主义核心价值观教育的理性补充、完善与发展，防止因盲目模仿而造成的主体性丧失。

（一）全面剖析北欧的经验教训

北欧青少年核心价值观教育有其合理及成功之处，然北欧的经验教训同

样是不容忽视的研究内容。全面深入地审视其成败得失，是进行比较研究，实现借鉴提升的根本前提，也是马克思主义唯物辩证法的基本要求。开展思想政治教育领域的比较研究，尤其要避免陷入这样一种误区，即：单纯将研究目光聚焦于国外的"成功"经验上，将总结出的国外有益做法简单进行调整和加工，便生硬地套用或嵌入本国思想政治教育系统当中。缺少对"失败"教训的提炼与总结，仅从"成功"之处去找寻借鉴之由，这是着眼点上的重大偏差。

一方面，任何国家的核心价值观教育都是一个极其庞大的系统工程，经验与教训并存是不可否认的客观事实。选择性地忽略对不足之处的考察分析，便难以得出该国价值观教育全貌的精准结论，自然无法在启示与借鉴层面提供科学依据，从而失去了比较研究的意义和初衷。另一方面，国外青少年核心价值观教育的成功经验并非绝对，更不是"放之四海而皆准的真理"。正如北欧的成功做法是"相对于其目的需要、条件因素和有效影响而言"[①]，我国与北欧国家具有不同的发展道路、文化传统和教育制度，即便核心价值观教育在方法和途径上具有一定的共通性和可借鉴性，北欧的成功经验也是不可简单复制的。只见"好"不谈"坏"的非理性态度只会导致现实中的轻率模仿，进而导致效果的丧失乃至方向的偏离。因此，辩证对待北欧青少年核心价值观教育，不仅要着眼其成功经验本身，也要将其存在问题纳入研究，甚至是借鉴的范畴，因为成功的经验和失败的教训具有同样重要的研究意义和参考价值。

（二）实现"以我为主"的创新发展

辩证剖析北欧经验的根本目的在于有效促进我国社会主义核心价值观教育的创新发展，既不能瞻前顾后、保守僵化，又不可盲目崇拜、媚俗西化，这就要秉持辩证扬弃的态度，维护我国的主体性地位，坚持"以我为主，为我所用"。作为借鉴过程中的主体，我国必然要直面当下的困惑与问题，在特有的中国背景下，有计划、有选择地参照并借用北欧的合理做法，通过批判性的审思、合乎目的的实践，克服消极内容，保留并培育积极因素，实现对我国核心价值观教育具体问题的分析、回应和解决。

---

① 郗厚军，康秀云. 国外思想政治教育可借鉴性：前提反思、根据认识及实现要求[J]. 思想理论教育，2018（1）：17–22.

既然是以我国为主体的创新发展,则要特别防止对北欧经验的被动依附,因此有效的学习借鉴必定是批判扬弃之上的去糟取精、取长补短,是坚持从本国实际出发的改造吸收、择善而从;虽在他者视域中可获得启发、思路与灵感,但在根本上仍不能脱离本国政治文化思想资源这一基础。解决中国问题就应当坚持中国自己的世界观和方法论,倘不加分析、一股脑儿地将北欧经验奉为圭臬,一切皆以北欧理论和实践作为评判我国价值观教育合理与否的标准,那么这样的研究和借鉴无疑是机械生硬、本末倒置的,也必然是一种主体性的丧失。因此,科学对待北欧青少年核心价值观教育,必须立足我国实际,采取扬弃态度,以反思批判的精神,将对"他者"的学习、研究和借鉴置于实现"自我"创新发展的大背景中,实现国际化与本土化之结合统一。

总而言之,社会主义核心价值观教育作为一项超越中国地域空间的政治实践,绝不应回避对西方价值观教育实践的研判和借鉴。"这是坚持马克思主义开放性理论特质的必然要求,也是符合人类认同及实践规律的现实需要。"[1] 面对北欧青少年核心价值观教育,需要采取开放包容的态度,秉持中国意识和中国立场,运用历史的、辩证的思维方法,"以不断增强马克思主义意识形态的吸引力和凝聚力为主体,从全球化的共时态语境和从中国传统价值观向社会主义核心价值观历时态出发进行逻辑反思、理性批判和创新发展"[2]。社会主义核心价值观的培育绝非简单粗暴、非此即彼的单一选择,若没有对西方价值观教育实践的合理汲取和有效借鉴,其便会失去丰富的时代内涵;但若缺少对西方价值观教育实践的深刻反思和科学抵制,其也会丧失本应存在的现实意义。

第二节 北欧青少年核心价值观教育的特色与经验

长期以来,部分国人认为崇尚自由民主的西方国家并不重视核心价值观的培养。然而,通过以上章节的分析与阐述,不难看出北欧国家在青少年核心价值观教育方面高度重视,在实践中逐渐形成了自身的特色经验。

---

[1] 社会主义核心价值观教育的多维度思考 [EB/OL]. http://www.wenming.cn/ll_pd/shzy-hxjzg/201604/t20160418_3296868.shtml,2016 - 04 - 18.

[2] 孙其昂,侯勇.论社会主义核心价值观建设的现代性境遇与超越 [J].中国特色社会主义研究,2011 (2):58 - 63.

一、宗教性与世俗性共存

宗教性与世俗性共存的特点主要在北欧学校的价值观教育中得到突出体现。北欧教育本身就起源于宗教，在较长的一段时期内受到天主教会的控制及管理，宗教在北欧历史上曾经承担着包括价值观教育在内的教育职责。即便北欧在宗教改革之后公共教育体系逐步确立，实现了教育的世俗化，然而宗教对青少年价值观的影响依旧是根深蒂固的。毫无疑问，宗教是北欧人最基本的个人精神信仰和社会道德源泉，其"公平与正义"的价值理念即源自"众生平等"的宗教信仰。相较于美国、法国等不少发达资本主义国家实行较为典型的宗教与教育相互分离，宗教教育渐次退出公立学校，价值观的培育多集中在民主公民教育领域，在极大程度上呈现出世俗化的色彩；北欧则始终奉行宗教性与世俗性共存的教育政策。各国在义务教育及高中教育阶段，除了设有世俗化的公民教育、社会科、伦理、道德教育等课程外，宗教教育是国家规定的核心/必修课程，且于各年级课程中占据一定学时，在学生的价值观培育中分量很重。在瑞典，宗教甚至就是道德及价值观教育的基础，直接影响着教育的目的和内容。北欧青少年除非能够提供已接受相应学时宗教学习的证明，否则必须严格按照学校规定接受宗教教育——即便是无神论家庭的子女。

今天，北欧学校的宗教教育已不仅仅是对《圣经》和基督教教义的学习，或是对宗教仪式和习惯的了解，而是超越了教派的范畴，将宗教看作广义上的文化和社会生活的一部分，更加强调个体精神及道德的发展、价值观与信仰的建立，以及道德伦理问题的解决。它借由开放的宗教课程和丰富的教学活动，在强调本民族宗教传统的同时也实现了同世俗化的公民教育、道德教育之间的相互补充乃至相互融合，共同引导青少年在主流意识形态的框架内积极追寻自身信仰和人生意义，理解并尊重文化的多样性，确立起自己的生活哲学，学会用宗教伦理原则来解决现实的人生和社会问题，最终培养起具有正确高尚价值理念、符合现代社会发展需要的积极公民。

换言之，在青少年核心价值观教育方面，北欧国家在宗教性与世俗性之间保持着一种微妙的平衡，将符合主流意识形态的世俗价值内容与宗教价值内容统一于价值观教育的全过程，整合于价值观教学及实践活动之中，在传统形式与时代精神的结合中实现青少年精神、道德、身心的健康发展。北欧国家用实践证明，虽然古老的宗教教化在当代欧洲教育中的作用日渐式微，但传统与现代、宗教与世俗之间并非水火不容。核心价值观教育的宗教手段也好，世俗途径也罢，对于促进北欧青少年的道德人格完善，实现社会的稳定有序都具有无法替代的作用。

二、显性规范与隐性渗透结合

从总体上来看，北欧国家在青少年核心价值观教育中十分注重显性规范同隐性渗透的结合，一方面充分发挥政府、学校、大众传媒等教育主体在价值传播及引导中的优势，依托官方话语、学校课程、媒体宣传等具体形式，对青少年进行直接、明确的价值观教育及引导，帮助其形成关于主流意识形态的科学认知和理性解读，从而将"民主、自由、平等、团结"的核心价值观"输入"其头脑并根植于其内心；另一方面注重挖掘并利用隐匿在校园、家庭及社会中的诸多无形教育资源，找准价值传递的隐性支点，创设价值熏陶的有效情境，通过隐蔽、无意识的价值渗透，巧妙地完成价值观的教育与引导，并转化为内在的价值认同与践行。

需要强调的是，"直接、显性的灌输传递"与"间接、隐性的引导渗透"这两种方式虽互相结合，互为补充，但两者在北欧青少年核心价值观教育中所占的比重并不相同，后者显然更能体现出北欧价值观教育的特色。与东亚"政府主导型公民道德发展模式"不同，包括北欧诸国在内的现代西方国家多强调"主体契约型公民道德发展模式"，几乎所有的道德问题都被归于公民个体自主抉择的范畴。相应的，价值领域的认同、选择及实践虽不是纯粹的私人问题，但也必须经由个体的自由判断，因而公民核心价值观教育绝不可能是权威型或命令式的。然而，作为国家意识形态的直接反映，核心价值观的培育及引导又是政府、学校、社会、家庭必须面对的现实问题，因此隐性的、无意识的诱导渗透就成为公民价值观培育的普遍方式。北欧对青少年进行隐性价值观教育的方式主要通过以下几种形式展开：一是将价值观教育同全学科课程（holistic curriculum）相结合，把民主、人权、种族、和平与冲突等内容渗透到语言、历史、地理、宗教、体育、音乐等各门课程之中，并通过各学科不同的侧重点有针对性地对价值观培育中的难点进行有效解读，实现"所有课程的参与，而非几门重要学科的孤立的结合"①；二是运用建筑、雕塑、文字、图像等，将国家或民族发展中起到重要作用、具有重大意义的人物或事件实物化，通过民众对该实物的敬仰和崇拜，引导青少年热爱自己的国家，认同主流意识形态；三是在蕴涵教育意义的节日庆典或文体竞赛中，借助特定的具有仪式感的活动，强化青少年对国家传统及英雄人物的了解与支持，提升其作为社会主人翁的自豪感和使命感；四是教育者有意识地在各种学习和生活环境中创设价值教育的氛围和情境，通过平等对话的师生关系、包容团结的社会风气、自由民主的家庭氛围，潜移默化地影响青少年的价值判断；五是重视北欧文学、诗歌散文、民间传说等文艺作品的价值渗透作用，积极促成社区学校、宗教组织、文化场馆等各类教育载体间的良性互动，借由富含人文气息和价值感召力的文化活动，以不易察觉的方式巧妙地将社会提倡的价值信息有效传递给青少年；六是将北欧社会民主主义核心价值观与平等普惠的社会福利制度紧密结合，使青少年在自身利益的有效满足中产生对国家意识形态的深刻认同。

有实无名的无意识教育是北欧青少年核心价值观教育的突出特色，但各种形式的显性规范仍然是重要的教育手段，毕竟直接传授是影响青少年价值观形成最为有力的途径。如果说显性教育作用于个体的理性，帮助其形成自己的价值判断，那么隐性渗透则主要作用于个体的非理性，帮助其塑造价值心理及价值情感。

三、个人自由与社会责任兼顾

长期以来，西方学界始终对"个体"与"社群"的优先性问题争论不休，并由此引发了自由主义同社群主义之间的持久论战。必须承认，"在现代西方民主国家……个人主义的精神不仅被大众所普遍接受，而且已经被机构化和法律化了……浪漫主义是感情上的个人主义，自由主义是思想上的个人主义，多元主义是文化上的个人主义，放任主义是经济上的个人主义，民主主义则是政治上的个人主义"②，对个体权益及自由的崇尚似乎已经成为西方国家政治文化的基石。然而，核心价值观教育作为一种维护社会整体稳定

---

① Miller, John P. The Holistic Curriculum. Revised and Expanded Edition. Toronto, Canada: OISE Press, Inc., 1996. 2.

② 杨明，张伟. 个人主义：西方文化的核心价值观［J］. 哲学研究，2007（4）：38-44.

的重要手段，又需要在全体民众中建立一种跨越个体局限的"共享性认同"，形成"一起共同生活和共同治理的愿望"和"共同分担命运的愿望"①。如何在个体与社群之间保持平衡，是各国核心价值观建设中的关键议题。而个体自由与社会责任之间的平衡与兼顾恰是北欧核心价值观教育的基本特征，也是其作为一种合法性存在得以不断发展的内在根本动力。

有意思的是，同英美等较为侧重个人自由、倡导个体之间差异的传统资本主义国家不同，北欧人似乎在刻意避免因个性的过度张扬而打破集体的平衡，因而显得更为低调、中庸与平和。这一民族特质或许可以在北欧的"詹代法则"和普惠的福利体系中得到直接确证。从核心价值观的内容来看，北欧社会民主主义核心价值观中的"自由"本就内含着对集体的责任，强调个人自由的社会属性不应被任意抹杀，自由应当是个人努力与合作努力共同的产物，因而"团结"作为核心价值观中的另一重要内容，是"自由"的前提要求和必然结果。在北欧人看来，个体的文化诉求并非一定会对社会整体之建构产生负面效应，也并不必然同国家利益形成冲突。相反，要形成具有"共同体感"的团结社会，恰恰应当在个体价值选择与社会发展期待之间达到一种有效的平衡。在北欧的核心价值观教育中，几乎看不到个人本位同社会本位的过多争论。各国一方面强调教育的公共性，在政府的积极引领下通过学校、家庭及社会中各类教育主体的协同，借助法律制度、官方战略、公共活动等方式或载体建构起统一的社会文化体系，引导青少年从积极公民的视角形成共享的文化记忆及共识基础，在强烈的归属感中实现对公共价值取向的认同，促成社会的稳定发展；另一方面也关注青少年的个性需求，鼓励个体积极主动地融入价值问题的探讨与争论、参与价值活动的实践与反思，在生动具体的现实情境中，借由自主的价值判断及价值选择，获得自我认同，实现个体价值理念的构建，并逐渐承担起更多的自我发展责任。

总而言之，北欧国家在青少年核心价值观教育的过程中尤其重视个体与社会的辩证关系，他们把个体发展视为社会需要的一部分，既尊重个体文化诉求，又注重社会共同利益的维护，在个人自由与社会责任之间建立起有益关联，并努力维持一种动态的平衡。这一特色和原则不仅能够帮助青少年个体树立科学的价值信仰，按照自身意愿选择自我实现的最佳方式，同时也能在最大程度上引导青少年确立对其所属共同体的责任意识，在尊重共同体根

---

① ［加］威尔·金里卡. 当代政治哲学［M］. 刘莘译. 上海：上海译文出版社，2011：275.

本利益的基础上形成整体的价值认同建构体系，最终实现北欧社会民主主义的价值理想。

四、价值认知与价值实践统一

核心价值观的培育是一个包括内在认知和外部实践的系统过程。从教育环节的发生来看，个体需要对抽象的价值概念及原则进行深入理解，并基于此产生正确的价值情感；进而要借助实践中的价值判断、选择及相应行为稳固并内化这一理解，同时在价值认知的不断深化中丰富和提升价值实践的意义。聚焦北欧青少年核心价值观教育，"价值认知的获得"与"价值实践的强化"从不会单独出现，两者总是通过双向互促的动态关系实现有效衔接，从而深刻地影响着个体价值观的凝塑以及社会共同体的构建。

北欧各国普遍认识到，现代社会达成价值共识的前提是公民具备丰富的知识储备和成熟的理性思维，因而将价值知识，尤其是民主公民意识的传授作为青少年核心价值观教育的重要基础。以学校教育为例，瑞典、丹麦等国教育部都强调学校作为具有不同社会和文化背景的学生的汇聚点，必须教授民主之概念，同时在相关教育法律文件中明确规定了民主公民意识的总体内容。相关学科也都十分重视系统的民主公民知识的呈现与讲解，以促进青少年对于北欧社会价值体系的认知，并基于此形成关于北欧"民主、自由、平等、团结"等核心价值理念实际内涵的正确理解。当然，这种理解决非一种表面、肤浅的概念性认识，而是在北欧特定社会背景下对其内涵的深层阐释，从而帮助青少年领会这些价值内容的真实意蕴及当代价值。

北欧国家重视基于理性主义的价值认知，同时也强调经验主义之上的价值实践，在两者的有机统合中培养青少年价值理解力及行为胜任力。比起美国人求异求新、德国人爱好思辨、法国人善于推理，北欧人更为讲求实效，往往以一种极为理智的态度对待未被实践经验证明的事物。这种面向实际需要、关注事物本身的思维方式对其价值观教育产生了一定影响，表现出浓厚的实践性色彩。北欧青少年价值观教育的一个重要特点就是其"生活模式"，即："一切生活与生命中最真实的事情都为教育所关注。"[①] 各国学校均反对单纯灌输空洞抽象的价值理论，而是将实践看作价值观教育的源泉和动力，

---

① 方松. 从教育价值观角度探析芬兰教育的成功因素[J]. 教育观察，2018，7（2）：17-18，56.

从现实生活中挖掘教育资源，鼓励学生参与校园内外的各类实践活动，通过现实的参与及探索获得丰富的生活体验，在繁复的社会现象及具体的价值问题中引发青少年的深度追问，经由理性反思归纳个人观点，并转化为实际的社会行动，从而更好地"理解社会文化传统和价值观念，并形成自己的道德原则和价值观念"①。北欧政府、企业及公共服务机构也借助免费的文化场馆、充足的经费支持、有效的考评制度等方式为青少年价值实践提供了便利条件。

核心价值观产生于认知，内化于实践，固化于两者间的良性互促。北欧国家正是通过价值认知与价值实践的相互促进及有效统合，为青少年核心价值观的培育和社会共同信念的强化奠定了坚实的基础。

五、凝聚共识与包容差异融通

核心价值观教育是指在某一相对稳定的群体（如国家、民族）中通过各种教育手段促成共同价值观念的形成，因而显然是一种凝聚共识的价值认同教育。然而，伴随着全球化的纵深发展，异质文化之间频繁交流，各种价值观之间不断碰撞，文化格局的建构以及价值共识的生成方式业已发生了巨大的变化，在青少年群体中实现价值认同的难度也在日益增大，这就需要积极回应文化多样性之诉求。北欧国家尝试将"包容差异"融入"凝聚共识"的大框架内，借由两者的融通及调和，帮助青少年重新建构文化身份，形成稳固持久的价值认同，力求实现整个北欧社会的"和而不同"。

同其他国家一样，北欧各国十分强调青少年对所处共同体中的精神、文化及价值观念形成一种共识性理解。"共同体中的人们需要一定的'认同框架'……（这些框架）为人们生活和选择的根本差异进行了本质规定"②，也构成了社会价值认同的基础。在北欧，无论是学校课程中的价值渗透、社会文化符号中的价值熏陶，还是政府法规政策中的价值引导、家庭亲子活动中的价值实践，其本质上均是一种达成价值共识的教育，目的在于激发青少年的爱国情感和责任意识，促进其对国家文化传统和价值遗产的支持与认可，

---

① C. A. Grant. Cultivating Flourishing Lives: A Robust Social Justice Vision of Education. American Educational Resear-ch Journal, 2012, 49 (5): 910-934.

② Charles Taylor. Sources of Self: the Making of the Modern Identity. Cambridge: Harvard University Press, 1989: 29-30.

在赋予个体生活意义的同时推动国家共同体的稳定与统一。这种价值认同教育并非是用某一群体的价值体系来遮蔽或替代另一个，而是通过一种超越族群的共识性价值理念为个体价值观的形成廓清边界、指明方向，进而唤起青少年对于民族文化和国家意识形态的真正认同，引导他们自觉接受、认可并主动践行社会提倡的价值理念。

然而，北欧凝聚价值共识的过程中又内含着对价值差异的包容。这一方面同北欧社会民主主义核心价值观自身的开放性及包容性有关，另一方面也与北欧社会结构的悄然变化有着直接联系。近几十年来，由于广泛吸纳人才和接收国际难民，北欧已然从传统的单一民族和基督教同质文化社会转变为由多民（种）族组成的多元文化社会，忽视"价值差异"、一味强调共同价值观的单向传递，只会引起个体之反感，进而影响民（种）族之团结。因此，瑞典、丹麦、挪威等国均把文化多样性作为各部门制定一般政策的出发点，尊重有差别的文化权利和公民身份，反对价值理念的"绝对同质性"。各国注重对萨米族人、卡文人、犹太人、芬兰丛林人、吉普赛人等不同民（种）族群体特有语言和文化传统的保护、继承与发展，反对种族主义和民族歧视，甚至可以根据特定文化性格接受一定价值原则下的有限偏离。学校的核心或必修课程中也都包含着关于不同民（种）族历史、语言及宗教信仰的相关知识，青少年在文化价值交往和互动的过程中学会承认并尊重彼此间的文化差异，以非排斥的姿态对待价值观的多元性，形成平等、包容、尊重的价值理念。

当然，北欧对价值差异的包容必须限定在国家总体价值框架之内，多元的文化表达及价值倾诉不能违背共同的价值原则。各国在尊重文化差异的基础上仍然要求新移民了解和遵守本土风俗、法律制度等，尽快融入本地文化，形成一种更深层次的价值认同。换句话说，北欧的"凝聚价值共识"和"包容价值差异"在理论上是相互调和、殊途同归的，是通过对异质文化的一定承认，促进社会融合、获得价值共识的另一种方式，其目的在于"以异化同"，最终指向社会共同体内部凝聚力的提升。

六、顶层设计与多方联动并重

北欧国家历来重视青少年核心价值观教育，在长期的探索和实践中通过政府引导下的学校、社区、媒体、家庭、民间组织的协同培育，形成了一套顶层设计与多方联动并重的体系，构建起多层次、宽渠道、全方位、常态化的价值观教育引导机制。

一方面，注重顶层设计是北欧青少年核心价值观教育取得实效的关键。这种顶层设计不是事无巨细、无所不包的集权管理，而是采取"中央—地方—学校"三级管理的模式，对青少年价值观的培育实行间接的放权式管理。实际上，第二次世界大战之后的北欧国家也曾在教育领域长期实行高度的中央集权制，中小学开设的课程、学时数，采取的教育方法，甚至校长的任命、经费的获得全部需要执行国家教育委员会的相关规定。然而实践证明，学校和教师自主权的缺失并不利于教育目标的实现。因此，20世纪80年代之后，瑞典、芬兰、丹麦等国家逐步将基础教育的权力下放到地方，不对具体教育活动进行过多干涉，形成了开放、多元、分权的教育体制。各国均不设统一的思想政治教育机构，而是从总体上规定教育政策及课程标准，并将价值观教育内容融入公民教育、宗教教育之中，强调国家意志的体现；地方政府在国家的方向把握与宏观掌控下，"决定如何组织教育机构、分配教育资源、采取何种手段达成标准"[①]；而学校则在价值观教育的具体内容及方法上具有充分的自主权，可以更为灵活地发挥教育主体的积极性和能动性，有效实现价值观教育的根本目的。

另一方面，青少年核心价值观教育是一项系统性教育工程，需要各类主体的广泛参与。北欧国家依托文化部（the Ministry of Culture）、教育及研究部（the Ministry of Education and Research）、健康及社会事务部（the Ministry of Health and Social Affairs）等政府部门交互作用，共同从多个维度为青少年核心价值观教育提供宏观指导和政策服务。在此基础上，各级各类学校、社区教育机构、大众传播媒介、宗教团体组织等多种实践载体共同参与、相互配合、良性互动，通过全方位、多层次、宽领域的联动式培育运行机制，促进北欧社会民主主义核心价值观的广泛传播和有效渗透，引导青少年群体自觉形成对国家价值理想的认同。这里要特别强调北欧"一臂之距"（arm's length）的文化管理方法在核心价值观协同培育中的作用。"一臂之距"主要是指"某些艺术文化的国家管理机构在国会的监督和委托下，在政府系统外独立从事相关艺术文化管理，从而与政府系统之间在行政关系上保持一定距离。"[②] 这类机构虽受政府委托，但往往依托专家力量自主经营、独立运行，

---

① 薛二勇. 瑞典教育改革中的教育公平发展政策 [J]. 比较教育研究，2009（9）：17.
② 张雪莹. 英国"一臂之距"文化管理原则的启示 [EB/OL]. http://roll.sohu.com/20111202/n327710934.shtml，2011 - 12 - 02.

且是非营利性的,能够在政府和基层单位之间起到"中介"和"纽带"的作用,增强各文化教育主体的协同性,弥补层级管理中的局限,使核心价值观培育体系具有较强的灵活性和可调适性。例如,丹麦的文化署(Kulturministeriets)和国家艺术基金会(Statens Kunstfonds virksomhed)具体实施国家文化战略和规划,并负责为文化活动及艺术家个人提供经费资助和政策咨询,有利于将国家的公共文化政策和价值引领目标得以落实,同时也能够以更为包容客观的立场对核心价值观教育的实践进行指导,极大地提升了核心价值观教育机制功能发挥的科学性和实效性。

第三节 北欧青少年核心价值观教育的困境与局限

总体而言,北欧国家尊重青少年的主体性和差异性,有效整合多种教育力量,通过丰富的实践载体,在核心价值观教育方面取得了一定实效,增强了青少年群体对于国家意识形态的自豪感和认同感,提升了社会内部的向心力和凝聚力。但不可否认,北欧在青少年核心价值观教育方面依然存在着一定局限,尤其是伴随新形势的出现,其教育实践也面临着一定困境,有些问题甚至是致命且不可调和的,需要对其进行辩证看待和理性反思,从而进行有选择地学习借鉴。这也进一步强化了我们对中国特色社会主义的道路自信、理论自信、制度自信和文化自信。

一、多元文化的持续冲击削弱北欧核心价值观的引领作用

如前所述,北欧社会传统的单一同质结构在全球化的纵深发展中受到了巨大的冲击,非欧移民及海外人才的不断涌入使社会固有的文化形态和价值体系都面临着严峻挑战。作为民主自由程度较高的地区,北欧对于多元文化采取了较为包容的态度。瑞典于1975年正式将"多元文化主义"定为国策,并于2006年宣布为"多元文化年",间接影响了丹麦、挪威等其他北欧国家。多元文化主义在本质上强调不同文化的同等地位,认为文化之间并无优劣之分,应给予平等的尊重和承认,而不应将某种价值观强加给他者。必须承认,这一政策在一定程度上化解了族裔之间的冲突,维持了文化的多样性,使不同群体拥有了更多且更为平等的文化权利,避免了因强行灌输新的文化

价值观念而导致的内在排斥,因而有利于促进社会的平等正义。但从另一维度来看,多元并存的文化价值观必定会因为各自理念的不同而产生冲突甚至对立,对包括青少年在内的核心价值观培育产生消极影响,因此,从某种意义上来看会弱化主流意识形态的引领作用,消解核心价值观的认同基础,对国家共同体的有效整合起到一定负面作用。

早在20世纪70年代,北欧国家便将"平等、选择自由和伙伴关系"作为对待多元文化的三条基本原则。其中,"选择自由"允许定居在北欧的少数民族或外来族裔在"保持并发展自己的文化认同"和"采纳并接受迁入国的文化认同"两者间自由选择。换言之,他们可以全凭自身意愿,选择成为"北欧人"或将迁出地的文化特性与北欧文化进行结合。这种立场从表面上来看符合北欧"平等自由"的传统观念,但对不同族群间文化差异的过度强调与保护极易导致"文化相对主义",进而消解统一的价值共识基础,模糊整个社会的价值尺度,也使核心价值观教育的难度大大增加。尤其是在当前全球一体化的大背景下,对多样性的过度包容会在一定程度上使外来族群要么"将母国文化整体迁移",要么干脆"游离于社会主流文化之外",甚至形成"自我封闭的同族聚居区"[①]。这一现象在现今的瑞典、挪威等国并不鲜见。这显然背离了北欧国家试图"以异化同"的多元文化主义初衷,也使北欧核心价值观的引领作用日渐式微。试想一下,在文化多元的社会中,每一种价值观念都受到民主国家的认可,在此情况下,又如何能确保具有不同文化背景及宗教信仰的青少年不对北欧普遍倡导的社会民主主义核心价值观产生质疑?多元文化的冲击将核心价值观教育置于悖论之中,其终极目标及导向功能的模糊使本就处在成长关键阶段的青少年对自己公民身份的认识趋于混沌、共同体意识日益淡漠,造成一种冲突的认同感和矛盾的归属感,甚至对社会的共同价值理想产生深层次的抵触。实际上,由于各种文化及其价值观念在青少年群体中的影响力不断扩大,北欧固有的社会民主主义价值理念正经受着前所未有的冲击,并由此产生了大量的社会问题,原本安定和谐的社会氛围遭到了严峻挑战。2011年挪威"于特岛血案"之后,甚至有学者宣称了"多元文化主义"在北欧的失败。虽然这一判断遭到一定质疑,但北欧国家也日益认识到文化多元在达成价值共识方面的不足,力图通过明确的价

---

① Arthur Schlesinger. The Disuniting of America: Reflections on a Multicultural Society. New York: Norton, 1992: 137-138.

值引领和目标导向提升核心价值观教育的实效，破解文化多元的阻滞，引导不同族群的青少年形成一种超越自身文化体系的认同感和归属感。

二、过于理想的教育主张导致实际效果对价值初衷的偏离

事实上，面对如何在新形势下建构价值共同体的现实难题，北欧人并非没有自己的考虑。如前所述，北欧国家主张采取一种较为"温和"的方式，在包容多元中实现整体之"和"。不难看出，北欧国家已经在主观上意识到要平衡好多样性与社会整合之间的张力，但这种微妙的平衡实际很难掌控。在核心价值观教育中，北欧各国既想保持统一共同体的正确走向，又不愿陷入简单抽象的普遍主义泥潭；但理论上的缺陷和现实中的挑战使其教育主张体现出一种理想化的色彩。当民众在多元文化主义的背景下以"包容差异"的名义干涉国家运行应当遵循的根本原则，甚至影响到国家的意识形态安全时，不难看出其通过核心价值观教育所构建的国家认同更趋向于一种相互交织与限制的"弱式"认同，与国家最初设想存在着相当距离。民众个体与社会共同体之间因而难以形成持久有效的价值关联，甚至产生对核心价值理念的误读。而作为近年来接收移民较多的地区之一，外来人口的大量迁入在丰富北欧社会构成和文化样态的同时，也在一定程度上弱化了各族裔间的共同体意识，冲淡了其本就不算浓厚的价值共识。

不可否认，北欧国家平衡价值观"一"与"多"的努力确实收到了一定效果，但松散的价值联结使近年来非欧裔移民对北欧的认同度明显偏低，而部分北欧本土民众又对多元化带来的极端主义深恶痛绝，认为其灭绝了北欧自己的文化甚至人民。特别是2010年以来，旷日持久的中东战乱给北欧带来了潮水般的难民，仅瑞典在2013~2015年即接收了30多万移民，单2015年的接收数即占到全国人口的1.6%。然而各国并没有真正找到平衡好"多元"与"共融"之间的有效手段。他们寄希望于以民主自由平等团结的博大情怀促进外来人口对北欧主流文化的认同与归化，但实际情况却是各国骚乱频发，种族主义和排外情绪日益严重。瑞典斯德哥尔摩、乌普萨拉、哥德堡等较大城市相继发生纵火、轮奸、恐怖袭击等恶性事件，挪威、丹麦和芬兰也分别在2011年、2015年和2016年先后发生震惊世人的枪击案件，而这其中的不法分子多为16~21岁的年轻人。一向以宁静、和平、幸福著称的北欧国家，在遭遇外来移民对本国经济文化的猛烈冲击时，其曾经引以为豪的固有价值

理念显得脆弱而又不堪一击。北欧希望在多元融合的核心价值观培育中实现其超越阶级、国度和种族的民主、自由、平等和团结,但实际效果恰恰背离了理想化的价值初衷,也在某种程度上昭示着其青少年核心价值观教育的困境。

目前,北欧国家在青少年群体中开始更为明确地强调"整合、内聚力、共享的公民身份等核心理念"①,试图调整价值观"统一"与"多元"之间的矛盾,在现实背景下找到两者间新的平衡;但谁都无法预计,轻易打破原有格局会否带来新一轮的危机。当然,在教育实践中如何真正实现"多元中的统一"并非易事,一旦处理不好,甚至有可能对国家制度的合法性产生直接威胁。不过,这并非北欧国家独有的难题,而是诸多国家在多元价值观的冲击下必须面对的挑战。因此北欧的经验教训显然能为我国社会主义核心价值观教育提供一定程度的镜鉴和启思。

三、个人主义的价值内核引发现实中难以消弭的道德危机

或许有人并不认同北欧社会"个人主义"的价值内核,认为其通过广泛统一的福利体系、自由平等的分配制度,实现了根本意义上的集体主义。殊不知,"个人主义是欧洲大陆一脉相承的文化内核。"② 自启蒙运动以来,现代西方社会的外在制度建构和内在心灵秩序,均是以个人主义为其基石。作为生产资料私有制的产物,个人主义是资本主义的价值内核,构成了欧洲一切意识形态的基础。北欧社会民主主义虽然试图改变传统资本主义中的不合理之处,但其温和的改良主张并不触及生产资料私有制这一根本性问题,因而在本质上仍是一种资本主义的意识形态。即使北欧国家基于独特的民族文化性格和社会历史根基,更为强调个体的社会属性,更多提倡个体自由与社会责任的辩证统一,并在政策主张和实际践行中体现出了一定的集体主义意味,但也不过是个人主义框架内的有限调整与完善,为的是更好地服务于北欧特色的资本主义生产方式,因而并不能彻底改变其以"私"为本的价值内核。北欧的"个人主义"在美国跨文化心理专家特里安第斯(Triantis)那里

---

① R. Cuperus. K. Duffek & J. Kandel. The Challenge of Diversity: European Social Democracy Facing Migration, Integra - tion and Multiculturalism. Innsbruck: Studien Verlag, 2003.

② 李晗龙. 中、欧青年道德教育比较研究 [D]: [博士学位论文]. 哈尔滨: 哈尔滨理工大学马克思主义学院, 2014.

也得到了验证。他以瑞典为例,提出了一种有别于美国"垂直个人主义"的"水平个人主义",即:强调个体独立自我,重视人与人的平等,追求分配上的平均主义,不愿与他人比较以及表现出类拔萃。瑞典的这种个人主义在其他北欧国家中均有体现。

应当承认,以个人主义为导向的核心价值观教育重视对个人平等、独立、自由等权利的保护,尊重个体自主、自由的价值选择,鼓励个体勇敢追求幸福,不断进取创新,能够在维护公民权利、满足公民价值诉求的基础上激发公民意识,促进其对社会的认同。且北欧的个人主义相对淡抑竞争与差异,以一种避免"与众不同"的非典型样态得以表现,因而对于形成社会共识具有一定积极作用。但从根源上来说,个人主义是与无产阶级集体主义的价值内核根本对立的。它主张道德在本质上是个人的,强调个体对自己的价值行为负责。每一个人都只听从自己的理性,根据内心意志进行价值判断和价值抉择,对与错、是与非、善与恶的用法成为一种仅与使用者相关的主观行为,因此极易滑向道德相对主义,带来现实中难以解决的种种道德危机,进而影响整个社会核心价值观的构建。在北欧,这种危机在普惠型社会福利体系的掩盖下,表现得并不典型或外显,但决不应当据此否定其客观存在。事实上,北欧的个人主义已然造成了人与人之间的冷漠与疏离。北欧人追求独立与自由,不喜受到他人打扰,亲情相对淡薄,因而个体之间的联系结构相对松散。他们宁可驯服于冰冷的规则,严格区分个人空间,将自己隐藏在群体的庇护中。这种情感和逻辑上的自我中心直接导致了北欧社会广泛存在的孤独、家庭冲突、青少年道德情感淡漠以及责任感的丧失。近年来北欧深受效率、竞争、标准化、精英主义的影响,加之激进主义和反文化主义横扫欧洲,年轻人变得更加自我乃至自私,反社会行为不断增多。无论其核心价值观教育多具成效,北欧青少年精神世界中的个人主义思想依然占据着道德判断的高地。北欧对社会责任的倡导不过是用以实现个体自由的一种手段,个人才是目的本身,具有最高价值。虽然各国一再强化共同利益和社会责任,并将此作为青少年核心价值观教育中的重要取向,但只要问题的根源得不到彻底解决,危机就会一直存在。

四、柔性自发的教育倾向难以确保深沉持久的价值认同

北欧国家对青少年核心价值观教育主要采取分权下的自发管理以及较温

和的柔性濡化方式，给予教育主体更多的自主权，以帮助差异的个体把握教育活动深层的文化意义，厚植精神力量。必须承认，对于个性张扬、反感权威式说教的青少年群体而言，这类方法充分尊重其主体性和差异性，且具有较强的亲和力和渗透力，能够以润物无声的形式为其提供道德滋养和价值动力。但核心价值观教育毕竟是对于国家意识形态的认同教育，其本身应当具有凝聚特定群体的引领力，如若过于强调教育的自发性，过度倾向柔性渗透的教育方式，则极易在一定程度上模糊核心价值观教育的导向作用，影响青少年价值认同的形成。

在全球性的公共教育改革运动中，分权逐渐成为教育管理的必然框架。北欧各国在20世纪80年代之后纷纷顺应潮流，原本高度集权的教育体制走向较为彻底的分权（至少是地方化），对青少年核心价值观的培育产生了一定影响。如前所述，北欧各国不设统一的核心价值观教育机构，中央和地方的教育行政机构仅从宏观和中观层面对教育政策、课程标准和教育组织形式进行规定，微观的课程设置、教材选择、内容确定、方法选择等则全由学校校长和教师自行决定，政府不做直接干预。诚然，分权的教育体制更为灵活和自主，在某种程度上能够促进价值观教育的因人而异和因地而异，但也直接导致了学校价值观教育体系的松散性。由于教育分权难以保证政府义务与责任的到位，实际上极易出现"无层负责"的现象，进而使核心价值观教育的主导作用减弱；同时各个学校在价值观教育活动上缺乏一致性、连贯性和系统性，仅凭自己的理解和偏好自发开展教育实践，也容易导致青少年群体在价值认同方面的极大差异。

此外，北欧在青少年核心教育观教育实践中虽也讲求正面的传授，但整体上多以柔性化的启迪和感召为主，力图通过生活引导、文化渗透、情境体验和实践养成等方式来促进青少年形成价值共识。这种特质或许源自于北欧政治传统和主流意识形态中的"妥协、折衷与包容"。北欧的主要政党基本都是较为中间温和的，少有特别极端的党派；大多主张"温和改革"而非"彻底革命"，希冀在不同群体及利益集团之间实现调和。这直接导致北欧国家更多地选择了内隐、柔性的价值观认同建构方式以应对日益加剧的文化冲突。但仅仅借助柔性的引导和熏陶来培育核心价值观是远远不够的——尤其对于易受外界影响的青少年来说。这种润物无声、春风化雨的方法固然迎合了青少年的反叛心理，但较之正面传授和刚性规范，其在深层价值问题上缺乏一定的引领作用，因而难以确保青少年对核心价值观形成深沉持久的认同。

五、知识本位倾向的抬头挤压核心价值观教育的固有空间

不可否认,北欧国家重视对青少年核心价值观的培育,尤其强调学校在价值引导中的关键作用,主张"完成知识教学和民主教育的双重任务是一个合二为一的过程"①。然而近年来,在现实的教育实践中,偏重知识传授、忽略价值培育的现象开始在不少中小学存在。以瑞典为例,一些专业学科的教师表示,由于受到教材、课时及进度等诸多客观因素的限制,缺少有关价值观念及其行为规范的探讨空间,只能将重点置于学科知识的有效传授上,导致顾此失彼。虽然政府也为突破这一困境采取了相应措施,但仍未切实找到实现"知识学习"和"民主教育"之间平衡的有效办法;甚至由于政策及制度上的某些特定原因,两者之间的矛盾还有日益突出的可能。在义务教育阶段,官方公布的《课程指南》和《教学大纲》虽都是具有规范和指导意义的政策性文件,但前者主要强调学校教育中必须传递的民主价值观念及民主教育任务,相对来说较为抽象空洞,会给教育者造成难以把握的感觉;而后者则具体规定各门学科的教学内容,更为现实,相对来说易于参照执行。在两者难以兼得的前提下,教育者显然会在"难"与"易"的权衡中倾向后者。知识本位的倾向在挪威同样有所体现。由于学生们的阅读和数学技能在"国际学生评估项目"(PISA)中一度呈现弱势,挪威自2006年课程改革以来,也开始强化对学生的"知识提升"。加上北欧各国在价值观教育的评价上主要是从学校层面展开,考察学校是否履行了主体责任,严格执行国家标准和教育规范,而对学生个体的价值观状况并不像学业测评那样具有相对明晰客观的标准,因此本就不对升学就业有重大影响的价值观教育更易受到学校和教师的轻视甚至忽视。

知识本位倾向的抬头导致核心价值观教育的固有空间受到挤压,北欧青少年总体上虽赞成民主价值观念及相应的民主行为规范,但由于对民主、自由、平等、团结等价值内容的具体内涵缺乏深层次的理解,因而在看法和做法上往往较为表面和肤浅。正如部分瑞典学者所言,一些学校在进行核心价值观教育时,并未将有关价值的理论知识同学生的自我立场和个人经验有效结合,使国家倡导的核心价值理念难以在青少年心中真正扎根。对抽象概念

---

① 方彤. 瑞典基础教育 [M]. 广州:广东教育出版社,2004.161.

的简单记忆在遇到具体而复杂的价值难题时便显得不堪一击,尚不成熟的青少年会在各种外界因素的夹击下显得迷茫失措或摇摆不定,进而难以做出正确的价值判断,失去捍卫价值共识的能力。在当前的北欧社会中,即有部分青少年将道德及价值问题私人化,把价值观念的形成和选择视作纯粹的个人行为,对社会共同体的维护缺乏责任意识。

当然,知识本位的教育倾向并非北欧国家的特有问题,也正因此,我国青少年的社会主义核心价值观教育需要在深入借鉴和反思中积极寻找解决困境的出路。

第六章 北欧青少年核心价值观教育的启示与借鉴

北欧青少年核心价值观教育在长期的探索及实践中形成了颇具特色的经验性做法,不仅从个体发展角度引导青少年树立起正确的价值观念,形成积极的道德人格,养成良好的行为规范,而且从国家需求层面有力宣传了统治阶级思想,维护了国家意识形态安全,为北欧社会的持续稳定发展提供了充足的后备力量;虽存在自身局限及难以根除的问题,但不可否认其中合理部分对我国社会主义核心价值观的培育具有一定启示意义。当然,任何教育都是特定环境与条件下的产物,无论其有着怎样的优势和特点,都应避免无原则的照搬,而须充分立足我国的现实教育背景,对北欧经验进行批判性的借鉴和选择性的吸收,合理借用其优秀实践成果,在比较、鉴戒、改造及升华中坚持自己的价值观教育发展模式和道路,增强我国青少年社会主义核心价值观教育的实效。

第一节 夯实信仰基础,捍卫意识形态领域的主导权和话语权

在文化多元的时代背景之下,任何国家都无法回避不同价值观相互交错、共生共存的客观现实,因而以包容之姿保持一定的文化张力极为必要。但这并不意味着国家意识形态领域的放任自流。各国为保持自身的独立性和民族特性,必然会极力维护本国核心价值观不受外来文化的冲击并试图推动其对外输出。即便是某些避谈政治的西方国家,也无法否认其核心价值观教育的国家性和意识形态性。全面审视北欧青少年核心价值观教育的经验及教训后不难发现,严把意识形态关口,尤其是通过精神信仰的引领促成青少年乃至

全体社会成员的紧密联结，是决定一国价值整合成败与否的关键。北欧国家一贯注重挖掘并发挥宗教所特有的意识形态功能，将具有深厚文化基础及广泛民众基础的"平等、人权、博爱、自由、公正"等基督新教教义有效吸纳进主流意识形态之中，并通过不同形式的教育活动力促其演化成人生终极信仰，成为个人的精神追求和共同的社会愿景。近年来面对移民的不断迁入，北欧始终坚持在尊重文化多样性中维护本土文化传统及国家特性，以期最大限度地保障其政治共同体的团结共融。当然也必须承认，北欧虽然努力将"文化多元主义"和"承认价值差异"限定在国家总体框架之内，但其对异质文化的过度包容显然带来了一系列社会问题，对其固有价值理念甚至意识形态安全造成了严重冲击，这是值得反思和警惕的。

我国作为多民族的社会主义大国，面对全球化浪潮中西方多元价值观的冲击、迷惑乃至侵蚀，理应"牢牢掌握意识形态工作领导权"[①]，将社会主义意识形态作为文化前进和发展的根本导向和决定因素。需要强调的是，与北欧国家"指导思想多元化"的社会民主主义意识形态不同，中国特色社会主义必须并且只能坚持马克思主义在意识形态领域的指导地位。我们可以借鉴北欧国家意识形态建设的具体经验，但决不允许意识形态工作根本方向的偏离。因此对于正处在特殊阶段的我国青少年而言，尤其要将树立坚定信仰、夯实精神之基作为培育其社会主义核心价值观的重中之重，通过开展扎实有效的社会主义核心价值观培育及践行活动，筑牢马克思主义信仰，巩固马克思主义在意识形态领域的指导地位，实现对青少年群体的价值引领。

一、多元中坚持马克思主义一元主导

国家意识形态不仅仅"是以思想的形式表现出来的占统治地位的物质关系"[②]，更是维系国家政治秩序和社会发展的精神纽带。在全球一体化的图景中，作为与社会经济结构相适应且反作用于社会生产发展的"社会意识形式"，意识形态不仅没有终结，反而体现出更为重要的现实意义。就我国而言，"必须推进马克思主义中国化时代化大众化，建设具有强大凝聚力和引领力的社会主义意识形态，使全体人民在理想信念、价值理念、道德观念上

---

① 习近平. 决胜全面建成小康社会　夺取新时代中国特色社会主义伟大胜利——在中国共产党第十九次全国代表大会上的报告（2017年10月18日）[M]. 北京：人民出版社，2017：52.

② 马克思恩格斯选集［M］：第1卷. 北京：人民出版社，2012：178.

紧紧团结在一起。"①

　　马克思主义指导思想作为社会主义核心价值观的灵魂和精髓，是构建中华民族信仰体系的思想根基。在我国意识形态领域，必须并且只能坚持马克思主义的一元主导，这是由马克思主义自身的科学性和真理性决定的，亦是中国革命、建设及改革实践的必然选择。然而当今复杂多变的外在政治经济形势、空前开放的网络媒介环境、日益多元的社会文化思潮以及生命个体的自我意识等诸多因素相互影响、共同作用，使青少年的理想信念逐渐突破传统文化的藩篱，呈现出差异化、动态化、多元化之基本特征，在一定程度上消解着青少年对于马克思主义的肯定与认同，动摇着马克思主义的信仰根基。甚至有人宣称要保持各种力量和各方利益关系的协调平衡，变一元主导为多元共生。很显然，这是对马克思主义指导地位的否定乃至颠覆。

　　尽管现实中价值观念的存在是多样的，但意识形态领域的指导思想必须是一元的，社会思潮的多样化不等于指导思想的多元化。相反，思想观念越是纷繁复杂，就越是需要一套具有统领性的思想体系凝聚共识、规范行为，因为价值观念的多样化若是一种混乱、无序的多样化，则极易导致国家意识形态的变质和转向，这是极其危险的。核心价值观本就是国家意识形态的价值浓缩和本质体现，我们在借鉴北欧核心价值观培育经验的过程中，尤其要清醒区分"意识形态建设经验的学习"和"意识形态本身的西化"，旗帜鲜明地将马克思主义作为我国青少年社会主义核心价值观教育的根本指导思想，以马克思主义中国化的最新成果来武装和教育当代青少年，坚定不移地走社会主义道路，维护主流意识形态的稳定性和一元性，确保我国社会主义核心价值观教育不变色、不偏航，最大限度地引导当代青少年达成思想共识。当然，"坚持一元主导"决非"否定多样发展"，两者是相辅相成的。事实上，唯有坚持马克思主义一元主导，方能保证文化多样性的基本方向；而正确地发展多样性也才会丰富主流文化的内涵，使马克思主义在意识形态领域的指导地位更为稳固。对青少年进行社会主义核心价值观教育就是引导其既尊重差异、包容多样，又坚持主流、勇于斗争，在多元现实中扩大社会认同、凝聚合力。这恰恰体现着马克思主义世界统一性与多样性的辩证统一。

---

① 习近平. 决胜全面建成小康社会　夺取新时代中国特色社会主义伟大胜利——在中国共产党第十九次全国代表大会上的报告（2017年10月18日）[M]. 北京：人民出版社，2017：53.

二、创新中推进马克思主义信仰教育

信仰是意识形态之根基。如前所述,多元文化的竞相登场在活跃我国思想领域的过程中,也以其强烈的意识形态性冲击着广大民众,尤其是青少年的固有价值观念和文化选择取向,"使他们产生了对理性的绝望,对革命的贬谪和对本能的恣肆"①,也在一定程度上削弱了他们对社会主义意识形态的认同及信仰。当然,这种挑战绝不是因为马克思主义本身出现了问题,而是信仰教育产生了危机。青少年对马克思主义的模糊认识和肤浅理解,使马克思主义信仰所蕴含的巨大价值功能并未彻底得以体现。新形势下开展社会主义核心价值观教育,就要坚持在创新中推动马克思主义信仰教育,在全社会夯实信仰基础、充实信念力量。这既是平衡社会关系、凝聚价值共识、维护国家统一的基本出发点,也是对青少年群体进行社会主义核心价值观教育的根本前提。

一是要创新马克思主义信仰的学理阐释。缺乏"理论确证"是当代青少年中产生马克思主义信仰危机的重要原因之一,因此首先要以更为系统、全面、透彻的理论来构筑科学信仰的基石,在准确把握其科学内涵的前提下深化认识,提升认同。除了要不断发掘经典理论中被长期淡化的有益部分外,更要注重以中国实践为基础,从新时代我国发展的巨大成就和当下正在发生着的社会现象为切入,引导广大青少年在深入领悟马克思主义科学性、真知性、预见性的同时,学会用马克思主义的立场、观点和方法解释现实困惑,回应时代问题,自觉对各种非马克思主义、反马克思主义的错误思潮进行鉴别和抵制。

二是要创新马克思主义信仰的话语表达。意识形态功能的实现,往往要以话语体系为其载体,而语言的力量源自对时代场域和社会现实的深刻理解与准确把握。主体意识日益增强的青少年普遍反感意识形态的强塞硬灌,抗拒标语口号式的狂轰滥炸,而传统的马克思主义信仰教育之所以难在青少年中引发深层次的共鸣,一定程度上是由于其并未很好抓住"现实的人"所生活着的"现实世界"。创新马克思主义信仰的话语表达,就是要尊重青少年的接受水平,在不亵渎马克思主义理论严肃性的前提下,用通俗易懂的生活化语言和鲜活生动的比喻式话语来表达宏大理论,将学理形态的理论内容转

---

① 李晓荣.浅论高校信仰教育与意识形态安全[J].山西师大学报(社会科学版),2015,(42):4.

化为贴近生活的教育内容，实现马克思主义信仰与青少年实际需求的有效对接，提升马克思主义的现实解释力和说服力。

三是要创新马克思主义信仰的传播途径。信仰需要传承，也需要传播。对青少年进行马克思主义信仰教育就是在青少年中实现"马克思主义大众化"，而"大众化"恰恰需要"分众化"的传播。正如列宁曾将群众分为"先进""中等水平""较低水平"三个层次，青少年群体因家庭背景、年龄阶段、接受教育的不同，在理论接受能力方面体现出明显差异。在当代进行马克思主义信仰教育，就需要针对不同层次的青少年采取不同的传播途径，选择不同的内容，运用不同的语言，切实强化信仰的渗透力。这其中，要特别注重发挥新兴媒体，尤其是自媒体的作用，充分利用其即时性、共享性、交互性和主体性的特征，在拓展青少年理论视野的同时，积极回应他们的疑问和关切，满足他们对科学信仰的诉求，创造性地增进马克思主义的传播力，引导广大青少年在虚拟与现实交织的理论传播中坚定马克思主义的伟大信仰。

总而言之，无论政府、学校、家庭、社会，都应在核心价值观培育中明立场、讲政治，牢牢把握意识形态的红线。每一位教育者均应厘清思想意识，严正价值立场，自觉将马克思主义信仰教育融入社会主义核心价值观培育的全部进程和各个方面，尤其要通过理论学习、价值引导和实践养成，真正让广大青少年把握马克思主义的理论精髓，树立马克思主义的政治信仰，坚定马克思主义的理论自信，形成良好的道德品质和高尚的思想觉悟，积极回应当今时代对社会主义意识形态的各种挑战乃至诘难，自觉抵制西方价值观在我国意识形态领域的渗透，并将社会主义核心价值观的基本要求内化为坚定的信仰追求，外化为高度的行动自觉，最终成长为堪当中华民族伟大复兴重任的新时代合格公民。

第二节 坚定文化自信，筑牢核心价值观认同的文化基石

文化是民族的血脉和人民的精神家园，文化的兴盛则是国家强盛的重要支撑。就哲学角度而言，一个国家或民族的特色文化总是与其核心价值观相互伴生、互为发展，因而呈现出辩证统一的关系。核心价值观教育必须以文化为基石，否则便会成为"无源之水，无本之木"。考察北欧核心价值观教

育可以看出，北欧人十分珍视传统并爱护自己的文化遗产，注重通过以文化涵养精神力量，促进青少年对国家意识形态的认同。一方面，北欧核心价值观中所提倡的平等、团结、友爱等理念本就是对其长期以来"妥协与合作、平和与中庸"的民族传统文化的传承及提炼；另一方面，北欧国家在青少年核心价值观教育实践中十分重视国家历史及传统文化教育，并将其与时代背景相结合，有效促进教育对象在精神、道德、文化方面的发展。瑞典、挪威、丹麦等国家青少年教育中的重要内容之一便是了解并熟悉本国、北欧地区乃至西方文化遗产中的核心部分，并意识到本国文化是对世界多样性的贡献，以此强化青少年群体的文化自信。在实践中，北欧神话、文学经典、古迹文物、民俗节日等均是进行核心价值观教育的重要素材或有效载体。虽然北欧国家没有明确提出"核心价值观"的概念，但是经由文化涵养而形成的国家认同与民族情感已然成为流淌在北欧人血液之中的一种认知和责任。

我国青少年社会主义核心价值观教育同样应以坚定文化自信、筑牢文化基石作为重要支撑。在我国语境下把握这一遵循，就要对中国特色社会主义文化形成持久深刻的认同并坚持积极自觉的弘扬，从而夯实中华民族屹立世界之根基，在西方意识形态的强势进攻面前保持立场、明辨是非，真正使社会主义核心价值观成为广大民众的共同信仰和自觉追求。因此可以说，塑造青少年的文化自觉自信同引导青少年认同并践行社会主义核心价值观在根本上是一致的。在当前复杂的文化形势下，我国青少年文化自信建设应围绕提升文化认知、增进文化认同、促进文化实践展开，使青少年既有本土文化情怀，又有国际文化视野，在充分适应新时代文化自信要求的基础上树立对社会主义核心价值观的认同。

一、坚持继承弘扬，提升青少年的文化认知

文化自信源于对自身文化系统的深刻认知。习总书记在党的十九大报告中强调，"中国特色社会主义文化，源自于中华民族五千多年文明历史所孕育的中华优秀传统文化，熔铸于党领导人民在革命、建设、改革中创造的革命文化和社会主义先进文化，植根于中国特色社会主义伟大实践"[①]。这"三

---

① 习近平. 决胜全面建成小康社会 夺取新时代中国特色社会主义伟大胜利——在中国共产党第十九次全国代表大会上的报告（2017年10月18日）[M]. 北京：人民出版社，2017：52.

大文化"浸润于中国人的精神世界,共同孕育着中华民族特有的信仰追求和高尚品格,是涵育文明、凝聚共识的精神支柱和强大动力。在全球化进程中,当代青少年理应在充分了解的基础上,自觉成为这"三大文化"的忠诚继承人和坚定弘扬者,不断提升对中国特色社会主义道路和社会主义核心价值观的深刻认识和内在认同。这就需要广泛开展宣传教育普及活动,尤其要将中国特色社会主义文化融入国民教育全过程,从多个维度加强青少年的文化认知教育。既要通过民族历史与传统美德的学习,帮助青少年深刻理解"三个倡导"在优秀传统文化中的理论渊源,唤醒社会主义核心价值观的权威力与感召力,营造崇德向善的文化氛围;也要针对当前出现的歪曲党和国家奋斗历程的"历史虚无主义思潮",发挥"井冈山精神""长征精神""西柏坡精神"等红色革命文化的导向功能,借助"考察、缅怀、反思"等形式,引导青少年对红色精神产生共鸣;还要紧扣社会主义先进文化,围绕"汶川精神""载人航天精神""抗击非典精神"等举行理论学习宣讲、专题党课等教育实践主题活动,促进青少年对于优秀时代精神的体悟。总而言之,要让优秀文化渗透在青少年学习生活的各个方面,通过对文化魅力的感悟和文化精华的汲取,提升青少年对中华文化系统的全面认知。

二、坚持创新发展,培养青少年的文化情感

文化自信的树立不能仅满足于认知层面,还应增加情感认同,将文化中的优秀因子内化为自己的情感、意志和信仰。从本质上来说,文化情感认同是一种建立于感性层面上的,对于本民族、本国家文化的热爱、满足及自我确证。作为一种心理活动和价值体认,文化情感认同是文化自信的根基和源泉。没有对民族文化的深厚情感,就不可能坚定文化自信。我国青少年在长期的文化浸淫中必然携带着中华文化的"基因",但受到全球多元思潮相互碰撞的影响,又难免表现出对西方文化的尊崇甚至迷恋。部分青少年对于我国主流文化表现出"高理性认知、低情感认同"的现状,甚至产生一定的信仰危机。"创新是一个民族进步的灵魂,是一个国家兴旺发达的不竭动力。"① 新时代要坚定青少年的文化自信,就应当充分把握当前文化认同教育的规律和特点,凸显时代特征,坚持创新发展,将以理服人与以情感人有机结合,

---

① 江泽民文选[M].第2卷.北京:人民出版社,2006:237.

不断提高文化产品的供应品质,增强文化情感认同的内在动力。不仅要深入挖掘优秀传统文化精髓,有效凝练民族精神特点,还应运用新方式、新手段将文化理论转化为人格化的、可亲可敬的大众话语,通过生动灵活、通俗易懂的诠释和阐发,赋予其同现代社会相协调的时代内涵。例如,举办经典阅读、道德讲坛、传统艺术展演等活动,借助重要纪念日、传统节庆日及民俗文化交流等形式,利用新媒体传播平台、最美人物评比等载体,对青少年进行高品质的文化熏陶,引导他们对民族文化心怀感恩与敬畏,倍加呵护与珍惜,真正体现出对我国优秀文化的肯定性体认。当然,对本民族文化的情感认同并不排斥对西方多元文化的正确认识和理解。要通过教育加强青少年对中国文化的理性审视,既保持警醒的文化认知,自觉自主地对外来文化进行深刻审思;又坚持"以我为主,兼收并蓄"的姿态,不自大自夸、不自轻自贱,科学借鉴外来文化,发展独立的文化人格,真正站在文化自觉自信的高度夯实社会主义核心价值观认同和践行的精神支柱,让民族文化中的大真、大善、大智、大美世代流传下去。

三、坚持知行统一,促进青少年的文化实践

文化既是抽象的,又是具体的,其生成绝不可能脱离人类的现实活动,其发展也必须根植于广大民众的日常生活。作为社会实践的基本形式之一,有序化的文化实践是促使社会持续进步的重要助推,也是文化自信建设的必备条件。所谓"从实践中来,到实践中去",个体对文化魅力的体悟认同以及对文化精髓的品鉴传播都要在实践中产生和完成,因而也须在实践中得以检验。习总书记在党的十九大报告中谈及培养担当民族复兴大任的时代新人时,就强调要强化实践养成,"把社会主义核心价值观融入社会发展各方面,转化为人们的情感认同和行为习惯"①。坚定青少年的文化自信要坚持知行统一,强化理论与实际的有机联系,鼓励青少年参与各种形式的文化实践,增强文化自信、陶冶道德情操、塑造健全人格,并运用先进文化知识来指导现实生活,在生活实践中将热爱祖国、诚信友爱、拼搏奋斗等文化精髓传承于世。要借助丰富的实践渠道,将遥远而抽象的文化理念转化为亲切而具体的文化行为,

---

① 习近平. 决胜全面建成小康社会 夺取新时代中国特色社会主义伟大胜利——在中国共产党第十九次全国代表大会上的报告(2017年10月18日)[M]. 北京:人民出版社,2017:54.

以文化的精神内核赢得世人的认同与尊重。应该看到，在"文化的卷入"中，当代青少年不再是消极被动的接受者，他们渴望在深入而广泛的参与中彰显个性，实现价值，因而能够以更为主动的态度对文化进行体悟、理解和反思，实现文化认知的内化与传承，并促成文化的创造性转化和创新性发展。

第三节 推动场域整合，促成"学校·家庭·社会"的协思同育

在全球一体化进程持续深入，知识经济不断发展的世界格局之下，青少年的成长与发展不可避免地会受到来自各方的交互影响。就教育场域而言，学校不再具有唯一性，家庭及社会的各类资源和各种场景均会对青少年的思想及行为产生作用。面对日益模糊的场域边界，青少年核心价值观的培育需要对不同教育场进行整合，尤其应推动"学校、家庭、社会"的协思同育，发挥三者的聚合作用，实现全员、全程、全方位育人。正如美国教育家托马斯·里克纳所说，"新式价值观教育要取得长久成功，必须依赖学校之外的力量。学校和社区必须共同努力，来满足学生的需要，并促进他们的健康成长。"① 北欧国家在青少年核心价值观教育中坚持遵循"开放型"模式，注重课堂内外、家校社会的合作，通过家庭启蒙、学校教育、社会引导等途径的全面实施，在一定程度上推动了青少年价值观的协思同育。各国的家庭、学校及社会在核心价值观培育的过程中目标一致且分工明确，并能结合时代特征，灵活使用各种教育模式，将直接或间接参与青少年核心价值观培育的所有人——无论是政治家、公务员、社会团体代表，还是学校教师和管理者，抑或是家长，甚至是青少年自身，全部视为核心价值观培育的主体，形成了较为完善的合力育人体系。

当前我国青少年社会主义核心价值观的培育尚处于普及和宣传理论内涵的阶段，"加上德育本体呈现的保守型和自我循环的特点"②，使学校依旧是核心价值观教育的主体力量，而家庭和社区由于还处在核心价值观的"内

---

① [美]托马斯·里克纳. 美式课堂——品质教育学校方略 [M]. 刘冰等，译. 海口：海南出版社，2001：75.

② 胡杨. 英国大学生核心价值观教育探究 [D]：[硕士学位论文]. 江西：南昌航天大学马克思主义学院，2016.

化"时期,其教化作用暂未能得到较大程度的彰显;且学校、家庭、社会三者之间还在一定程度上存在"缺乏双向而深层的合作沟通"的情形,导致价值观的培育力量相对分散。要实现教育效果的最优化,就必须推动教育场域及其资源的有效整合,打破学校、家庭及社会间的壁垒,营造价值观培育的和谐氛围,构建起各方协思同育的合作教育模式,让社会主义核心价值观在共同的教育场域空间中自由流淌。

一、发挥各方教育优势

学校教育、家庭教育与社会教育在青少年核心价值观的培育中有着各自不同的特点与侧重。家庭作为由来最久、最直接的教育单位,是育人的起点和基点,建立在父母与子女之间的频密互动直接影响子女对社会现象的认知和评判,以及子女的人品和追求,使其形成关于价值观的最初轮廓;学校教育作为关键一环,经由教育者的有效组织,通过课堂内外的价值引导,系统提升青少年的道德素养;而社会教育作为一种延伸,则借助海量教育资源的渗透,使青少年对核心价值观具有更为真实的领悟。可以说,学校、家庭与社会共同组成了当代青少年全部的现实生活场景,没有人可以游离其外。因此我国青少年社会主义核心价值观教育就必须最大限度地发挥这三方的教育优势。

首先,要充分发挥学校教育的主阵地作用,"坚持把立德树人作为中心环节,把思想政治工作贯穿教育教学全过程,实现全程育人、全方位育人"[①]。全体教师和管理人员都负有向学生传递政治观念和道德要求的责任,要善于抓住教育教学中的每一个契机,充分尊重青少年学生的主体意识,进行积极的价值观建构。各学科之间应协调整合,在价值层面发挥同向作用——即便是非德育类专业课也无可避免地内含着育人的宗旨,渗透着价值引导的功能,能够从各自不同角度切入,使价值观念的传递变得新颖而隐匿,有效避免思想政治理论课"单打独斗"的局限。隐性课程如校风、班风、社团活动等也要通过官方的积极引导,"活化"核心价值观内容,成为德育渗透的重要途径。

---

① 习近平.把思想政治工作贯穿教育教学全过程 开创我国高等教育事业发展新局面[N].人民日报,2016-12-09(01).

其次，要发挥家庭教育的基础作用，形成良好的家规家风。不仅父母长辈应强化角色意识，提高素质、以身作则，以正确的言行举止和价值判断带头践行社会主义核心价值观；还要关爱子女的全面成长，注重对子女性格、习惯及能力的综合培养，实现以亲情和血缘为基础的价值规范传递；更要不断优化家庭环境，以科学民主的教养方式和健康向上的生活方式努力营造良好家庭氛围，在融洽的成员互动中达到心灵的共鸣和情感的交融，实现社会主义核心价值观在家庭教育中的传承和弘扬。

最后，要发挥社会教育的延伸作用，营造健康和谐的社会环境。一是把控好社会整体思想舆论导向，通过对正面事件的宣传报道和对负面事件的正向引导，以及先进人物及其感人事件的评比，引导青少年在对社会现象的剖析和思考中形成正确价值观念；二是积极建立青少年德育实践基地，鼓励企事业单位、各类社会团体积极扶持青少年社会实践活动；三是注重物质文化和精神文化的展示，各类公共文化设施同样应当渗透社会主义核心价值观，给青少年学生以润物无声的熏陶，帮助其形成践行核心价值观的坚定信念。

二、构建协同合作机制

作为既相互独立又紧密联系的教育领域子系统，学校教育、家庭教育、社会教育三者间协调与否是影响当前青少年核心价值观教育成效的关键所在。换言之，学校、家庭、社会三个场域并非各自线性形态的发展关系，而是相互融合的一个整体，共同为青少年价值观的形成指明方向、提供支持、增添动力。因此，我国青少年社会主义核心价值观教育必须进一步由封闭转向开放，由学校向家庭辐射、向社会延伸，通过学校对社会和家庭的影响形成新的合力，整合各种资源，努力构建三者协同合作的有效机制，形成系统化、开放式的青少年核心价值观培育格局。

学校、家庭、社会三者合作的重点是在"大教育"理念的支撑下，以青少年自身为纽带，使其成为场域整合的发力点和集中点。这首先需要在三者各自内部设立不同的互动协调机构，例如，学校维度中的团委、校友会、咨询委员会等，家庭维度中的家校互访机构、家长教师协会、家长学校等，社会维度中的实践基地、社区教育委员会、关心下一代委员会等，通过明确各机构的职责和权力，使三方既各司其职又密切配合，共同为青少年提供优质教育资源，形成立体化网络状的互动服务关系，并通过青少年的行为反馈达除此之外，要不断完善社会主义核心价值观的协同培养、监督和评价机制。恰如著名教育家苏霍姆林斯基所说，没有家庭教育的学校和没有学校教育的家庭都不可能造成全面发展的人，家校合作是三方互动合作的关键，需要学校、家庭乃至教育部门的共同参与。学校要把家校合作视为一项常态化工作，定期将家长"请进来"，帮助其了解子女在校的各项动态，并随时接受家长的咨询和建议；通过多种形式向家长通报及宣传学校教育教学活动，赢得家长的理解与配合；鼓励并支持家长参与学校的决策与管理，为学校德育工作献计献策，从而调动家庭维度的积极性，保证学校教育与家庭教育的连贯性和延续性，切实提升双方合作的深度和实效。家长应加强与子女所在学校的沟通和联络，不仅要主动配合学校共同开展价值观培育，还要对家校合作状况进行客观评价和有效监督，助推学校教育内容在家庭中的延伸。教育部门则要制定相应的政策和制度，通过开展家校合作的理论研究和实践活动、组建家庭教育指导培训中心、制定督导评估内容和业绩考核办法等，真正将家校合作的实施纳入学校日常考核指标之中，"使家校合作教育逐步走向科学化、制度化"[①]。当然，除了家校之间的有效合作外，青少年社会主义核心价值观的培育也要充分利用行业资源和社会资源，依托社区学校、实践基地等载体开展丰富的教育活动，弥补学校教育和家庭教育的不足，让广大青少年在学校、家庭和社会的三重关心及真诚帮助下，实现个体的全面自由发展。

三、扩展新型教育场域

　　学校、家庭及社会作为重要的教育场域，其教育资源的开发利用和教育活动的实施开展，在青少年核心价值观培育中具有不可替代的作用。但也必须认识到，这些现实化的教育场往往会受到时间、地域以及传统的垂直化权力格局的限制，在一定程度上影响教育的直接效果。因此有必要借助现代技术，从虚拟维度扩展教育空间。而互联网作为近年来新兴的教育场域，与现实教育场域既相互区别，又有着复杂的联系，能够更好地推动各场域之间的融通整合，在核心价值观培育过程中实现各方的协思同育。

---

① 华瑛.构建学校·家庭·社会三维一体式互动教育模式［J］.技术与创新管理，2013，34（4）：315－318.

具体而言，互联网教育场域首先具有跨越时空地域、信息资源海量等特性，能够通过对情境的实时传送或再次制造，将种种社会现象及其背后的相关"声音"融于无界限的虚拟空间，时空的局限不复存在。教育双方完全可以借助现代技术，随时随地获取并利用各类教育资源——如建立校园博客以分享资源，"组织每周的家教研讨和在线讨论……达到一种跨界式的动态合作互动，随时以任意角度、任何形式适合自己的方式切入，分享教育信息"[1]。此外，互联网教育场域的扁平、分权、弹性等特征无疑是对传统权力格局的打破。主体的参与度得到提升，利益诉求获得充分表达，因而能够进一步扩大教育的民主性，在各现实场域间形成合力，促进"共同体"意识的形成。有学者就指出，互联网的日益发展促进了海量教育资源的快速流转，同时也使当前教育场域的各种边界——"包括教育与非教育的边界、教育'等级结构'的边界、教育行动者之间的人际边界、教育时间的边界、教育空间的边界等"[2] 变得不再那么清晰，有时甚至失去了存在的现实意义。

可以说，互联网是超越各种界限，从学校、家庭、社会等现实教育场域中升华而成的全新教育空间。网络的嵌入使青少年核心价值观的培育能够实现真正意义上的全时空跟踪，有利于弥补和消解当前现实教育场域的局限，促成了一切实体教育的融合。教育者要以互联网为教育运行空间，将其与社会主义核心价值观教育进行有效联结。

第四节　关注生活世界，强化核心价值观养成的实践维度

核心价值观的养成需要受教育者在主动积极的思维和情感活动中，加深理解和体验，有所感悟和思考，受到情感熏陶，获得思想启迪，享受审美情趣。这种体验绝非凭空而来，而是根植于具体的生活实践，促使周围的环境因素与个体发生自然而然的关联，从而将思想认知、价值认同外化为自身的生活习惯及行为自觉。相对于正式场合的理论传授，生活世界中的实践体验是一种较为内隐但渗透力极强的教育手段。如前所述，北欧国家在青少年核

---

[1] WANG Qi-yun. Using the facebook group as a learning management system: an exploratory study. British Journal of Educational Technology, 2012, 43 (3): 428-438.

[2] 申明. 互联网：德育制度变革的教育场域 [J]. 学术论坛, 2009 (1): 189-193.

心价值观教育中虽也在一定程度上注重理论信条的显性宣扬，但更为强调道德品性的实践养成，多采取身临其境、润物无声的途径对青少年进行主流意识形态的隐性渗透。瑞典、丹麦、芬兰等国教育的特色之一就是真正将教育同生产实际和社会实践相结合，让受教育者参与到日常学习及生活实践中来，在社会政治事务、慈善事业、公共服务、俱乐部活动等的参与中体悟、审思、内省，逐渐形成正确而稳固的思想观念、行为准则及道德品质，实现对社会文化现状的欣赏以及对核心价值观独特性的认同，最终成长为具有责任意识的合格的北欧公民。

由于文化背景等诸多原因，以往我国宣传舆论教育工作多强调宏大理论的正面灌输。不可否认，这种显性的公开性教育有助于直接而迅速地明确价值标准、建立社会共识，在价值观培育中具有无可替代的作用。然而对实践养成的忽视往往会压抑教育对象的自我教育功能，使核心价值观的传递极易浮于表面，难以入脑入心。有效的核心价值观教育必然要在显性的理论灌输与隐性的实践体悟之间保持合理的张力，恰当运用并发挥不同方法的优势。面对个性张扬、反感权威的青少年群体，尤其要强化价值观塑造的生活叙事模式，通过日常的践行体悟促成其社会主义核心价值观的养成。

一、强化核心价值观培育的生活化关联

意识形态包容并隐藏于日常生活之中，因此"一种价值观要真正发挥作用，必须融入社会生活，让人们在实践中感知它、领悟它"[1]。恰如马克思所说，"意识在任何时候都只能是被意识到了的存在，而人们的存在就是他们的现实生活过程。"[2] 生活实践是价值观教育的逻辑起点和最终旨归，生活场域是人们接受、理解、检验并认同核心价值观的重要场所。如果说意识形态工作中的"宏大叙事模式"是从全社会乃至全人类的宏大立场出发，通过宏大崇高的话语体系赋予主流意识形态以不证自明的权威地位，那么生活叙事作为一种"小叙事模式"则立足个体的实际境遇，关注个体的细微生活，通过发挥受教育者的主体性，将社会主义核心价值观与现实生活全面对接，在日常化的体验与感悟中获得对主流意识形态的认知与认同。正如杜威所说，

---

[1] 习近平. 把培育和弘扬社会主义核心价值观作为凝魂聚气强基固本的基础工程[N]. 人民日报，2014-02-26 (1).

[2] 马克思恩格斯选集[M]：第1卷. 北京：人民出版社，2012：152.

教育即生活，核心价值观的生成与现实生活有着天然的关联，唯有回到成人之道的原点——"人"身上来，以生活的逻辑建构教育体系，强化价值观培育的生活化关联，才能引发青少年内心真实而非虚假的道德情感，通过对生活方式的引领和生活意义的建构，达到"不言之化"的效果。

青少年核心价值观的生活化培育要求围绕个体的现实生活，让其感受到作为主体性存在的自我责任，主动借由生活实践的展开获得自身发展的动力，这就需要在细、小、实上下功夫：一是要主动关注青少年对现实生活的多元化理解和多样化诉求，尊重不同个体的成长背景及生活阅历，允许并鼓励其把握个人话语权，并从自身生活状态出发进行个性化的价值判断和价值选择，引导其形成既契合社会期待又符合内心感受的价值信念；二是要深入挖掘生活场域中的价值观教育资源——无论尖端科学技术、高雅艺术作品，还是国家纪念仪式、文化休闲产业，均是青少年深度参与及体悟社会生活的有效素材或有益渠道，能够将看似高远抽象的价值理念转化为可感可近的教育内容，并依托现实生活促成稳定持久的价值行为，真正起到"日学而不察、日用而不觉"的效果；三是要积极创设"生活化的话语情境"[①]，在当前复杂多元的话语空间中，核心价值观教育不仅要在话语内容上贴近生活实际，充分利用生活本身特有的亲和力，从主体间的交互活动进行切入，把青少年生活中的经验和事例作为本源，将真实的世界及时投射在教育之中，有效塑造话语意义空间，更要注重话语表达方式与青少年接受习惯及其生活世界的内在契合，在坚持正确政治文化方向的前提下充分利用各类载体，以青少年喜闻乐见的方式进行核心价值观的传递和渗透，努力将理论化、抽象化的逻辑话语转化为生活化、实践化的日常话语，避免居高临下式的"话语霸权"，提升价值实践的亲和力。

二、拓展核心价值观养成的实践性渠道

马克思指出："全部社会生活在本质上是实践的。"[②] 实践作为主观见之于客观的活动，体现着实践主体之间的交往实践过程及其关系。在教育活动中，认识与实践从来不是单向、割裂的关系。认识使实践具有可能，而实践

[①] 倪松根. 论社会主义核心价值观教育话语创新 [J]. 学校党建与思想教育, 2015 (7): 15 – 17.
[②] 马克思恩格斯选集 [M]: 第1卷. 北京: 人民出版社, 2012: 135.

也在很大程度上带动了认识。从本质上来说，教育就是一种实践活动，个人的存在意义及伦理道德与实践具有千丝万缕的联系。丰富多元的教育实践是助推核心价值观认同的重要途径和最终落脚点。习总书记强调，"道不可坐论，德不能空谈。于实处用力，从知行合一上下功夫，核心价值观才能内化为人们的精神追求，外化为人们的自觉行动。"① 通过实践这一环节引发受教育者身心的发展变化，这是实践育人功能得以有效发挥的一般逻辑。青少年社会主义核心价值观的培育必须将"善知"与"善行"紧密结合，让他们走进自然、走入社会，在日常实践中认识世界、体悟生活，形成正确的价值观念和良好的道德品性，最终完成对国家意识形态的思想内化和情感认同，真正使社会主义核心价值观成为个体日常学习生活的基本遵循。

我国一直以来十分重视青少年社会主义核心价值观教育，但在具体实施过程中尚在一定程度上存在着重理论轻实践、重认知轻体验的状况，价值内容的教化有时与个体的生活实践相脱节，容易引发青少年群体的反感与排斥。当前，要提升青少年社会主义核心价值观的实效，就必须不断拓展实践渠道，不仅要将校内实践纳入课堂教学环节并确定相应的学分，更要走出校门开展丰富多彩的校外社会实践，构建起全方位、多层次、宽领域的实践格局。需要强调的是，教育实践应调动青少年参与的自觉性和目的性，因为"为外力所支配的活动只能造成人的异化，只有人的自由活动才能够促进人的自由发展"②，否则便会因流于形式成为被动适应性的灌输式实践。当前形势下尤其要重点开展公益志愿服务、社会实践调研、社团组织活动等，促进价值观教育实践的常态化和长效化。其中，公益志愿服务因其"奉献、友爱、互助"的主旨，成为践行社会主义核心价值观的生动注解，对于培养青少年的社会责任感，提升其综合素质，实现对国家主流意识形态的认同具有巨大推动作用；社会实践调研引导青少年正面进入社会公共空间，借由对国情、社情、民情的体察深化对社会主义核心价值观的认识，并以此能动地指导实践，真正实现"知行统一"；而社团组织活动作为学校教育中课堂学习的延伸，具有贴近青少年学习生活实际的特性，能够使社会主义核心价值观更加顺畅地渗透于青少年的内心并外化于具体的行为。总之，教育者要积极创设条件、拓宽渠道，发挥社会实践对于核心价值观的养成作用，引导广大青少年投入

---

① 习近平. 青年要自觉践行社会主义核心价值观——在北京大学师生座谈会上的讲话 [N]. 人民日报，2014-05-05（1）.

② 冯建军. 当代主体教育论 [M]. 南京：江苏教育出版社，2001：230.

丰富多彩的日常生活，在广阔的天地中认识真实的社会、接受现实的磨炼，通过亲身感悟获取丰富的信息，在深入的思考和深刻的触动中获得思想的洗礼、心灵的涤荡和精神的提振，最终建构起与社会发展相适应，与其身心发展相契合的价值理念。

第五节 营造民主氛围，实现价值引导与价值商谈的有效结合

青少年核心价值观教育离不开价值引导与价值商谈。前者是教育者利用自身文化和经验优势对受教育者开展的价值启蒙，后者则是在承认现实社会价值多元的前提下，以价值冲突为契机，通过价值交流和价值体验促成受教育者价值观念的个性化建构。两者虽手段及侧重不同，但均旨在通过提高教育对象的价值评判及选择能力，"敞亮他们通向可能生活的价值路径，让他们面对开放的社会生活空间，从容、自主地建构个人价值世界"①。这就需要以民主平等的教育氛围为前提，实现对传统"被动型价值灌输"的积极扬弃。北欧国家在青少年核心价值观教育中十分注重良好教育氛围的营造，以及价值引导与价值商谈的有效结合。各国普遍反对价值内容的强行灌输，但也从不认为价值观教育是绝对中立的。一方面，有限度的价值介入和价值引导是北欧国家的基本立场。教育者不仅"教人以知"，更"启人以思"，借助灵活多元的综合方法，创设易于体悟的价值情境，以"启蒙者"的身份帮助青少年形成合理的价值观念系统，促成青少年的主体性发挥和个性化发展。另一方面，"对话"是北欧国家长期以来的教育传统。在核心价值观教育实践中，教育者们一贯重视与青少年的平等沟通，在双向互动的交流商谈中融入民主、自由、平等、团结等价值内容；同时也借由价值观冲突引发的争辩、反驳等，引导青少年学会思考、判断和选择，从而形成正确且稳定的价值认知。

当前我国青少年社会主义核心价值观教育在方法及途径上日益科学、系统、规范，取得了良好的教育效果；但受到传统教育理念的"惯性"影响，仍然存在着非此即彼的"二分"思维以及相应的主体失衡现象。部分教育者

---

① 唐凯麟，刘铁芳.价值启蒙与生活养成[J].教育科学研究，2005（2）：1-5.

无法挣脱过往的"强制性灌输"模式,无视青少年的身心发展规律,将核心价值观的培育置于绝对论和独断论的前提之下。由于教育权威被过分夸大,师生间难以有效形成民主、平等的教育氛围,极易导致青少年个体的真实动机被压抑,积极性和创造性被抽离。空洞刻板的教育方法和生硬单调的教育形式不仅无益于价值规范的有效传递,更会引发青少年的反感与抵触。因此,必须以民主氛围的营造为切入,综合运用价值引导与价值商谈,真正提升核心价值观教育的实效性。

一、在主体间性的双向建构中奠定民主基石

价值引导与价值商谈的有效开展必须以和谐融洽的教育关系、平等民主的教育氛围为前提,面对自我意识日益觉醒的青少年更是如此。正如美国教育家里克纳所言,"无论老师的劳动成果怎样看不见和不能确定,课堂上的价值观教育都需要从建立师生关系着手,这是其他一切工作的基础。"[①] 这一氛围的营造需要实现教育双方的"主体间性"转向,即教育者与受教育者之间由"主体—客体"关系转变为"主体—主体"关系,在教育活动中走出单向冰冷的"我—他"主客世界,迈入双向和谐的"我—你"交往世界。

受到主客体二元论的长期影响,传统的教育关系仅强调教育者一方的主体地位。教育者在教育活动中具有绝对的主宰权和权威性,往往借由教育内容的单向性强制性灌输,实现对受教育者的塑造、劝导乃至控制。后者则由于主动实践权和主体选择权的一定缺失,只能机械地接受"改造",既没有积极反馈,也没有深入思考,最终极易沦为被对象化和工具化的沉默"客体"。由于从一开始双方的地位就是不对等的,教育的氛围也是不够民主的,因此相互之间不可能深入了解并产生共鸣,且无形之间产生的鸿沟导致价值规范的传递异化为刻板的说教和生硬的套搬,无法真正赢得青少年的认同。

今天,我国青少年社会主义核心价值观教育显然应当进一步转换思路,从过去"主体对客体"的单向征服转向"主体与主体"的共在关系,力争在民主平等的教育氛围中达到教育效果的最优化。这实际上就是强调一种"主体间性"的教育理念,即:教育双方在教育活动中均"以主体身份出现,并

---

① [美]托马斯·里克纳. 刘冰等,译. 美式课堂——品质教育学校方略[M]. 海口:海南出版社,2001:81.

把对方看作与自身一样具备主体性的人"①，通过平等交往与真诚对话形成一种"我—你"间理解型交互式的特殊关系。在此理念之下，教育对象不应被视为没有思维的自然物，而是真正成为会思考有情感的生动个体；他也不再被动接受教育影响，而是时刻与教育者交互作用、相互影响，呈现出"主体—主体"间动态双向建构的良性循环。事实上，价值观的形成是个体外习与内化相互作用的过程。虽然教育者不可避免地承担着教育活动的组织和引导任务，但这并不意味着青少年就只能被动接受教育影响。个体在"原有的价值系统基础上增值地获取和建构价值"②，这显然是其自主能动性的彰显而决非外力塑成的结果。因此教育者应当充分尊重青少年的自主选择权和思维创造力，摒弃过往单子式、集权式的教育灌输模式，彼此尊重、相互理解，在交往建构的过程中开展核心价值观教育活动，通过有效的价值引导和价值商谈充分发挥青少年的主体性，借助多元选择空间的提供让青少年积极参与自身价值理念建构的全过程。只有遵循主体间性的关系，核心价值观教育才能从表浅的"知—知"层面内容灌输转向深入的"情—情"层面精神交流，通过平等真诚的交往营造出一种具有建设性的民主氛围，引导并激发青少年的自觉能动意识，真正让价值规范内化为青少年的行为指导。

二、在教育职责的重新定位中实现价值引导

在核心价值观教育中强调受教育者的主体性建构，并不意味着否定教育者的价值引导。事实上，个体的成长发展中不可避免地要在多元价值观中做出正确的价值选择。青少年由于身心发展仍未成熟，尚不具备完全自主的认识、分析和判断能力，尤其需要教育者合理利用教育情境，实施一定限度的帮助与引导。片面强调其自主建构过程，否认合理的价值引导，实际上就是弱化教育者的职责，违背教育的基本规律。

今天我们谈论"价值引导"，是基于过去的"价值灌输"理念，对教育者功能及职责的重新定位。灌输是一种借助外部强制力量，迫使受教育者接受某种固定价值规范的教育手段。这种手段内含着两个不言自明的假定：一

---

① 刘会娟. 国外德育理论视野下的我国青少年价值观培育研究 [D]：[硕士学位论文]. 汕头：汕头大学社科部，2010.

② [加] 克里夫·贝克. 詹万生等，译. 学会过美好生活——人的价值世界 [M]. 北京：中央编译出版社，1997：191.

是存在着一套"唯一正确"的价值体系；二是受教育者的主观感受无须考虑，因而带有"强行填充"的特征，难以取得较好效果。而价值引导则要求教师以启蒙者的身份引导学生自主进行价值评判、完成价值选择、达到意义所在，因而更能引发学生的共鸣及认同。虽有学者声称价值引导仍保留着灌输模式的第一个假定，将学生视为被动的接受者，但这不过是一种误读。"在教学中，教师不可能是价值中立的，表明一定的价值立场、赞同一些价值观是教师的职业特征。"① 价值引导不可避免地内含着教育者自身的价值预设，但这并非"以文本作者的价值取向为取向……以教师自认为正确的价值取向为取向……以不由分说的方式强行引导"②，而应通过教育者主观意趣的投射，有效开启教育对象的价值世界。这就要求教育者不再是价值规范的简单搬运者或价值内容的直接告知者，而应"越来越成为一位顾问，一位交换意见的参加者，一位帮助发现矛盾论点而不是拿出现成真理的人"③。因此，价值引导作为有效传递社会核心价值观的重要策略，是对教育者所承担的道德责任的全新要求。

教育者的价值引导职责渗透于价值观教育的整个过程。在这一过程中，教育者必须对核心价值观教育的作用及意义进行准确而深入的把握，并根据教育对象的实际状况合理开展价值教育的相关设计，创设有效的价值教育情境，既要避免以居高临下的姿态强行灌输，也不能以绝对中立的姿态放任自流，这就需要"创造一种学校和课堂气氛，使学生真正自由地发表不同意见，提出各种解决问题的方法，并不断检验和修正他们的观点。实现这一目的的最佳途径就是教师向学生表明，他们虽然坚信并有充分理由支持自己对价值的看法，但这些看法并不是固定不变的，应该根据校内外不断的探究修改自己的观点"④。在这一过程中，教育者的价值引导和受教育者的自主建构是同时进行的。学校内的各门学科课程，课堂上的教育教学活动，甚至日常生活中的平凡场景都能在一定意义上发挥价值引导的作用。教育者自身固有的价值评判标准未必总会对受教育者产生作用，但其"持有稳定的价值取向并具备明

---

① Wiel Veugelers. Different Ways of Teaching Values. Educational Review, 2000, 52 (1): 37 – 46.
② 杨小微. 教学中的价值引导与价值商谈 [J]. 教育科学研究, 2004 (10): 5 – 9.
③ 联合国教科文组织国际教育发展委员会. 学会生存——教育世界的今天和明天 [M]. 北京: 教育科学出版社, 1996: 108.
④ [加] 克里夫·贝克. 优化学校教育——一种价值的观点 [M]. 戚万学等, 译. 上海: 华东师范大学出版社, 2003: 160.

确的价值教育意识"是毋庸置疑的前提条件。此外,教育者还应设计出切实可行的策略方案,通过认知性内容的传递和实践性内容的开展拓展青少年的价值视野,引导其获得独特的经历和感受,生成正确合理的价值观念系统。这绝非一种外部强加的简单授受,而是在无意识之中深入内心的教化、直达灵魂的感召,所以必然是以理服人和以情感人的有机结合,是对青少年个体价值感和创造性的激发。即便教育双方产生了观念上的冲突,也会因个体拥有的自主选择权使整个教育过程散发出民主的光辉,彰显出人文的情怀。因而价值引导是一种全新的核心价值观教育取向,对教育者的职责提出了更高的要求。

三、在话语环境的有效营造中促成价值商谈

在充满价值冲突的当今时代下,基于哈贝马斯"商谈伦理学"(discourse ethics)而产生的"价值商谈"是开展青少年核心价值观教育的又一理想方法。在哈贝马斯看来,"人与人之间伦理关系的调整,共同规范的认定和维护是通过商谈进行的。"① 因而价值观教育作为一种主体间性的交往行动,其实质是以语言为媒介的对话(商谈)关系,只有遵循一定的"程序理性",经过双方平等参与、自由沟通、真诚对话,才可能达成价值共识。价值商谈的核心在于尊重话语权利的平等——即便认知上可能存在差异。一旦进入教育交往过程,双方就应当抛弃工具理性的羁绊,在共同创建的理想商谈环境中回归内在本真、表达真实情感,通过价值对话中的双向互动和真切体验,实现对德识、德能以及德情的关注。现实中,我国部分教育者长期习惯于占据某种"天然"优势,青少年学生则往往处于劣势地位,其在教育活动中的思维活动、视角观点无法得到相应的尊重,因而师生之间难以建立起平等的话语权,直接影响了社会主义核心价值观在广大青少年中的普及和认同程度。要实现核心价值观教育的最终目标,教育者就必须放下权威者的角色,充分关注个体的生活境遇和思想情感,在平等、民主、自由的话语环境中促成价值商谈,谋求价值共识。

有效的价值商谈应当满足以下条件:第一,教育者应承认青少年的话语平等权。作为后现代主义哲学中的重要概念,话语被赋予了超越语言学的含义。一方面,它不仅仅是"语词"(word)或"句子"(sentence),恰如布伯

---

① 唐晓燕. 哈贝马斯的商谈伦理学 [J]. 广西社会科学,2005 (7):34 – 36.

所言，"人以多种口舌言说：语言之舌、艺术之舌、行动之舌，但精神始终如一……"①，对话语平等权的承认实质上是对个体人格、精神、思维等诸多方面的尊重与体认；另一方面，在福柯看来，话语与权力紧密相连，共同构成了"话语—知识—实践—权力"的一体化结构，因而对青少年话语权的承认就是对其自身权益的尊重。每个个体自身都携带着独有的情感立场和价值诉求，价值商谈必须捕捉并尊重这一现实。若教育无法对此保持开放式理解，价值商谈就失去了最根本的前提。第二，价值"对话"应当是包容的、不期而遇的。一般而言，对话是在教育双方之间展开，是一种与物理事件有所区别的"关系事件"。它要求尊重彼此的思想观点和习俗经历，体谅各自的生活经验，共同决定对话的形式和内容，并通过具体行动（实践）验证。真正高境界的对话无需教育者事先刻意安排，而是通过艺术的手段实现价值的互动追问和争辩选择，在"不期而遇"式的"神会"中使每个受教育者的个性化解读逐渐走向主体价值的同构共生。第三，价值商谈需要移情式的深入理解。对话的过程也是教育者对青少年的理解过程。每个个体都是一部活的"文本"，"理解"恰要求教育者换位思考、设身处地，在多元价值的对话氛围中真正通过"移情"理解青少年的具体境遇，尊重其独特的价值体验。教育者当然应坚定价值立场，把握核心价值观的要义；但同时又必须站在受教育者的角度将心比心，推己及人地思考其可能作出的价值判断及价值选择，经由全部人格因素的投入，达到"'你''我''他'作为人之相遇、相知、相通"②。

总而言之，"人类社会的生活不是'独白'的，而是传播交流的；不是封闭的，而是开放对话的。对话就是要把自我显露给他人，并通过与他人之间的交流，使得其果。"③ 价值商谈拒绝单向独白式的教育交往，为青少年核心价值观教育注入了鲜活的气息，无疑是对传统教育模式的巨大变革。当然，价值商谈并不否定价值引导，教育者根据需要对不同方法进行合理的组合和运用，在双向互动、民主融洽的氛围中提升核心价值观教育的实效，这才是最终目的。

---

① 马丁·布伯. 我与你 [M]. 陈维纲译. 北京：生活·读书·新知三联书店，2002：33.
② 鲁洁. 人对人的理解：道德教育的基础 [J]. 教育研究，2000（7）：3-10，54.
③ Leslie A. Boxter, Barbara. M. Montgomery. Relating Dialogues and dialectics. New York：The Guilford Press, 1996：25.

结　　论

在全球化进程中，人类社会的异质性和多元化明显增强。必须承认，价值多元、观念多变彰显出开放、包容的思维方式，体现着思想文化领域的繁荣兴旺；但多元不代表没有主导，相反，更需要在全社会形成一种底线性的价值共识，从而凝聚人心，避免社会群体陷入一盘散沙、迷路狂奔的失范状态。如何通过行之有效的方法与途径，在青少年群体中积极培育社会核心价值观，进而建构起充满向心力的国家文化共同体，日益成为一种全球现象。

文明因交流而多彩，因互鉴而丰富。过去我国思想政治教育孤立于世界之外而埋头发展的可能性已然不复存在。加强跨国别、跨文化的教育研究，实现对别国优秀做法的学习、反思和借鉴，不仅有益于形成对普遍性价值观教育现象的规律性揭示，更会经由不同文化的深度交流和协同共进，增进我国社会主义文化自觉自信，促进我国社会主义核心价值观教育的自我反省和不断创建。

北欧作为世界上安定和谐程度和福利水平普遍较高的地区，意识形态体系较为成熟，价值观教育的理论与实践发展较为迅速，在保持自身多元文化张力的同时，通过"居其中而不知"的柔性濡化方式实现社会民主主义核心价值观的渗透，促进了社会成员尤其是青少年群体的广泛团结。由于核心价值观教育的方法和途径一般来说并不具有社会制度属性，北欧地区的特色做法和有益经验完全值得深入研究和辩证剖析，从而获取可供吸收和参考的合理之处。尤其值得一提的是，有别于传统资本主义国家关注竞争以及个体自由，北欧各国在文化中更为强调普惠、平等、中庸、妥协，提倡个人诉求与社会期望的统一，在某种程度上为我们提供了更多的借鉴空间，对于我国社会主义核心价值观教育具有一定的积极意义。

当然也必须承认，北欧青少年核心价值观教育存在一定局限和困境，且中国与北欧各国在政治、经济、文化等诸多方面均存在着一定差异，将两者放在同一框架内进行研究颇具难度。我们不能简单地施行"拿来主义",而应坚持中国意识和中国立场,对北欧实践经验进行科学合理的解释与重构。因此本书也尝试以理性和批判的眼光进行分析与比较,在把握思想政治教育基本规律的前提下,使北欧经验的汲取和借鉴能在我国社会主义核心价值观教育实践中真正达到行之有效的目的,从而克服研究成果的任意化和碎片化。

目前,学界关于北欧青少年核心价值观教育的专门性研究尚不丰富,大多从教育学维度出发,散见于有关教育制度、德育、民主公民教育的论述中;而本书从比较思想政治教育角度进行了一次系统化探索和纵深化研究的尝试。在研究即将结束之际,习近平总书记召开了"学校思想政治理论课教师座谈会",强调"六个要"并提出了坚持"八个统一"的思政课改革创新要求。这同样也是强化社会主义核心价值观教育的基本遵循。笔者欣喜地发现,自己通过研究所得出的粗浅结论,恰在一定程度上符合这一遵循,契合了当前我国意识形态领域内的战略性思考。这也更加坚定了笔者的信心——研究北欧青少年核心价值观教育及其经验启示是值得且有意义的。

当然,要想很好地驾驭北欧青少年核心价值观教育研究这样一个涉及广泛的宏大课题绝非易事,需要作者具备扎实的理论功底、高超的研究能力和良好的外语水平。囿于本人水平有限,在知识储备、实践经验及视野眼界方面仍有许多不足,因此本书中有不少粗疏和不当之处,恳请各位专家、读者给予批评指正。

参 考 文 献

一、著作类

[1] 马克思恩格斯选集［M］：第1－4卷．北京：人民出版社，2012．
[2] 马克思恩格斯全集［M］：第2卷．北京：人民出版社，2005．
[3] 马克思恩格斯全集［M］：第3卷．北京：人民出版社，1960．
[4] 马克思恩格斯文集［M］：第1－2卷．北京：人民出版社，2009．
[5] 马克思恩格斯文集［M］：第8卷．北京：人民出版社，2009．
[6] 列宁选集［M］：第2卷．北京：人民出版社，1972．
[7] 列宁选集［M］：第3－4卷．北京：人民出版社，2012．
[8] 列宁全集［M］：第36卷．北京：人民出版社，1985．
[9] 毛泽东选集［M］：第1－4卷．北京：人民出版社，1991．
[10] 邓小平文选［M］：第2卷．北京：人民出版社，1994．
[11] 邓小平文选［M］：第3卷．北京：人民出版社，1993．
[12] 江泽民文选［M］：第1－3卷．北京：人民出版社，2006．
[13] 习近平谈治国理政［M］：第1卷．北京：外文出版社，2018．
[14] 习近平谈治国理政［M］：第2卷．北京：外文出版社，2017．
[15] 习近平总书记系列重要讲话读本［M］．北京：学习出版社，人民出版社，2014．
[16] 习近平．决胜全面建成小康社会 夺取新时代中国特色社会主义伟大胜利——在中国共产党第十九次全国代表大会上的报告（2017年10月18日）［M］．北京：人民出版社，2017．
[17] 习近平关于全面深化改革论述摘编［M］．北京：中央文献出版社，2014．
[18] 深度解读中国梦［M］．北京：学习出版社，2013．
[19] 胡锦涛．坚定不移沿着中国特色社会主义道路前进 为全面建成小康社会而奋斗——在中国共产党第十八次全国代表大会上的报告（2012年

11月8日）[M]. 北京：人民出版社，2012.

[20] 社会党国际和社会党重要文件选编 [M]. 北京：中共中央党校出版社，1993.

[21] 社会党国际重要文件选编 [M]. 北京：当代世界出版社，2005.

[22] 社会党国际文件集 [M]. 哈尔滨：黑龙江人民出版社，1989.

[23] 社会党重要文件选编 [M]. 北京：中共中央党校出版社，1985.

[24] 张世鹏译，殷叙彝校. 德国社会民主党纲领汇编 [M]. 北京：北京大学出版社，2005.

[25] 高锋，时红. 瑞典社会民主主义模式——述评与文献 [M]. 北京：中央编译出版社，2009.

[26] 徐崇温. 民主社会主义评析 [M]. 重庆：重庆出版社，1995.

[27] 何秉孟等. 欧洲社会民主主义的转型——与德国、瑞典学者对话实录 [M]. 北京：社会科学文献出版社，2010.

[28] 汪恩键，主编. 民主社会主义与科学社会主义比较研究 [M]. 北京：中央编译出版社，1998.

[29] 丁建定. 瑞典社会保障制度的发展 [M]. 北京：中国劳动社会保障出版社，2004.

[30] 陈照雄. 丹麦/芬兰/挪威/瑞典教育制度 [M]. 台北：心理出版社，2005/2007/2008/2009.

[31] 任军锋. 超越左与右？北欧五国政党政治比较研究 [M]. 上海：上海三联书店，2015.

[32] 郑永廷. 思想政治教育方法论 [M]. 北京：高等教育出版社，2010.

[33] 吴琦. 意识形态与国家安全 [M]. 武汉：华中师范大学出版社，2011.

[34] 陈章龙，周莉. 价值观研究 [M]. 南京：南京师范大学出版社，2004.

[35] 张澍军. 德育哲学引论 [M]. 北京：人民出版社，2002.

[36] 黄俊杰，吴素倩，等. 都市青少年的价值观 [M]. 台北：巨流图书公司，1988.

[37] 黄会林. 当代中国大众文化研究 [M]. 北京：北京师范大学出版社，1998.

［38］张雷声，顾钰民主编．马克思主义理论学科研究（第4辑）［C］．北京：高等教育出版社，2009．

［39］邹升平．中国特色社会主义与民主社会主义瑞典模式比较研究［M］．北京：知识产权出版社，2013．

［40］刘玉安，蒋锐，等．从民主社会主义到社会民主主义［M］．北京：人民出版社，2010．

［41］曾良盛．社会民主主义的变异与转行 对社会民主主义的理论透视［M］．天津：天津教育出版社，2006．

［42］李永清．当代民主社会主义——认识民主社会主义 坚持科学社会主义［M］．北京：中国广播电视出版社，1991．

［43］黄范章．瑞典："福利国家"的理论与实践——瑞典病研究［M］．上海：上海人民出版社，1987．

［44］陈之华．芬兰教育全球第一的秘密［M］．北京：中国青年出版社，2009．

［45］许智伟．北欧五国的教育［M］．台北：台湾编译馆，2002．

［46］袁贵仁．价值观的理论与实践——价值观若干问题的思考［M］．北京：北京师范大学出版社，2006．

［47］陈照雄．北欧五国教育制度之比较［M］．台北：心理出版社，2011．

［48］方彤．瑞典基础教育［M］．广州：广东教育出版社，2004．

［49］姚运标．美国公共教育中的宗教问题研究［M］．合肥：安徽人民出版社，2006．

［50］王承绪．比较教育学史［M］．北京：人民教育出版社，1991．

［51］顾耀铭，王和平．当代瑞典教育概览［M］．郑州：河南教育出版社，1994．

［52］栗芳，魏陆．瑞典社会保障制度［M］．上海：上海人民出版社，2010．

［53］冯增俊．当代西方学校道德教育［M］．广州：广东教育出版社，1993．

［54］方建移．家庭教育与儿童社会性发展［M］．杭州：浙江教育出版社，2005．

［55］黄安森，张小劲．瑞典模式初探［M］．哈尔滨：黑龙江人民出版

社，1989．

[56] 韦善美，潘启富选编．雷沛鸿文选［M］．桂林：广西师范大学出版社，1998．

[57] 台维斯．格龙维与丹麦民众高等学校［M］．戴子钦，译．上海：中华书局，1936．

[58] 国务院发展研究中心．当代挪威与中国［M］．北京：中国摄影出版社，1998．

[59] 刘震，安国启主编．中国特色社会主义事业与青少年发展研究报告——第八届中国青少年发展论坛暨中国青少年研究会优秀论文集（2012）［C］．天津：天津社会科学院出版社，2013．

[60] 冯建军．当代主体教育论［M］．南京：江苏教育出版社，2001．

[61] 联合国教科文组织国际教育发展委员会．学会生存——教育世界的今天和明天［M］．北京：教育科学出版社，1996．

[62] 邱尊社．马克思主义与当代经济全球化问题研究［M］．北京：北京大学出版社，2005．

[63] 石海兵．青年价值观教育研究［M］．合肥：安徽人民出版社，2007．

[64] 周从标．全球化背景下思想政治教育创新研究［M］．北京：中国社会科学出版社，2005．

[65] 毕红梅．全球化视野中的思想政治教育研究［M］．北京：中国社会科学出版社，2006．

[66] 汪信砚．全球化、现代化与马克思主义哲学中国化［M］．湖北：武汉大学出版社，2010．

[67] 彭洁．全球化背景下高校马克思主义理论教育研究［M］．四川：四川大学出版社，2010．

[68] 张耀灿，徐志远．现代思想政治教育学科论［M］．武汉：湖北人民出版社，2003．

[69] 郑永廷主编．现代思想道德教育理论与方法［M］．广州：广东高等教育出版社，2000．

[70] 梁光严．列国志瑞典［M］．北京：社会科学文献出版社，2007．

[71] 王玄武，骆郁廷．思想教育、政治教育、道德教育比较研究［M］．武汉：武汉大学出版社，2002．

[72] 张耀灿，郑永廷，吴潜涛，骆郁廷．现代思想政治教育学 [M]．北京：人民出版社，2006．

[73] 2010年北京第三届青少年学生公民教育国际论坛论文集 [C]．北京：北京教育科学研究院，2010．

[74] 刘永富．价值哲学的新视野 [M]．北京：中国社会科学出版社，2002．

[75] 李连科．价值哲学引论 [M]．北京：商务印书馆，1999．

[76] 袁久红，甘文华等．社会主义核心价值体系的中国灵根 [M]．南京：江苏人民出版社，2013．

[77] 余文烈．当代国外社会主义流派 [M]．合肥：安徽人民出版社，2000．

[78] 向文华．斯堪的纳维亚民主社会主义研究 [M]．北京：中央编译出版社，1999．

[79] 刘新成主编．全球史评论（第七辑）[M]．北京：中国社会科学出版社，2015．

[80] [德] 托马斯·迈尔等编辑，殷叙彝、张世鹏等编译．民主社会主义理论概念 [M]．重庆：重庆出版社，2012．

[81] [德] 托马斯·迈尔等．论民主社会主义 [M]．北京：东方出版社，1987．

[82] [丹麦] 福尔默·威斯蒂．北欧式民主 [M]．赵振强，译．北京：中国社会科学出版社，1990．

[83] [瑞典] 安德生．瑞典史（上、下）[M]．苏公隽，译．北京：商务印书馆．1972．

[84] [丹麦] 本特·格雷夫主编．比较福利制度——变革时期的斯堪的纳维亚模式 [M]．许耀桐等译，重庆：重庆出版社，2006．

[85] [瑞典] 尼尔·肯特．瑞典史 [M]．吴英，译．北京：中国大百科全书出版社，2010．

[86] [瑞典] 斯·哈登钮斯．二十世纪的瑞典政治 [M]．戴汉笠、许力，译．北京：求实出版社，1990．

[87] [瑞典] E.威格福斯．当代的社会主义 [M]．斯德哥尔摩：斯德哥尔摩出版社，1971．

[88] [瑞典] O.帕尔梅．向往未来 [M]．斯德哥尔摩：斯德哥尔摩出

版社，1974.

[89] [德] 哈贝马斯. 交往行动理论 [M]: 第2卷. 洪佩郁, 蔺青译. 重庆: 重庆出版社, 1990.

[90] [美] 路易斯·拉斯思. 价值与教学 [M]. 谭松贤译. 杭州: 浙江教育出版社, 2003.

[91] [英] 安东尼·吉登斯. 第三条道路: 社会民主主义的复兴 [M]. 郑戈, 译. 北京: 北京大学出版社, 2003.

[92] [法] 让·马雷, 阿兰·乌鲁. 社会党历史——从乌托邦到今天 [M]. 胡尧布、黄舍骁, 译. 北京: 商务印书馆, 1999.

[93] [美] 吉米·卡特. 我们濒危的价值观: 道德危机 [M]. 汤玉明, 译. 西安: 西北大学出版社, 2007.

[94] [美] 托马斯·里克纳. 美式课题——品质教育学校方略 [M]. 刘冰等译. 海南: 海南出版社, 2001.

[95] [美] 赫伯特·马尔库塞. 单向度的人——发达工业社会意识形态研究 [M]. 刘继译. 上海: 上海译文出版社, 2008.

[96] [美] 赫舍尔. 人是谁 [M]. 隗仁莲, 译. 贵阳: 贵州人民出版社, 1994.

[97] [德] 伯恩施坦. 什么是社会主义 [M]. 史集, 译. 北京: 三联书店, 1963.

[98] [美] 拉什等. 组织化资本主义的终结 [M]. 征庚圣等译. 南京: 江苏人民出版社, 2001.

[99] [美] 约翰·古得莱德. 一个称作学校的地方 [M]. 苏智欣, 胡玲, 陈建华, 译. 上海: 华东师范大学出版社, 2005.

[100] [美] 迈克尔, 阿普尔等. 国家与知识政治 [M]. 黄忠敬等译. 上海: 华东师范大学出版社, 2007.

[101] [美] 约翰·S. 布鲁贝克. 高等教育哲学 [M]. 王承绪等译. 杭州: 浙江教育出版社, 2002.

[102] [法] 路易斯·博洛尔. 政治的罪恶 [M]: 序. 蒋庆等译. 北京: 改革出版社, 1999.

[103] [美] 卡斯滕·哈里斯. 建筑的伦理功能 [M]. 申嘉, 陈朝晖译. 北京: 华夏出版社, 2001.

[104] [美] 托马斯·沙兹. 旧好莱坞/新好莱坞: 仪式、艺术与工业

[M]. 周传基, 周欢译. 北京: 中国广播电视出版社, 1992.

[105] [加] 威尔·金里卡. 刘莘译. 当代政治哲学[M]. 上海: 上海译文出版社, 2011.

[106] [加] 克里夫·贝克. 学会过美好生活——人的价值世界[M]. 詹万生等译. 北京: 中央编译出版社, 1997.

[107] [加] 克里夫·贝克. 优化学校教育——一种价值的观点[M]. 戚万学等译. 上海: 华东师范大学出版社, 2003.

[108] [德] 马丁·布伯. 我与你[M]. 陈维纲译. 北京: 商务印书馆, 2002.

[109] [英] 安东尼·吉登斯. 现代性的后果[M]. 田禾译. 南京: 译林出版社, 2000.

[110] [法] 雅克·阿达. 经济全球化[M]. 何竟译. 北京: 中央编译出版社, 2000.

[111] [美] 亨廷顿. 文明的冲突与世界秩序的重建[M]. 周琪等译. 北京: 新华出版社, 1999.

[112] [美] 杜威. 民主主义与教育[M]. 王承绪译. 北京: 人民教育出版社, 2001.

[113] [苏] 苏霍姆林斯基. 怎样培养真正的人[M]. 蔡汀译. 北京: 教育科学出版社, 1992.

[114] [德] 雅斯贝尔斯. 什么是教育[M]. 邹进译. 北京: 三联书店, 1991.

[115] John Schwarzmantel. Citizenship and Identity: Towards a New Republic. London and New York: Routledge, 2003.

[116] Ali Hajighasemi. The Transformation of the Swedish Welfare System: Fact of Fiction? Stockholm: Södertörns Högskola, 2004.

[117] Ingvar Carlsson, Anne-Marie Lindgren. What is Social Democracy? Stockholm: Arbetarr relsens Tankesme-dja and the publishing house Idé och Tendens, 2007.

[118] Jack Zevin. Social Studies for the Twenty-first Century: Methods and Materials for Teaching in Middle and Secondary Schools (3rd edition). New York: Routledge, 2011.

[119] Raths, L. F. Harmin, M. and Simon, S. B. Values and Teaching,

working with Values in the Classroom. Columbus, OH: Charles E. Merrill, 2000.

[120] Aho, E, Pitkanen, K, and Sahlberg, P. Policy Development and Reform Principles of Basic and Secondary Education in Finland Since1968. WashingtonD. C. . The World Bank, 2006.

[121] Kymlica Will. Politics in the Vernacular: Nationalism, Multiculturalism, and Citizenship. London: Oxford University Press, 2001.

[122] Johanna Einarsdottir, Judith T. Wagner. Nordic Children and Early Education – Philosophy, Research, Policy, and Practice in Denmark, Finland, Iceland, Norway, and Sweden. Charlotte, NC: Information Age Publishing Inc. , 2006.

[123] McLaughlin, T. H. Public Values, Private Values and Educational Responsibility. St. Andrews, Centre for Philosophy and Public Affairs. University of St Andrews, 1995.

[124] Richards Jenkins. Social Identity. London: Routledge, 1999.

[125] Hanneke Teekens. Teaching and Learning in the International Classroom. Internationalization at Home: A Position Paper. EAIE, 2000.

[126] Amy Gutmann. Democratic Education. New Jersey: Princeton University, 1987.

[127] V. Zbar, D. Brown & B. Bereznicki. Values Education Study: Report to Department of Education Science and Training. Victoria: Curriculum Corporation, 2003.

[128] Jane Williams – Siegfredsen. Understanding the Danish Forest School Approach. New York: Routledge, 2012.

[129] Andy Hargreaves. The Global Fourth Way: The Quest for Educational Excellence. California: Corwin, 2012.

[130] Ronald W. Evans. The Social Studies Wars: What We Should Teach the Children? New York: Teachers College Press, 2004.

[131] Ross E W. The Social Studies Curriculum: Purposes, Problems, and Possibihies. New York: State University of New York Press, 2001.

[132] NCC. Spiritual and Moral Development: A Discussion Paper. York: NCC, 1993.

[133] DfEE. The Language Review: Consultation Report. London: DfEE,

2006.

[134] J. Mark Halstead and Monica J. Taylor (eds). Values in Education and Education in Values. London: Falmer Press, 1996.

[135] Miller, John P. The Holistic Curriculum. Revised and Expanded Edition. Toronto: OISE Press, Inc. , 1996.

[136] Anders Björklund, Melissa A. Clark, etc. The Market Comes to Education in Sweden: An Evaluation of Sweden's Surprising School Reforms. New York: Russell Sage Foundation, 2005.

[137] Diane Ravitch, Andy Hargreaves, Ken Robinson, etc. Finnish Lessons 2.0: What Can the World Learn from Educational Change in Finland? New York: Teachers' College Press, 2014.

[138] R. Cuperus. K. Duffek & J. Kandel. The Challenge of Diversity: European Social Democracy Facing Migration, Integration and Multiculturalism. Innsbruck: Studien Verlag, 2003.

[139] Leslie A. Boxter, Barbara. M. Montgomery. Relating Dialogues and dialectics. New York: The Guilford Press, 1996.

[140] Campbell. The Vocational and Technical Education in Sweden. Stockholm: Stockholm University Press, 1995.

[141] Claus Offe. Contradictions of the Welfare State. London: Hutchinson, 1984.

[142] Thomson, Stuart. The Social Democratic Dilemma: Ideology, Governance and Globalization. New York: St. Martin's Press, In. , 2000.

二、期刊论文类

[1] 杨威. 国外价值观教育研究：目标、内容与方法 [J]. 思想理论教育, 2017 (10).

[2] 沈壮海. 改革开放以来思想政治教育研究的学术版图 [J]. 思想理论教育导刊, 2008 (11).

[3] 上官莉娜. 比较思想政治教育：现状、挑战与发展 [J]. 思想理论教育, 2013 (8).

[4] 谢松明. 民主社会主义基本价值观的分析与思考 [J]. 科学社会主义, 2008 (1).

[5] 邹升平. 瑞典社会民主主义价值观的认同路径探析 [J]. 理论月刊, 2014 (1).

[6] 杨婷婷. 试析挪威的民主公民教育政策 [J]. 全球教育展望, 2013 (5).

[7] 李庶泉. 公民教育的国际比较 [J]. 济南大学学报, 2005, 15 (2).

[8] 侯丹娟. 欧洲中小学公民教育综述 [J]. 教学与管理, 2012 (4).

[9] 戚如强. 瑞典青少年社会核心价值观教育的特色及启示 [J]. 外国中小学教育, 2017 (9).

[10] 戚如强. 北欧国家的思想政治教育及启示 [J]. 思想政治教育研究, 2012 (3).

[11] 王葎. 作为哲学问题域的价值观教育 [J]. 内蒙古农业大学学报（社会科学版）, 2005 (4).

[12] 莫晓春. 关于"青少年"年龄界定问题的思考 [J]. 广西青年干部学院学报, 2009, 19 (2).

[13] 艾诗根. 价值教育与美好生活——克里夫·贝克的价值教育理论及其教育意义 [J]. 外国教育研究, 2012, 39 (4).

[14] 王世奇. 论信仰与核心价值体系建设 [J]. 大连海事大学学报（社会科学版）, 2004, 13 (5).

[15] 陈秉公. 论国家意识形态"高势位"建设的规律性 [J]. 马克思主义研究, 2009 (11).

[16] 林卡. 北欧国家社会政策的演变及其对中国社会建设的启示 [J]. 经济社会体制比较, 2011 (3).

[17] 杨玲玲. "人民之家"：瑞典社民党60年成功执政的理念 [J]. 科学社会主义, 2005 (4).

[18] 黄皖毅. 试论"瑞典模式"的本土文化特质 [J]. 当代世界与社会主义, 2015 (4).

[19] 王建平. 诺贝尔故乡的启示——瑞典宗教见闻 [J]. 中国宗教, 2003 (7).

[20] 高锋. 瑞典社会民主党纲领（上）——2013年4月6日社会民主党全国代表大会通过 [J]. 当代世界与社会主义, 2013 (4).

[21] 徐崇温. 科学社会主义与民主社会主义的界限 [J]. 科学社会主

义，1991（4）．

[22] 高锋．瑞典社会民主工人党党纲——2001 年 11 月 6 日威斯特罗斯代表大会通过 [J]．当代世界社会主义问题，2003（1）．

[23] 邹升平．民主社会主义瑞典模式的生成因素 [J]．社会主义研究，2011（1）．

[24] 刘玉安．北欧的教育与社会发展 [J]．济宁师专学报，1996，17（3）．

[25] 郝明．瑞典、丹麦学校道德教育的政策与实践 [J]．外国教育研究，1991（2）．

[26] 薛二勇．瑞典教育改革中的教育公平发展政策 [J]．比较教育研究，2009（9）．

[27] 井中雪．论政治信仰 [J]．山西师大学报：社会科学版，2005（5）．

[28] 何志英．瑞典的学校教育和儿童权利保护 [J]．语文学刊，2012（8）．

[29] 潘玉腾．欧美国家推进核心价值观大众化的经验及启示 [J]．思想理论教育，2011（2上）．

[30] 杨启先．一篇迟到的考察纪要——瑞典式社会主义考察 [J]．理论参考，2003（1）．

[31] 倪星．北欧国家廉政建设及其对中国的启示 [J]．广州大学学报（社会科学版），2008，7（4）．

[32] 郭秀华．探析梭罗反异化劳动价值观——以《瓦尔登湖》为例 [J]．福建教育学院学报，2014（4）．

[33] 王德林．丹麦民众高等学校的教师 [J]．高等师范教育研究，2001（5）．

[34] 陈松青，蒙志勇．以民俗文化助推核心价值观生活化 [J]．学术论坛，2015（4）．

[35] 董霄汉．北欧人的宗教信仰 [J]．欧洲，1994（2）．

[36] 任琦．北欧五国媒介管理制度 [J]．中国记者，2005（12）．

[37] 杨明，张伟．个人主义：西方文化的核心价值观 [J]．哲学研究，2007（4）．

[38] 方松．从教育价值观角度控析芬兰教育的成功因素 [J]．教育观

察，2018，7（2）．

[39] 张广文，焦金艳．民主社会主义的批判性解读［J］．湖南医科大学学报（社会科学版），2008，10（3）．

[40] 孙其昂，侯勇．论社会主义核心价值观建设的现代性境遇与超越［J］．中国特色社会主义研究，2011（2）．

[41] 李晓荣．浅论高校信仰教育与意识形态安全［J］．山西师大学报（社科版），2015，42（4）．

[42] 倪松根．论社会主义核心价值观教育话语创新［J］．学校党建与思想教育，2015（7）．

[43] 华瑛．构建学校·家庭·社会三维一体式互动教育模式［J］．技术与创新管理，2013，34（4）．

[44] 申明．互联网：德育制度变革的教育场域［J］．学术论坛，2009（01）．

[45] 唐凯麟，刘铁芳．价值启蒙与生活养成［J］．教育科学研究，2005（2）．

[46] 杨小微．教学中的价值引导与价值商谈［J］．教育科学研究，2004（10）．

[47] 唐晓燕．哈贝马斯的商谈伦理学［J］．广西社会科学，2005（7）．

[48] 鲁洁．人对人的理解：道德教育的基础［J］．教育研究，2000（7）．

[49] 殷叙彝．西欧社会党的民主社会主义国家学说初探［J］．西欧研究，1987（5）．

[50] 殷叙彝．第三条道路与社会民主主义的国家理论［J］．欧洲，2000（5）．

[51] 殷叙彝．社会民生主义国家理论溯源——从拉萨尔到伯恩施坦［J］．马克思主义与现实，2010（3）．

[52] 殷叙彝．"民主社会主义"和"社会民主主义"概念的渊源和演变［J］．中国特色社会主义研究，2007（5）．

[53] 张世鹏．社会民主党与社会民主主义起源探究［J］．科学社会主义，2008（3）．

[54] 王向华．国际道德与公民教育发展的基本趋势［J］．北京理工大学学报（社会科学版），2002（8）．

[55] 刘保民. 国外德育现状概观 [J]. 汉中师院学报（哲学社会科学版），1994（1）.

[56] 邱柏生. 试论价值观的形成是一个过程 [J]. 社会主义核心价值观研究，2015（1）.

[57] 高素华. 国外高校价值观教育分析 [J]. 教育评论，2015（8）.

[58] 胡佩诚. 对青年性教育与咨询的思考——从瑞典的经验谈起 [J]. 青年研究，1997（8）.

[59] 傅建明，蒋洁蕾. 第二次世界大战后瑞典环境教育的架构及启示 [J]. 外国教育研究，2013（1）.

[60] 王楠. 芬兰的高中课程设置 [J]. 网络科技时代，2008（13）.

[61] 常媛媛. 芬兰基础创业教育课程的实施经验与反思 [J]. 外国教育研究，2015（6）.

[62] 祝国强. 芬兰与我国普通高中思想政治类课程比较 [J]. 思想政治课教学，2009（9）.

[63] 肖薇薇，陈文海. 社会主义核心价值观青年认同的话语赋能 [J]. 中国青年社会科学，2016（1）.

[64] 陈怀平，廉永杰. 共通、异质与升华：当代中西方核心价值观辨析 [J]. 中国特色社会主义研究，2011（1）.

[65] 汪信砚. 全球化中的价值认同与价值观冲突 [J]. 哲学研究，2002（11）.

[66] 汪亭友. 应如何看待瑞典社会民主党及其瑞典模式 [J]. 思想政治教育导刊，2008（4）.

[67] 周利方，沈全. 国外核心价值观建设的实践类型及启示 [J]. 理论月刊，2011（11）.

[68] 潘玉腾. 欧美国家推进核心价值观大众化的经验及启示 [J]. 思想理论教育（上半月综合版），2011（2）.

[69] 陈延斌，周斌. 国外核心价值观的凝练及其启示 [J]. 马克思主义研究，2012（10）.

[70] 侯衍社. 社会民主主义基本价值理念与"第三条道路"价值观念的现代转型 [J]. 烟台大学学报，2009（1）.

[71] 祝灵君. 国外建立社会核心价值的经验及对我国的启示 [J]. 中国党政干部论坛，2007（4）.

[72] 张伟.国外加强社会核心价值观建设的做法及启示[J].当代世界与社会主义,2011(2).

[73] 陈延斌,牛绍娜.欧美核心价值观的传播路径及其对我国的启示[J].吉首大学学报(社会科学版),2013(2).

[74] 任军锋.后工业后物质政党——北欧五国政治文化变迁为中心[J].欧洲研究,2003(6).

[75] 王悦芳.芬兰基础教育改革的逻辑与理念[J].外国中小学教育,2009(6).

[76] 武学超,张涛.芬兰社会转型中的中小学教育发展策略分析[J].外国中小学教育,2007(7).

[77] 张德启,汪霞.芬兰基础教育课程改革的整体设计与实施浅析[J].外国教育研究,2009(5).

[78] 吴清.对瑞典大学教育方法与理念的思考[J].技术与市场,2015(5).

[79] 胡子祥.挪威:学生参与模式的启示[J].教育旬刊,2011(3中).

[80] 高锋,译.瑞典社会民主工人党党纲——2001年11月6日威斯特罗斯代表大会通过[J],当代世界社会主义问题,2003(1).

[81] 刘佛年.关于当前教育改革中的几个问题[J].中学教育,1987(3).

[82] 吴也显.潜在课程初探[J].教育研究,1987(11).

[83] 班华.隐性课程与个性品德形成[J].教育研究,1989(12).

[84] 王家芳.开发隐性课程的现实意义及实现途径[J].学校党建与思想教育,2007(5).

[85] 郑传芳,潘正腾.中外学校道德教育方式德共性和异性[J].福建师范大学学报(哲学社会科学版),1994(4).

[86] 汪霞.20世纪末瑞典义务教育课程革新的理念与举措[J].比较教育研究,2000(6).

[87] 葛正明,金松.挪威教育教育的举措和经验[J].职业教育与终身教育,2013(12).

[88] 耿润.瑞典中小学的民主教育及其启示[J].基础教育参考,2008(4).

[89] 张铁道. 为学生创设自主学习的课程环境——芬兰、瑞典两国高中课程改革考察报告 [J]. 课程, 教材, 教法, 2002 (5).

[90] 张云德, 秦仪燕. 北欧福利国家的道德教育及其对中国的启示 [J]. 社科纵横, 2013 (8).

[91] 任琦. 北欧五国媒介管理制度 [J]. 中国记者, 2005 (12).

[92] 张典兵. 当代西方道德教育理论对我国学校德育的启示 [J]. 广西社会科学, 2006 (9).

[93] 李荣安. 从道德角度看价值、文化和教育 [J]. 全球教育展望, 2001 (6).

[94] 程凤春, 郝保伟. 丹麦教育投资的特点及其未来走向——兼析经济高度发达、高税收、高福利国家教育投资的特点及未来走向 [J]. 比较教育研究, 2006 (1).

[95] 依茹. 福利国家的优势、劣势及其对我国的启示 [J]. 法制与社会, 2011 (8).

[96] 唐小燕. 哈贝马斯的商谈伦理学 [J]. 广西社会科学, 2005 (7).

[97] 胡锋吉. 均衡、多元和信任：芬兰的教育文化 [J]. 外国中小学教育, 2013 (5).

[98] 陈蓉晖, 马云鹏. 挪威义务教育课程多元价值取向及其启示——基于对挪威国家课程标准的分析 [J]. 外国教育研究, 2010 (9).

[99] 徐亮. 瑞典高等教育的 U-68 改革研究 [J]. 煤炭高等教育, 2012 (6).

[100] [美] 卡明斯等. 从课程看道德及宗教教育——价值教育的国际比较 (之一) [J]. 钟启泉编译. 外国教育资料, 1997 (2).

[101] [英] 奥雅·奥斯勒, 侯·斯塔克. 公民教育的进展研究：发达国家的探索 [J]. 中国德育, 2007, 2 (4)

[102] [丹麦] K·布洛. 张晓兰译. 丹麦的道德教育：问题与前景 [J]. 国外社会科学, 1991 (2).

[103] [瑞典] 比扬. 冯西斗. 瑞典社会民主党党纲述评 [J]. 高锋, 译. 当代世界与社会主义, 2009 (3).

[104] [英] 莫妮卡·泰勒. 价值观教育与教育中的价值观 (上、中、下) [J]. 万明, 译. 教育研究, 2003 (5), (6), (7).

[105] Sevgi Coşkun Keskin, Deniz Yuceer. Citizenship Education in Den-

mark. Journal of Social Studies Education Research, 2013, 4 (1).

[106] Claus Haas. Citizenship Education in Denmark: Reinventing the Nation and/or Conducting Multiculturalism (s)? London Review of Education, 2008, 6 (1).

[107] Heidi Biseth. Democracy and Education in a Multicultural Scandinavia: What Mandate is Designated to Educators? Intercultural Education, 2009, 20 (3).

[108] Cleo H. Cherryholmes. Curriculum Dynamics and History: Citizenship Education in Sweden. Journal of Curriculum Studies, 1989, 21 (2).

[109] Lisbeth Lindström. Citizenship Education from a Swedish Perspective. Journal of Studies in Education, 2013, 3 (2).

[110] John Sjogren. Religious Education in Sweden. Religious Education, 1963, 58 (3).

[111] J. Mark Halstead and Moniea J. Taylor. Learning and Teaching about Values: A Review of Recent Research. Cambridge Journal of Education, 2010, 30 (2).

[112] John Loeser. Values, Character and Moral Education. Research Starters Education, 2008 (1).

[113] B. J. Bredemeir, M. R. Weiss, D. L. Shields and R. M. Shewchuk. Promoting Moral Growth in a Summer Sport Camp: the Implementation of Theoretically Grounded Instructional Strategies. Journal of Moral Education, 1986, 15 (3).

[114] S. Allen, K. Daly. The Effects of Father Involvement: A Survey of the Research Evidence. The FIIO News, 2002 (1).

[115] Rønsen Mari, Kitterød, Ragni Hege. Gender – Equalizing Family Policies and Mothers' Entry into Paid Work: Recent Evidence from Norway. Feminist Economics, 2015 (1).

[116] Kane, Harrison D. Taub, Gordon Ehayes, B. Grant. Interactive Media and Its Contribution to the Construction and Destruction of Values and Character. Journal of Humanistic Counseling, Education & Development, 2000, 39 (1).

[117] C. A. Grant. Cultivating Flourishing Lives: A Robust Social Justice Vision of Education. American Educational Research Journal, 2012, 49 (5).

[118] WANG Qi – yun. Using the Facebook Group as a Learning Management

System: an Exploratory Study. British Journal of Educational Technology, 2012, 43 (3).

[119] Wiel Veugelers. Different Ways of Teaching Values. Educational Review, 2000, 52 (1).

[120] Antikainen, A. In Search of the Nordic Model in Education. Scandinavian Journal of Educational Research, 2006, 50 (3).

[121] Sahlberg, P. The Fourth Way of Finland. Journal of Education Change, 2011 (12).

[122] Palle Rasmussen. Education for Everyone: Secondary Education and Social Inclusion in Denmark. Journal of Education Policy, 2002, 17 (6).

[123] Keskini, S. C. &Yuceer, D. Citizenship Education in Denmark. Journal of Social Studies Education Research, 2013, 4 (1).

[124] Elizabeth Thomas. Education, Values and Cohabitation in Sweden. Marriage and Family, 2010, 46 (1).

[125] Elizabeth Jones. The Emergence of Emergent Curriculum. Young Children, 2012, 67 (2).

[126] Sverker Lindblad. On Transitions of Power, Democracy and Education in Sweden. Journal of Curriculum Studies, 1993, 25 (1).

[127] Jon Torfi Jonasson. Policy and reality in educational development: an analysis based on example from Iceland. Education Policy, 2002, 17 (6).

[128] Alfred Oftedal Telhaug, Odd Asbjørn Mediås, Petter Aasen. From Collectivism to Individualism? Education as Nation Building in a Scandinavian Perspective. Scandinavian Journal of Education Research, 2004, 48 (2).

[129] Christian Horst & Joron Pihl. Comparative Perspectives on Education in the Multicultural Nordic Countries. Intercultural Education, 2010, 21 (2).

[130] Schwartz S H. Bilsky W. Toward aUniversal Psychological Structure of Human Values. Journal of Personality and Social Psychology, 1987, 53 (3).

三、学位论文类

[1] 袁群. 瑞典社会民主党执政的历史、理论与实践 [D]. 武汉: 华中师范大学政治学研究院, 2007.

[2] 刘勇. 当代中国主流价值观话语权的思想溯源与现实建构 [D]. 合

肥：安徽大学马克思主义学院，2017.

[3] 庞超. 二十世纪八十年代以来瑞典基础教育改革的价值取向研究[D]. 重庆：西南大学，2012.

[4] 崔振成. 现代性社会与价值观教育[D]. 长春：东北师范大学教育科学学院，2011.

[5] 李娟. 民主社会主义理论与实践模式研究[D]. 长春：吉林大学哲学社会学院，2013.

[6] 邱琳. 英国学校价值教育研究[D]. 武汉：武汉大学政治与公共管理学院，2010.

[7] 陈锦荣. 瑞典社会民主党治国理政经验研究[D]. 北京：中共中央党校党建教研部，2016.

[8] 丁燕. 公民核心价值观教育[D]. 济南：山东大学马克思主义学院，2015.

[9] 刘晨. 加拿大核心价值观教育研究[D]. 长春：东北师范大学思想政治教育研究中心，2018.

[10] 谭鹏. 论战后西欧社会民主党治国理政的经验与启示——以英、法、德、瑞四国为例[D]. 北京：中共中央党校党建教研部，2012.

[11] 杨飞云. 美国学校价值观教育研究[D]. 开封：河南大学，2012.

[12] 陈维佳. 瑞典福利国家改革研究[D]. 武汉：华中科技大学，2011.

[13] 薛新国. 欧洲社会党价值观多维度研究[D]. 天津：天津师范大学，2013.

[14] 姚林群. 课堂中的价值观教学[D]. 武汉：华中师范大学教育学院，2011.

[15] 段国选. 瑞典社会民主主义模式研究——根源、演变和启示[D]. 长春：吉林大学，2009.

[16] 李晗龙. 中、欧青年道德教育比较研究[D]. 哈尔滨：哈尔滨理工大学马克思主义学院，2014.

[17] 赵浩华. 欧洲福利国家制度变迁研究[D]. 哈尔滨：黑龙江大学政府管理学院，2018.

[18] 泥安儒. 北欧福利国家教育政策发展研究[D]. 保定：河北大学，2016.

[19] 刘舒婷. 瑞典社会民主党培育和践行其核心价值观的经验及启示 [D]. 武汉：华中师范大学政治学研究院，2015.

[20] 焦丽莎. 瑞典社会民主主义核心价值观研究 [D]. 呼和浩特：内蒙古大学马克思主义学院，2017.

四、报纸文献类

[1] 习近平. 把培育和弘扬社会主义核心价值观作为凝魂聚气强基固本的基础工程 [N]. 人民日报，2014-02-26（1）.

[2] 习近平. 青年要自觉践行社会主义核心价值观——在北京大学师生座谈会上的讲话 [N]. 人民日报，2014-05-05（1）.

[3] 习近平. 把思想政治工作贯穿教育教学全过程 开创我国高等教育事业发展新局面 [N]. 人民日报，2016-12-09（1）.

[4] 习近平. 在文艺工作座谈会上的讲话 [N]. 人民日报，2015-10-15（2）.

[5] 习近平. 大力弘扬爱国主义精神 为实现中国梦提供精神支柱 [N]. 人民日报，2015-12-31（1）.

[6] 习近平. 建设社会主义文化强国 着力提高国家文化软实力 [N]. 人民日报，2014-01-01（1）.

[7] 习近平. 在庆祝中国共产党成立95周年大会上的讲话 [N]. 人民日报，2016-07-02（2）.

[8] 习近平. 在省部级主要领导干部学习贯彻十八届三中全会精神全面深化改革专题研讨会上的讲话 [N]. 人民日报，2014-2-18（1）.

[9] 中共中央办公厅印发《关于培育和践行社会主义核心价值观的意见》[N]. 人民日报，2013-12-24（1）.

[10] 中共中央关于深化文化体制改革推动社会主义文化大发展大繁荣若干重大问题的决定 [N]. 人民日报，2011-10-26（1）.

[11] 江泽民. 全面建设小康社会，开创中国特色社会主义事业新局面——在中国共产党第十六次全国代表大会上的报告（2002年11月8日）[N]. 人民日报，2002-11-18（1）.

[12] 马忠，周洲. 社会主义核心价值观的中国特色、民族特性和时代特征 [N]. 光明日报，2014-11-24（11）.

[13] 中华人民共和国国民经济和社会发展第十三个五年规划纲要 [N].

光明日报, 2016 – 03 – 18 (1).

[14] 赵馥洁. 谈中华民族爱国主义传统的核心内容 [N]. 北京日报, 2009 – 05 – 26 (3).

[15] 丰子义. 价值观建设需警惕两种"主义" [N]. 中国社会科学报, 2015 – 09 – 24 (3).

[16] 公方彬. 我们需要怎样的精英群体 [N]. 中国青年报, 2015 – 10 – 28 (2).

[17] 任天佑. 文化强国——国家战略的新高度 [N]. 解放军报, 2012 – 01 – 01 (3).

[18] 文化部. 2016 年文化工作成果 &2017 年文化工作要点 [N]. 中国文化报, 2017 – 01 – 05 (1).

[19] 沈伟鹏. 丹麦的核心价值观 [N]. 学习时报, 2015 – 12 – 03 (2).

[20] 江庆心. 实践、自觉、开放：芬兰大学公民教育特色 [N]. 中国教育报, 2005 – 05 – 21 (8).

[21] 黄土安, 戴木才. 如何科学对待资本主义核心价值观 [N]. 光明日报, 2012 – 02 – 18 (11).

五、电子文献、报告及其他

[1] 范晓莉. 坚持培育和践行社会主义核心价值观 [EB/OL]. http：//theory.people.com.cn/n1/2018/1031/c40531 – 30374231.html, 2018 – 10 – 31.

[2] 习近平在联合国教科文组织总部的演讲 [EB/OL]. http：//www.xinhuanet.com/politics/2014 – 03/28/c_119982831.htm, 2014 – 03 – 28.

[3] 张敏. 芬兰政府如何提升国家治理能力 [EB/OL]. http：//cpc.people.com.cn/n/2014/0811/c68742 – 25444111.html, 2014 – 08 – 11.

[4] 李世黎. 社会主义核心价值观教育的多维度思考 [EB/OL]. http：//www.wenming.cn/ll_pd/shzyhxjzg/201604/t20160418_3296868.shtml, 2016 – 04 – 18.

[5] 张雪莹. 英国"一臂之距"文化管理原则的启示 [EB/OL]. http：//roll.sohu.com/20111202/n327710934.shtml, 2011 – 12 – 02.

[6] Timo Pihkala, Elena Ruskovaara. Entrepreneurship education as a multi-layered phenomenon – a steering system for entrepreneurship education [EB/OL].

http://developmentcentre. lut. fi/files/muut/ESU2009_Italia_steering. pdf, 2014 – 09 – 18.

[7] Royal Ministry of Education, Research and Church Affairs (2005). Core curriculum for primary, secondary and adult education in Norway [EB/OL]. http://www. udir. no/Stottemeny/English/Curriculum – in – English/Core – Curriculum – in – five – languages, 2012 – 10 – 12.

[8] The Directorate for Education and Training (2011). Pupil council work-subject [EB/OL]. http://www. udir. no/Stottemeny/English/Curriculum – in – English/_english/Curricula – in – English, 2012 – 10 – 20.

[9] Malm University. Sweden – International Education and Research [EB/OL]. http://www. mah. se/english/About – Malmo – University/Facts – and – figures/, 2013 – 10 – 28.

[10] National Curriculum for Knowledge Promotion in Primary and Secondary Education and Training (Finland) [EB/OL]. http:// www. utdanningsdirektoratet.

[11] A Thematic Presentation of Basic Values – democracy in Sweden Education [EB/OL]. http://www. skoleverket. se. 2001.

[12] Curriculum for the Compulsory School, Preschool Class and the Leisure – time Centre 2011. [EB/OL]. http://www. skolverket. se, 2013 – 2 – 20.

[13] Curriculum for the Non – compulsory School System (Lpf94) [Z]. Swedish National Agency for Education, 2006.

[14] Eurydice. Evaluation of Schools Providing Compulsory Education in Europe (No. D/2004/4008/2) [Z]. Brussels: Eurydice, European Unit, 2004.

[15] The internationalisation of Higher Education in Sweden [R]. National Agency for Higher Education, 2005.

[16] Sverige Utbildnings – och Kulturdepartementet. New World – New University: A Summary of Government Bill 2004/2005: 162 [Z]. Stockholm: Ministry of Education, Research and Culture, 2005.

[17] Solveig – Karin Erdal. Mapping of Example of Internationalization at Home at Malmo University [Z]. Malmo University International Office, 2005 (6).

后 记

书稿即将付梓之际，感慨良多。自确定本选题至最终完成，历时近三年。三年，一千多个日日夜夜，有汗水亦有泪水，有快乐亦有痛楚，有迷茫亦有彷徨，虽走得艰辛却是一种独特的生命体验，也必将成为我一生中弥足珍贵的回忆。科研之路道阻且长，感恩每一位在我写作过程中予我关怀、引我前行、促我奋进的老师、家人和朋友。

感谢我的导师许苏明教授。老师深厚的学识素养，诲人不倦的高尚师德，精益求精的科研精神，朴实无华的人格魅力，不仅引导我树立远大的学术目标，更教会我以自信之姿态、严谨之状态、豁达之心态对待学问、对待人生。本书的完成离不开老师的悉心指导，自己的成长成熟也离不开老师润物无声又厚重如山的亲切关怀。同时感谢所有在我积极求索道路上给予我谆谆教诲和无私关爱的可敬师长们！

感谢我的父母。焉得谖草，言树之背，养育之恩，无以回报。为了支持我的科研，父母承受了太多，也付出了太多。几年来，眼见着你们白了头发，弯了背脊，不求任何回报，只为让我勇往直前全力追梦。每念至此，总觉愧欠太多。在这里，感谢父母的多年养育和无私奉献，你们辛苦了！大恩无以言报，愿今后的我能让你们安心，令你们骄傲。同时也感谢我的丈夫、我的女儿，你们都是我不断前行的精神支柱。

感谢我的领导和同事，在我写作期间给予工作上的支持与关心。感谢所有与我一路成长、并肩前行的兄弟姐妹们，是你们让这艰辛的科研之路充满了温暖。

最后要感谢自己的坚持，科研写作是一种修行，也是一种磨炼。虽然有时自己很脆弱，一个问题研究不明白就急得抹泪；但有时也发现自己很坚强，身心俱疲之时咬着牙倒也迈过了不少难关。坚持是痛苦的，也是幸福的。因为，只要不停向前，走过的曲折就都会变成彩虹。

作 者
2019 年 9 月